GÜNTER CZERWINSKI

Das Universalitätsprinzip und die Mitgliedschaft in internationalen universalen Verträgen und Organisationen

Schriften zum Völkerrecht

Band 34

Das Universalitätsprinzip und die Mitgliedschaft in internationalen universalen Verträgen und Organisationen

Von

Dr. Günter Czerwinski

DUNCKER & HUMBLOT / BERLIN

Gedruckt 1974 bei Buchdruckerei A. Sayffaerth - E. L. Krohn, Berlin 61
Printed in Germany

ISBN 3 428 03116 4

Vorwort

Die Idee zu dieser Untersuchung entstand auf der Schlußsitzung der Wiener Vertragsrechtskonferenz im Jahre 1972. Damals drohte das große Projekt eines einheitlichen Vertragsrechts noch im letzten Augenblick zu platzen, als sich die Vertreter von Ost und West über die Beteiligung der DDR an dieser Kodifikation nicht einigen mochten. Das Problem der Teilnahme dieses Staates an internationalen Institutionen ist inzwischen, seit Fertigstellung des Manuskripts im September 1972, gelöst: die DDR hat nunmehr allgemeinen Zugang zu den universalen Organisationen und Verträgen.

Andere Staaten hingegen stehen noch außerhalb der Weltgemeinschaft oder müssen damit rechnen, von ihr ausgeschlossen zu werden. Ob die Nichtzulassung von Staaten zu universalen Einrichtungen völkerrechtlich vertretbar ist, will die vorliegende Arbeit aufzeigen. Vielleicht kann sie damit die Problematik einer universellen Mitgliedschaft im internationalen Bereich ein wenig mit lösen helfen.

Meinem hochverehrten Lehrer Prof. Dr. Ignaz Seidl-Hohenveldern danke ich für manche Anregung und die jederzeit wertvolle Betreuung.

Köln, August 1973

Inhalt

1	Das Problem und die Grundlagen zu seiner Lösung	15
1.1	Die Ausgangslage	15
1.1.1	Überblick über die tatsächliche Lage	15
1.1.2	Völkerrechtliche Fragestellung und Aufbauschema	15
1.1.3	Geschichtliche Entwicklung des Problems	16
1.1.4	Verschiedene Gruppen von Nichtmitgliedern	18
1.1.4.1	China: Frage der Vertretungsberechtigung	18
1.1.4.2	Schweiz: Freiwillige Nichtmitgliedschaft	19
1.1.4.3	Die Klein- und Mikrostaaten	20
1.1.4.4	Die geteilten Staaten	20
1.1.4.4.1	Gelungene Beteiligung	21
1.1.4.4.2	Mißlungene Teilnahmeversuche	23
1.2	Die politischen Gründe der Teilnahmebehinderung und deren Mittel	27
1.2.1	Teilnahmeklauseln und Aufnahmepraxis	27
1.2.2	Nichterfüllung der Depositarpflichten	30
1.2.3	Ablehnung vertraglicher Beziehungen	30
1.2.4	Ergebnis	30
1.3	Bewertungsgrundlage (universales Völkerrecht)	31
1.3.1	Ablehnung eines universalen Völkerrechts	32
1.3.2	Notwendigkeit universalen Völkerrechts	33
1.3.3	Universelles Völkerrecht und Außenpolitik	34
1.4	Definitionen	35
1.4.1	Definition des allgemeinen multilateralen Vertrags	35
1.4.2	Abgrenzung zu nicht-staatlichen internationalen Organisationen	37
1.4.3	Die Bedeutung des Begriffs „Teilnahme“	37
1.5	Relativität des Ergebnisses der Untersuchung	38

2 Mögliche Rechtsgrundlagen für ein allgemeines Teilnahmerecht .. 40

2.1 Das Prinzip der Universalität ... 41
2.1.1 Abgrenzung zur Universalität des Völkerrechts ... 41
2.1.2 Definition des Universalitätsbegriffs ... 41
2.1.3 Rechtscharakter des Universalitätsprinzips ... 43
2.1.3.1 Universalität als politischer Leitgedanke ... 43
2.1.3.2 Gründe gegen eine quantitative Universalität ... 44
2.1.3.3 Universalität als Rechtsprinzip ... 46
2.1.3.3.1 Begründung aus verschiedenen Aspekten (ausgenommen Prinzipien des Völkerrechts) ... 46
2.1.3.3.2 Begründung aus den Völkerrechtsprinzipien ... 47
2.1.3.3.3 Ergebnis ... 48

2.2 Die Prinzipien des Völkerrechts ... 49
2.2.1 Die Existenz von Völkerrechtsprinzipien ... 49
2.2.2 Die Frage der rechtlichen Verbindlichkeit dieser Prinzipien ... 52
2.2.3 Bestätigung des rechtsverbindlichen Charakters ... 54
2.2.4 Ergebnis ... 55

2.3 Das Prinzip der souveränen Gleichheit ... 56
2.3.1 Das Prinzip der Souveränität ... 56
2.3.1.1 Seine Bedeutung nach der UN-Charta ... 57
2.3.1.2 Inhaltsbestimmung durch die Völkerrechtswissenschaft ... 58
2.3.1.3 Souveränitätsprinzip und Teilnahmerecht ... 58
2.3.2 Der Grundsatz der Gleichheit ... 59
2.3.2.1 Gleichheit vor dem Recht ... 59
2.3.2.2 Begriffsklärung im internationalen Rahmen ... 60
2.3.2.3 „Gleichheit der Rechte" ... 62
2.3.2.3.1 Wechselbeziehung zwischen realer und rechtlicher Gleichheit ... 62
2.3.2.3.2 Der Grundgedanke der Staatengleichheit ... 63
2.3.2.3.3 Gleichheit der Staaten und Anerkennung ... 63
2.3.2.4 Gleichheitsgrundsatz und allgemeine Teilnahme ... 64
2.3.2.5 Einwände gegen ein Teilnahmerecht ... 66
2.3.2.6 Gleichberechtigungsprinzip und faktische Gleichheit ... 67

2.4 Das Prinzip der internationalen Zusammenarbeit 67
2.4.1 Zusammenarbeit nach der UN-Charta 68
2.4.2 Inhalt und Umfang der Zusammenarbeit 70
2.4.3 Internationale Zusammenarbeit und Teilnahmerecht 71
2.4.3.1 Argumente für eine universale Zusammenarbeit 71
2.4.3.2 Notwendigkeit der universalen Zusammenarbeit 72
2.4.3.3 Ergebnis 73

2.5 Das Selbstbestimmungsprinzip 73
2.5.1 Sein Verhältnis zu anderen Rechten 74
2.5.2 Der Inhalt der Selbstbestimmung 75
2.5.3 Rechtscharakter dieses Prinzips 77
2.5.4 Selbstbestimmung und allgemeine multilaterale Verträge 79
2.5.5 Ergebnis 79

2.6 Das Element des allgemeinen Interesses 79
2.6.1 Allgemeines Interesse und allgemeine Teilnahme 79
2.6.2 Ergebnis 81

2.7 Das Prinzip der friedlichen Koexistenz 81
2.7.1 Inhalt des völkerrechtlichen Koexistenzbegriffs 81
2.7.2 Koexistenzprinzip und Teilnahmerecht 83

2.8 Die allgemeinen multilateralen Verträge und die Kodifizierung des Völkerrechts 84
2.8.1 „Kodifikation und Weiterentwicklung" des Völkerrechts 84
2.8.2 Organe der völkerrechtlichen Kodifikation 85
2.8.3 Sinn und Zweck der Kodifizierung 87
2.8.3.1 Das Verhältnis von „Code" und Völkergewohnheitsrecht 87
2.8.3.2 Vor- und Nachteile einer Kodifikation 89
2.8.4 Kodifikation und Teilnahmerecht 90
2.8.4.1 Gründe für die Annahme eines Teilnahmerechts 90
2.8.4.2 Die Thesen Schirmers zugunsten eines Teilnahmerechts 91
2.8.5 Ergebnis 93

2.9 Das Universalitätsprinzip und die Gleichberechtigung der Staaten 93

2.10 Zusammenfassung 95

3 Einwände gegen ein allgemeines Teilnahmerecht 96

3.1 Das Problem der Anerkennung 96
3.1.1 Anerkennung als politisches und rechtliches Problem 97
3.1.2 Das Institut der Anerkennung im Völkerrechtssystem 97
3.1.3 Definition des Anerkennungsbegriffs 98
3.1.3.1 Überblick über die verschiedenen Theorien 98
3.1.3.2 Konstitutive Theorie 99
3.1.3.3 Konstitutiv-deklaratorische Theorie 100
3.1.3.4 Deklaratorisch-konstitutive Theorie 100
3.1.3.5 Deklaratorische Theorie 101
3.1.3.6 Bewertung der Theorien 101
3.1.3.6.1 Berücksichtigung der Anerkennungspraxis 102
3.1.3.6.2 Anerkennung und Völkerrechtssubjektivität 102
3.1.3.6.3 Anerkennung und völkerrechtliche Beziehungen 103
3.1.3.6.4 Definitions-Ergebnis 104
3.1.4 Anerkennung als Teilnahmevoraussetzung 105
3.1.4.1 Nichtzulassung und deklaratorische Anerkennung 105
3.1.4.2 Nichtanerkennungspraxis und Politik 106
3.1.5 Stillschweigende Anerkennung durch Teilnahme 107
3.1.5.1 Kollektivierung des Anerkennungsrechts 107
3.1.5.2 Kriterien zur Beantwortung der Frage 108
3.1.5.3 Wertung der verschiedenen Kriterien. Ergebnis 110
3.1.5.4 Teilnahme und Vertragsbeziehungen 112
3.1.6 Ergebnis 113

3.2 Allgemeine Teilnahme und der Grundsatz der Vertragsfreiheit .. 114
3.2.1 Definition dieses Prinzips 114
3.2.2 Die Gründe zugunsten der absoluten Vertragsfreiheit 115
3.2.3 Widerspruch zwischen Vertragsfreiheit und Völkerrechtsprinzipien und dessen Auflösung 117
3.2.4 Konsequenzen 119
3.2.5 Ergebnis 120

3.3 Die Bedeutung der Teilnahmeklauseln 120
3.3.1 Die Klausel der offenen Verträge 121

3.3.1.1 All-Staaten-Klausel und Teilnahmerecht 121
3.3.1.2 Die Abänderbarkeit dieser Klausel 121
3.3.2 Multilaterale Verträge ohne Beitrittsklausel 122
3.3.2.1 Gründe gegen ein Teilnahmerecht 122
3.3.2.2 Teilnahmerecht trotz fehlender Klausel 123
3.3.3 Beschränkt-offene Verträge 124
3.3.3.1 Internationale Organisationen 125
3.3.3.2 Multilaterale Konventionen und die Wiener Formel 127
3.3.3.2.1 Gründe für deren Beibehaltung 128
3.3.3.2.2 Gegengründe 130
3.3.3.3 Allgemeine Staatenkonferenzen und beschränkte Teilnahme 132
3.3.3.4 Ergebnis 133

4 Fragen der Verwirklichung des Teilnahmerechts und Schluß 135

4.1 Die Funktion des Depositars 135
4.2 Der Beobachter 137
4.3 Schluß 140

Literaturverzeichnis 143

Abkürzungsverzeichnis

A	=	Documents of the General Assembly
A/C.6/SR ...	=	General Assembly/6th Committee/Summary Records ...
A/CONF.39/ ...	=	General Assembly/Conference 39/ ...
A/CONF.39/C.1	=	General Assembly/Conference 39/Committee of the Whole
A/CN.4	=	General Assembly/Commission 4
AdG	=	Archiv der Gegenwart (Keesing's Archiv)
AJIL	=	American Journal of International Law
Ann.IDI	=	Annuaire de l'Institut de Droit International
A/RES	=	General Assembly/Resolution ...
ARSP	=	Archiv für Rechts- und Sozialphilosophie
AußPol	=	Außenpolitik
AVR	=	Archiv des Völkerrechts
Bulletin	=	Bulletin des Presse- und Informationsamtes der Bundesregierung
BYBIL	=	British Yearbook of International Law
CIJ, Mémoires	=	Cour Internationale de Justice, Mémoires, Plaidoiries et Documents
CLP	=	Current Legal Problems
DAP	=	Deutsche Außenpolitik (Berlin [Ost])
EA	=	Europa-Archiv
GAOR	=	General Assembly, Official Records
G.C.	=	Name des Verfassers (in Einschüben bei Zitaten)
ICJ-Reports	=	International Court of Justice, Reports of Judgments, Advisory Opinions and Orders
ICLQ	=	International Comparative Law Quarterly
ILM	=	International Legal Materials
Int. Aff.	=	International Affairs (London)
Ind. JIL	=	Indian Journal of International Law
Ind. YBIAff.	=	Indian Yearbook of International Affairs
IO	=	International Organization
JDI	=	Journal du Droit International
JIR	=	Jahrbuch für internationales Recht
JZ	=	Juristenzeitung
NJW	=	Neue Juristische Wochenschrift
ÖZA	=	Österreichische Zeitschrift für Außenpolitik
ÖZöR	=	Österreichische Zeitschrift für öffentliches Recht
PASIL	=	Proceedings of the American Society of International Law

PCIJ	=	Collection of Judgments, Publications of the Permanent Court of International Justice
PE	=	Politique Etrangère
PVS	=	Politische Vierteljahresschrift
RdC	=	Recueil des Cours (de l'Académie de Droit International)
RGDIP	=	Revue Générale de Droit International Public
S	=	Documents of the Security Council
SCOR	=	Security Council, Official Records
SovYBIL	=	Soviet Yearbook of International Law
StuR	=	Staat und Recht (Potsdam)
SchwJBIR	=	Schweizerisches Jahrbuch für Internationales Recht
UNCIO Doc	=	United Nations Conference on International Organisation, Documents
UN JurYB	=	United Nations Juridical Yearbook
UNTS	=	United Nations Treaty Series
VN	=	Vereinte Nationen
VVDStRL	=	Veröffentlichungen der Vereinigung der deutschen Staatsrechtslehrer
WZ Humboldt	=	Wissenschaftliche Zeitschrift der Humboldt-Universität zu Berlin, Ges.-Sprachw.R XVIII (Berlin [Ost])
YBILC	=	Yearbook of the International Law Commission
YBIO	=	Yearbook of International Organisations
YBUN	=	Yearbook of the United Nations
YBWAff.	=	Yearbook of World Affairs
ZaöRV	=	Zeitschrift für ausländisches öffentliches Recht und Völkerrecht
ZRP	=	Zeitschrift für Rechtspolitik

1. Das Problem und die Grundlagen zu seiner Lösung

1.1 Die Ausgangslage

Das in dem Thema angesprochene völkerrechtliche Problem beruht auf folgender Ausgangslage:

1.1.1 Seit Bestehen der Vereinten Nationen gibt es Gruppen von Staaten, die ihr aus verschiedenen Gründen nicht angehören, z. B. die Schweiz, die europäischen Kleinstaaten und die geteilten Staaten. Letzteren sind, dem Sprachgebrauch folgend, Vietnam, Korea und Deutschland zuzurechnen[1].

Während die dem westlichen Lager zugehörigen Teile der geteilten Staaten, nämlich die Bundesrepublik Deutschland (BRD), die Republik Korea und die Republik Vietnam in fast allen Sonderorganisationen der Vereinten Nationen vertreten sind, haben die aus den Teilungen hervorgegangenen sozialistischen Staaten Deutsche Demokratische Republik (DDR), Koreanische Volksdemokratische Republik und Demokratische Republik Vietnam ihre Teilnahme noch nicht erreichen können[2].

Das gleiche gilt für allgemeine Konventionen und Verträge, wie z. B. die Diplomatenrechts-Konvention von 1961 sowie für die Einberufung allgemeiner[3] Staatenkonferenzen[4].

1.1.2 Unbeantwortet ist bisher die Frage, ob die Nichtbeteiligung und der Ausschluß der genannten Staaten völkerrechtsgemäß ist oder dem Völkerrecht widerspricht.

Bevor hierauf näher eingegangen wird, empfiehlt es sich, kurz darzustellen, daß dieses Problem nicht neu ist und in ähnlicher Form bereits im vergangenen Jahrhundert existierte.

---

[1] Vgl. auch *Caty*, S. 15, und die dortigen Nachweise des unterschiedlichen Sprachgebrauchs, S. 12 - 14; *Martinez-Agulló*, L'Etat divisé, JDI 1964, zählt auch China zu den geteilten Staaten, S. 277 - 279.

[2] YBIO 1970/71, S. 1011 ff.

[3] Näheres zum Begriff „allgemein" s. 1.4.1.

[4] Siehe das Projekt einer World Disarmament Conference, die allen Staaten offenstehen soll, A/RES/2833 (XXVI), par. 1. Trotzdem versuchen die 3 West-Alliierten in den Gremien der Vereinten Nationen, die o. a. Staaten nicht teilnehmen zu lassen. Vgl. dazu die entsprechenden Protestschreiben des sowjetischen UN-Vertreters vom 17. 3. 1972 (A/8668) und 24. 5. 1972 (S/10660).

Sodann wird zu zeigen sein, daß und warum die Nichtteilnahme der Schweiz und der europäischen Kleinstaaten in der UNO sowie das Problem der Vertretung Chinas in den Vereinten Nationen einer vertieften Betrachtung nicht bedürfen.

Somit wird sich die Untersuchung der Teilnahmefrage auf die geteilten Staaten konzentrieren.

Eine eingehende völkerrechtliche Beschäftigung hiermit erscheint aber dann erst als sinnvoll, wenn vorab die Entwicklung und der in höchstem Maße politische Charakter dieses Problems aufgezeigt werden. Die in dieser politischen Streitfrage von Ost und West vorgebrachten, diametral entgegengesetzten Argumente machen es zudem erforderlich klarzustellen, ob überhaupt eine gemeinsame völkerrechtliche Basis zur Lösung des Teilnahmeproblems existiert (Punkt 1).

Nach diesem einleitenden Teil ist sodann ausführlich zu untersuchen, ob es ein allgemeines Recht aller Staaten auf Teilnahme an internationalen Organisationen und Konventionen allgemeiner Art gibt. In diesem Zusammenhang werden unter anderem die Prinzipien der souveränen Gleichheit und der Selbstbestimmung sowie das vielgenannte Universalitätsprinzip zu prüfen sein (Punkt 2).

Im Anschluß daran sind die mit den Instituten der Anerkennung und Vertragsfreiheit verbundenen Bedenken gegen ein allgemeines Teilnahmerecht darzustellen sowie die verschiedenen Teilnahmeklauseln selbst zu behandeln (Punkt 3).

Dem wird eine Betrachtung der Stellung von Depositar und Beobachter sowie eine zusammenfassende Übersicht folgen (Punkt 4).

1.1.3 Der Streit um die Nichtteilnahme einzelner Staaten an internationalen Organisationen und allgemeinen multilateralen Verträgen[5] ist — wie bereits angedeutet — nicht auf die Zeit nach dem 2. Weltkrieg beschränkt. Entsprechungen lassen sich bereits im 19. Jahrhundert nachweisen, obgleich die Idee des Zusammenschlusses einer friedlichen Gemeinschaft aller Staaten auch schon damals bestanden hatte[6].

So kann man den Wiener Kongreß im Jahre 1815 als Beispiel dafür ansehen, daß nur ein Teil der damaligen Staaten, nämlich die Großmächte, unter Ausschluß aller anderen Staaten die Möglichkeit hatte, die Linien der damaligen europäischen Politik mitzubestimmen. Dagegen erweiterte die Einbeziehung der Hohen Pforte in das europäische Konzert durch den Pariser Friedensvertrag von 1856 den Kreis der an wichtigen politischen und rechtlichen Entscheidungen beteiligten Staa-

[5] Eine Definition dieser Begriffe wird unter Punkt 1.4.1 gegeben.

[6] Projekte des *Abbé de St. Pierre* (1713 - 1717) und von *Kant* (1795): nach *Wehberg*, Die Völkerbundsatzung, S. 5.

ten nur scheinbar. Denn die Türkei war schon seit Jahrhunderten durch diplomatische Beziehungen und völkerrechtliche Verträge mit den europäischen Staaten verbunden[7].

In die Richtung einer Ausweitung des Teilnehmerkreises tendierten hingegen die Beitrittsbestimmungen der zu jener Zeit ins Leben gerufenen internationalen Verwaltungsunionen[8] und nachfolgenden internationalen Organisationen mit technischer Zielsetzung[9]. Sie hielten den Beitritt für alle Staaten offen[10].

Von diesem Bestreben war mehr noch zu Zeiten der Gründung des Völkerbundes zu spüren, in dem erstmalig eine möglichst umfassende Teilnahme der Staaten angestrebt wurde[11].

Andererseits gibt seine Geschichte ein beredtes Zeugnis darüber, daß die Beteiligung verschiedener Staaten von einem Großteil der Mitgliedstaaten nicht erwünscht war und darum verhindert wurde[12] — wie auch darüber, daß sich einzelne Staaten freiwillig der Mitgliedschaft im Völkerbund enthielten[13]. Auch die Teilnahme an den unter den Auspizien des Völkerbundes abgeschlossenen allgemeinen Konventionen war nach deren Teilnahmeklauseln auf bestimmte, mit dem Völkerbund in Verbindung stehende Staaten beschränkt[14].

Eine Fortsetzung dieser Erscheinungen läßt sich an der nach dem 2. Weltkrieg errichteten Organisation der Vereinten Nationen beobachten[15]. Die gegen die Achsenstaaten des 2. Weltkriegs vereinten Nationen glaubten, jene — jedenfalls zunächst — nicht in ihren Kreis eintreten

[7] Deshalb spielte es auch keine Rolle, daß die Türkei selbst am Pariser Vertrag nicht beteiligt war. s. hierzu *Alexandrowicz*, The doctrinal aspects of the universality of the law of nations, BYBIL 1961 (XXXVII), S. 514. — Anders *Kordt*, „Völkerrechtsgemeinschaft" in: WVR Bd. III, S. 678, der die Türkei nicht als mit den europäischen Mächten auf eine Stufe gestellt ansieht.

[8] z. B. Internationale Meterkonvention v. 1875.

[9] z. B. der Weltpostverein vom 1874/5.

[10] *Mosler*, Die Aufnahme in internationale Organisationen, ZaöRV 1958 (19), hält die Beitrittsbestimmungen für unverbindlich (S. 283); *Kunz*, Die Staatenverbindungen, S. 386.

[11] Diesem Konzept dürften zu einem maßgeblichen Teil die 14 Punkte Wilsons zugrundegelegen haben, in deren 14. Punkt er die allgemeine Vereinigung aller großen und kleinen Staaten forderte: nach *Wehberg*, Die Völkerbundsatzung, S. 9. — Das Verhältnis des Völkerbundes zur Universalität wird eingehend von *Feinberg*, L'admission de nouveaux membres, RdC 1952 (80), S. 301 - 320 beschrieben. s. auch *Rougier*, La première Assemblé de la Société des Nations, RGDIP 1921, S. 224 - 227.

[12] Das gilt speziell für die zeitweilige Fernhaltung des Deutschen Reiches und Sowjetrußlands vom Völkerbund.

[13] z. B. die USA.

[14] Vgl. *Schirmer*, S. 47.

[15] *Schirmer* weist nach, S. 52 - 54, daß sich die Teilnahmebedingungen einiger aus der Völkerbundszeit stammender universaler Verträge noch verschlechtert haben.

lassen zu sollen[16]. Inzwischen sind die ehemaligen Feindstaaten, bis auf Deutschland, zur UNO zugelassen, wenn auch nur nach jahrelangem Ringen zwischen den beiden Supermächten Sowjetunion und Vereinigte Staaten von Amerika (USA), das schließlich gewissermaßen durch den Gewaltakt des „package deal" im Dezember 1955 doch noch zu einem für alle Beteiligten einigermaßen zufriedenstellenden Ergebnis führte[17], nämlich der Zulassung der darum anstehenden Staaten[18]. Seitdem haben alle weiteren Staaten auf ihren Antrag hin ohne nennenswerte Schwierigkeiten Aufnahme in den Verband der UNO gefunden[19] — von den in den Nachwehen des 2. Weltkrieges und des Kalten Krieges zwischen Ost und West entstandenen geteilten Staaten abgesehen[20].

Die Vertiefung des Einblicks in die Geschichte von Zulassung und Nichtzulassung, Teilnahme und Nichtbeteiligung hinsichtlich der seit ca. 1850 zur Entstehung gelangten Verwaltungsunionen, internationalen Organisationen und allgemeinen Verträge zwischen den Staaten wäre gewiß interessant. Sie gäbe aber für die völkerrechtliche Beurteilung der heutigen entsprechenden Sachlage nicht allzu viel her. Denn Gründe und Hintergründe der jetzigen Situation in geschichtlicher (2. Weltkrieg, Feindstaaten) und weltpolitischer Hinsicht (Blockbildung des kapitalistischen und des sozialistischen Lagers, Herausbildung einer starken, nicht-blockgebundenen unabhängigen Staatengruppe) sind von den Fakten, die früher die Einstellung der Staaten zur Größe des Teilnehmerkreises an zwischenstaatlichen Einrichtungen bedingt haben, gänzlich verschieden. Immerhin ist anhand des knappen geschichtlichen Überblicks eine mittelbare Beziehung zur momentanen Lage insofern festzustellen, als sich die Nichtzulassung der geteilten Staaten als Fortsetzung des Verhaltens der früheren Großmächte gegenüber den kleineren Staaten begreifen läßt (christliches/europäisches Völkerrecht!).

1.1.4 Von der völkerrechtlichen Betrachtung der heutzutage geübten Nichtzulassung bzw. Nichtteilnahme einzelner Staaten an allgemeinen Staatenverträgen können mehrere Gruppen von Nichtmitgliedern ausgenommen werden.

1.1.4.1 Die erste davon bildet ein Staat, dessen Regierung lange Zeit nicht in der UNO vertreten war, nämlich die Volksrepublik China. Nach

---

[16] Zu den hierdurch hervorgerufenen Rechtsproblemen vgl. die beiden Gutachten des IGH von 1948 und 1950; näheres unter 3.3.3.1; *Klein*, Die Mitgliedschaft in den Vereinten Nationen, AVR 1948/9 (1), S. 147 ff. (156/7).

[17] Unter den 16 neu zugelassenen UN-Mitgliedern befanden sich auch Nicht-Feindstaaten.

[18] Zur Geschichte dieser Nichtzulassungsperiode, die teilweise dramatische Aspekte aufweist, vgl. statt vieler *Gross*, Progress towards universality of membership in the United Nations, AJIL 1956 (50), S. 791 ff.

[19] *Goodrich-Hambro-Simons*, S. 88.

[20] . . . und nunmehr auch Bangla Desh (s. 4.3).

überwiegender Meinung der Völkerrechtler geht es hierbei nicht um die Teilnahme eines Staates als Völkerrechtssubjekt, sondern um die *Vertretungsbefugnis* der beiden gleichzeitig dafür prätendierenden Regierungen in Peking und Taipeh. Begründen kann man diese Auffassung damit, daß in der Tat sowohl die rotchinesische als auch die nationalchinesische Regierung seit Beendigung des Bürgerkrieges in China im Jahre 1949 bis heute vorgetragen haben, die allein legitime Regierung ganz Chinas zu sein[21]. So bedeutet es im Grunde genommen nur die Anerkennung dieser Ansicht der unmittelbar Betroffenen, wenn man auch in der Völkerrechtslehre von der Existenz eines einzigen China ausgeht, soweit es um das Auftreten in allgemeinen zwischenstaatlichen Organisationen und die Beteiligung an allgemeinen multilateralen Verträgen geht. Ob diese Haltung angesichts der ungewissen politischen und völkerrechtlichen Lage des nunmehr — seit Zuerkennung der Vertretungsbefugnis Chinas an die Volksrepublik China am 26. 10. 1971[22] — aus der UNO und ihren Spezialorganisationen ausgeschiedenen Taiwan[23] noch zu rechtfertigen ist, und ob nicht davon ausgegangen werden sollte, daß zwei Staaten mit chinesisch sprechender Bevölkerung existieren[24], ist an dieser Stelle nicht zu erörtern. Denn solange Taiwan nicht als „Taiwan", sondern als „China" auftreten will, und „China" in den Vereinten Nationen vertreten ist, stellt sich die Frage der *Zulassung* dieses *einen* Staates eben nicht.

1.1.4.2 Der zweite Fall einer hier nicht zu behandelnden Nichtmitgliedschaft in den Vereinten Nationen betrifft die Schweiz. Diese ist — im Gegensatz zu Taiwan — der UNO aus Neutralitätsgründen bisher *freiwillig* ferngeblieben[25], obwohl sie nach Stellung des Aufnahmeantrages mit Sicherheit aufgenommen werden würde[26]. Hier kann daher allenfalls die Frage auftauchen, ob alle Staaten zum Beitritt zur UNO

[21] Statt vieler: *Bot*, S. 44 - 50 und *Luard*, China and the United Nations, IntAff 1971, S. 729 - 744.

[22] Über den Verlauf der Abstimmung am 26. 10. 1971 s. AdG 1971, 16629 E/11.

[23] Seit dem 23. 5. 1972 ist die Regierung der Volksrepublik China auch in allen Sonderorganisationen an die Stelle Nationalchinas getreten, AdG vom 23. 5. 1972, 17108 C.

[24] So die US-amerikanische Auffassung, wie sie in der 26. Session der UN-Generalversammlung noch einmal, allerdings ohne Erfolg, bekräftigt wurde (AdG 1971, 16639/40).

[25] Vgl. hierzu den Bericht des Schweizer Bundesrats von 1969: nach *v. Münch*, Zur Frage einer gleichzeitigen Aufnahme von Bundesrepublik und DDR in die UNO, ZRP 1970, S. 61/2.

[26] ... im Gegensatz zur BRD, die zwar auch freiwillig noch nicht um ihre Mitgliedschaft in den Vereinten Nationen nachgesucht hat, deren Aufnahmeantrag aber mit Sicherheit an dem Veto der Sowjetunion (Art. 4 Abs. 2, 27 Abs. 3 UN-Charta) scheitern würde, wenn nicht gleichzeitig die DDR zugelassen würde. — Einen Überblick der Stellung der Schweiz findet man in „Die Schweiz und die Vereinten Nationen", Schweizerische Gesellschaft für die Vereinten Nationen, Bern 1970.

verpflichtet sind, was jedoch unter Berufung auf Lehre und Staatenpraxis verneint werden kann. Es ist auch nicht abzusehen, wann diese Frage tatsächlich und rechtlich akut werden sollte, so daß hier nicht näher auf sie eingegangen werden muß.

1.1.4.3 Das gilt auch für eine weitere Gruppe von Nichtmitgliedern der UNO: die Zwergstaaten Andorra, Monaco, San Marino und Liechtenstein, die teilweise in einigen UN-Sonderorganisationen vertreten sind[27], einen Antrag auf Aufnahme in die UNO aber noch nicht gestellt haben[28].

Auch die Aufnahme neu entstandener Mikro-Staaten in die UNO begegnet einigen Bedenken, die sich aus deren z. T. äußerst geringer Größe, Bevölkerung und Wirtschaftskraft ergeben. Aus diesem Grunde hat unter anderem der Generalsekretär der Vereinten Nationen in der Einleitung zu seinen jährlichen Berichten über die Arbeit der Organisation[29] mehrfach angeregt, über diese Frage eine Studie zu erarbeiten, die die nötigen Beschränkungen einer vollen Mitgliedschaft sowie neue Formen einer Assoziation aufzeigen solle, die sowohl den Mikro-Staaten als auch den Vereinten Nationen nützen[30]. Ob die Nichtgewährung der vollen Mitgliedschaft völkerrechtsgemäß wäre, soll hier nicht nachgeprüft werden, da diese Frage z. Zt. (noch) nicht aktuell genug ist[31].

1.1.4.4 Die größte Gruppe der Nichtmitglieder in den Vereinten Nationen bilden die geteilten Staaten, über deren Entstehung schon soviel geschrieben worden ist, daß auf diese Literatur verwiesen werden kann[32].

Angesichts der chronischen wie auch akuten Bedeutung der Mitgliedschaftsfrage insbesondere für die jeweils sozialistischen Teile dieser Staaten und zum besseren Verständnis der politischen und völkerrechtlichen Argumente für und gegen deren Teilnahme erscheint es zweckmäßig, vorab einen kurzen Überblick einiger der zahlreichen Beteiligungsversuche zu geben.

---

[27] YBIO 1970/1, S. 1013/14. — Ausführlich über Mikrostaaten: *Ehrhardt*, Der Begriff des Mikrostaats im Völkerrecht und in der internationalen Ordnung.

[28] *Ehrhardt*, S. 65.

[29] z. B. A/6701/Add. 1.

[30] A/6701/Add. 1, par. 165 (S. 20). Dieser Anregung ist Folge geleistet worden durch Erstellung einer UNITAR-Studie von *Rapaport/Muteba/Theratti1*, Small states and territories — Status and problems, New York 1971, 216 S.

[31] Ein Vorschlag der Vereinigten Staaten geht dahin, bestimmten Mikro-Staaten nur die Assoziierte Mitgliedschaft zu gewähren, aufgrund deren sie die Hilfseinrichtungen der Vereinten Nationen benutzen könnten und dafür auf ihr Stimmrecht verzichten müßten (AdG vom 28. 4. 1971, 16221).

[32] Vgl. *Caty*, S. 42 - 54.

Dabei soll entsprechend der Wirklichkeit und der überwiegenden Meinung zugrundegelegt werden, daß die DDR und die anderen geteilten Staaten auch im völkerrechtlichen Sinne Staaten sind[33].

Da sich die Beteiligungsfrage hauptsächlich an den Teilnahmeversuchen der DDR entzündet hat und noch entzündet[34], soll überwiegend diese Praxis dargestellt werden.

1.1.4.4.1 Nur in wenigen Fällen ist es der DDR, der Demokratischen Republik Vietnam und der Koreanischen Volksdemokratischen Republik gelungen, die Mitgliedschaft in allgemeinen multilateralen Konventionen zu erlangen.

a) Sie traten den 4 Genfer Rotkreuz-Konventionen bei[35], wobei nur das Vereinigte Königreich deren Beitritt ausdrücklich nicht anerkannte[36], während die USA in einer recht zweideutigen Stellungnahme zum Beitritt der DDR bemerkten, daß sie diese zwar nicht anerkennten, jedoch die Annahme der Regeln der Genfer Konventionen seitens der DDR zur Kenntnis nähmen[37].

Die Mitgliedschaft in den Rotkreuz-Konventionen ermöglichte diesen Staaten die Entsendung von offiziellen Vertretern zu den periodisch einberufenen internationalen Konferenzen der Rotkreuz-Organisationen. Die Teilnahme von Regierungs-Delegationen macht das gouvernementale Element dieser Konferenzen aus[38].

b) Eine Durchbrechung der im Anschluß an die Genfer Rotkreuz-Konferenz geübten Nichtzulassungspraxis stellte die Teilnahme der DDR am Atomteststopabkommen vom 5. 8. 1963 dar[39]. Nach seinem Art. 3 Abs. 1 steht es allen Staaten offen. Die Geschichte dieses Artikels war wechselvoll[40]: Am 26. Juli 1960 hatten die USA mit Unterstützung des Vereinigten Königreichs vorgeschlagen, außer der Sowjetunion, den Vereinigten Staaten und dem Vereinigten Königreich „any other state or authorities" auf Entscheidung einer Kontrollkommission unter bestimmten

[33] Diese Ansicht ist bzgl. der DDR spätestens seit der Regierungserklärung *Brandts* vom Oktober 1969 auch regierungsoffiziell gerechtfertigt. Zu den Theorien über die Rechtslage Deutschlands und insbesondere die Zweistaaten-Theorie vgl. *Schmidt* in seiner noch unveröffentlichten Dissertation „Alleinvertretung und Auslandsschulden".

[34] s. o. 1.1.

[35] DDR: 30. 11. 1956 (UNTS Bd. 257, S. 364 - 370); DRV: 28. 6. 1957 (UNTS Bd. 274, S. 337 - 342); KVDR: 27. 8. 1957 (UNTS Bd. 278, S. 259 - 268).

[36] Nach *Bot*, S. 161, Fn. 92.

[37] AJIL 1964 (58), 174; *Bot*, S. 161.

[38] *Bot*, S. 170 - 172.

[39] UNTS Bd. 480, S. 43 ff.; *Berber*, Dok. II, S. 1886.

[40] Über den Gang der Verhandlungen und deren Abhängigkeit von welt- und deutschlandpolitischen (Berlin-Krise) Fragen eingehend *Cornides*, Das Moskauer Moratorium und die Bundesrepublik, EA 1963 (Bd. 18), S. 583 - 592.

Voraussetzungen zuzulassen[41]. Die Sowjetunion wies diesen Vorschlag zurück und schlug ihrerseits vor, den Vertrag für alle Staaten zu öffnen[42]. Daraufhin ließen die Vereinigten Staaten und das Vereinigte Königreich den Ausdruck „authority" fallen, hielten aber an der Entscheidung durch die Kontrollkommission fest, so daß kein Staat automatisch Mitglied werden konnte[43]. In einem erneuten Vorschlag verlangte die Sowjetunion am 27. 11. 1961, daß der Beitritt allen Staaten offenstehe[44]. Diesem Vorschlag schlossen sich die Vereinigten Staaten und das Vereinigte Königreich in ihren neuen Vertragsentwürfen vom 27. 8. 1962 an, in denen sie nur *einen* Depositar vorsahen[45]. Schließlich führten aber die Verhandlungen im Sommer 1963 zur Einsetzung von 3 Depositaren[46]. Zweck dieser Einrichtung war es, der Volksrepublik China, der Republik China und der DDR die Möglichkeit der Teilnahme zu geben[47].

Die Westmächte ließen verlauten, daß mit dem Beitritt der DDR keine Anerkennung ihrerseits verbunden sei[48]; dennoch sei die DDR an die aus dem Atomteststopabkommen erwachsenden Verpflichtungen gebunden[49]. An den Privilegien und Vorteilen des Vertrags sollte sie dagegen nicht teilhaben, z. B. nicht zu der nach Art. II vorgesehenen Änderungskonferenz eingeladen werden[50]. Ob diese Einstellung mit den Vorschriften des Vertrags in Einklang zu bringen ist, der in Art. II Abs. 1 von „allen Parteien" und in Art. IV von „jeder Partei" spricht, ohne zugleich Ausnahmen vorzusehen, braucht in diesem Zusammenhang nicht untersucht zu werden[51].

c) Weitere Beispiele für den Gebrauch der „open to all states"-Formel und damit den Beitritt der DDR bilden der Weltraumvertrag vom 21. 1. 1967[52], der Nichtweiterverbreitungs-Vertrag vom 1. 7. 1968[53], der Meeres-

[41] Conference on the Discontinuance of Nuclear Weapon Tests, Official Records = Doc GEN/DNT/102, 26. 7. 1963: nach *Bot*, S. 116, wo der Vorschlag im wesentlichen abgedruckt ist; *Schwelb*, The nuclear Test Ban Treaty and int. law, AJIL 1964 (58), S. 653 Fn. 39; *Schirmer*, S. 26.

[42] Doc. GEN/DNT/103 v. 4. 8. 1960: nach *Schwelb*, S. 653.

[43] Doc. GEN/DNT/110 v. 18. 4. 1961, nach *Bot*, S. 117; *Schwelb*, S. 653; *Schirmer*, S. 26.

[44] EA 1962 (17), S. D 4/5; *Schirmer*, S. 26.

[45] EA 1963 (Bd. 17) S. D 501 (509) und D 510 (512).

[46] *Schirmer*, S. 27. Die Zweckmäßigkeit dieses Verfahrens ist später unter 4.1 (Depositar) zu erörtern.

[47] *Bot*, S. 118.

[48] Nachweise bei *Schwelb*, S. 654 - 658; *Bot*, S. 121 f.; *Frowein*, S. 141 Fn. 214.

[49] US-Außenminister *Rusk*, Dept. of State Bulletin 1963 II (49), S. 354: nach *Frowein*, S. 141 Fn. 215; *Bot*, S. 118 Fn. 68.

[50] *Rusk*, S. 354; *Frowein*, S. 142, Fn. 118 m. w. N.; *Schwelb*, S. 655.

[51] Dazu *Bot*, S. 119.

[52] Art. XIV Abs. 1, Treaty on Principles Governing the Activities of States in the Exploration and Use of Outer Space, including the Moon and Other

boden-Vertrag vom 11. 2. 1971[54] sowie in jüngster Zeit der Vertrag über das Verbot von B-Waffen vom 10. 4. 1972[55].

1.1.4.4.2 Alle anderen Versuche der DDR, Mitglied von internationalen Organisationen oder Konventionen allgemeinen Charakters zu werden, scheiterten[56].

a) Die Aufnahme in die Vereinten Nationen selbst gelang keinem der geteilten Staaten, die bis auf die BRD alle den Antrag auf Zulassung gestellt haben.

Die Republik Korea stellte am 19. 1. 1949 einen Aufnahmeantrag, der nach heftigen, politisch gefärbten Debatten im Sicherheitsrat und in dessen Zulassungskomitee schließlich am 8. 4. 1949 am Veto der Sowjetunion scheiterte[57]. Das Aufnahmegesuch der Koreanischen Volksdemokratischen Republik vom 9. 2. 1949 wurde angesichts der Resolution 195 (III) der Generalversammlung nicht offiziell, sondern nur als Rundschreiben und trotz entsprechender Bemühungen seitens der Sowjetunion wegen des Widerstandes der Westmächte nicht an das Zulassungskomitee weitergeleitet[58]. Die weitere Behandlung der Zulassungsfragen in Sicherheitsrat und Generalversammlung führte zu keinem anderen Ergebnis. Ebensowenig vermochten die Vorschläge der Sowjetunion vom Januar 1957 und Dezember 1958, die beiden vietnamesischen und koreanischen Teilstaaten gemeinsam aufzunehmen, wie auch der Vorschlag der Westmächte, nur die Republiken Korea und Vietnam zuzulassen, an dem Widerstand der jeweiligen Kontrahenten von Ost und West etwas zu ändern — obwohl man im Special Political Committee der Generalversammlung festgestellt hatte, daß die Teilung von Staaten deren Aufnahme in die Vereinten Nationen nicht hindere[59]. Auch alle nachfolgen-

---

Celestial Bodies. Dieser Vertrag entspricht der gleichlautenden Deklaration der Generalversammlung der VN A/RES/2222 (XXI) vom 19. 12. 1966 (GAOR-XXI-Suppl. 16, S. 13 - 15 = A/6316).

[53] Art. IX Abs. 1; entsprechende Deklaration A/RES/2373 (XXII) vom 12. 6. 1968 (GAOR-XXII-Suppl. 16, A, S. 5 - 7 = A/6716/Add. 1); abgedr. auch in ILM 1968 (Bd. 8), S. 809 ff.

[54] AdG 1971, 16067 B, abgedr. in AdG 1970, 15698 D/5 (Beitrittsklausel: Art. X Abs. 1).

[55] Konvention über das Verbot der Entwicklung, Produktion und Lagerung bakteriologischer (biologischer) und toxischer Waffen und deren Vernichtung, AdG 1972, 16952 B/3 und ILM 1972 Heft 2, S. 310 ff. Die entsprechende UN-Deklaration ist vom 16. 12. 1971 A/RES/2826 (XXVI). — Auch BRD und DDR haben den Vertrag aufgrund Art. XIV unterzeichnet (AdG 1972, 17016 E).

[56] Das gilt in einem hohen Maße auch für die Beteiligung an internationalen nichtgouvernementalen Organisationen; ein neueres Beispiel dafür bildet die Ablehnung der Aufnahme der DDR in die Interparlamentarische Union — IPU — am 10. 9. 1971, „bis zur Lösung der innerdeutschen Fragen".

[57] YBUN 1948/9, S. 381/2. — Für die dadurch aufgeworfenen Rechtsfragen gelten sinngemäß auch die oben Fn. 16 erwähnten Gutachten des IGH.

[58] YBUN 1948/9, S. 382/3.

[59] YBUN 1956, S. 111.

den Aufnahmeversuche blieben wegen der gegensätzlichen Einstellung der Vereinigten Staaten und der Sowjetunion ohne Erfolg[60].

Eine ähnliche Entwicklung nahmen die Beitritts-Anträge der beiden Vietnams[61].

Die DDR hat sich nur ein einziges Mal um Aufnahme in die Vereinten Nationen beworben, und zwar am 1. 3. 1966[62]. Sie ließ die erforderlichen Schriftstücke durch den polnischen UN-Botschafter dem Generalsekretär überreichen, der sie an den Präsidenten des Sicherheitsrates weiterleitete; dieser weigerte sich, sie als offizielle Dokumente in Umlauf zu setzen, woraufhin der Generalsekretär Abschriften der Schriftstücke an die Mitglieder des Sicherheitsrates sandte. Am 10. 3. 1966 wurden die verschiedenen Antragspapiere der DDR als Anhang einer bulgarischen Note an den Generalsekretär in Umlauf gesetzt. Bereits am 3. 3. 1966 sprachen die Westmächte in einer gemeinsamen Note der DDR den Staatscharakter kategorisch ab, so daß die Sowjetunion und Bulgarien sogar davon absahen, die Aufnahme des Mitgliedschaftsgesuchs in die Tagesordnung der Ratssitzung am 16. 3. 1966 zu beantragen[63].

b) Ebenso erfolglos verliefen die häufigen Versuche der DDR, in der Wirtschaftskommission der Vereinten Nationen für Europa — ECE — Fuß zu fassen[64], nachdem die BRD bereits am 15. 11. 1955 zugelassen worden war[65]. Wurde in den 50er Jahren die Beteiligung mit dem Argument verweigert, die DDR unterhalte keine diplomatischen Beziehungen mit den Mitgliedern der ECE[66], so hieß es in der 25. Plenartagung der ECE bei der Ablehnung des polnischen Antrags, „die offizielle Teilnahme der DDR an der 25. Plenartagung der ECE" als Punkt in die Tagesordnung aufzunehmen, die Zeit dafür sei noch nicht reif[67]. Mit dieser Begründung lehnten auch der Wirtschafts- und Sozialrat der Vereinten Nationen am 13. 7. 1970 einen Antrag zur Aufnahme der DDR in die ECE ab[68] und die 26. Plenartagung der ECE die Einladung der DDR zu dieser Konferenz[69].

---

[60] Über Einzelheiten der Aufnahmeanträge vgl. *Han*, Die Aufnahme von Staaten . . ., S. 145 - 153; *Bornemann*, S. 41 - 45.

[61] *Han*, S. 165 - 169; *Bornemann*, S. 45 - 47.

[62] Die Geschichte dieser Bewerbung im einzelnen und die diesbzgl. Dokumente bei *Leichter*, Pankow beantragt die Mitgliedschaft in der UNO, VN 1966, S. 80 - 91; eine kurze Schilderung gibt *Czempiel*, S. 121/2.

[63] Über die Hintergründe dieses Verhaltens vgl. *Leichter*, S. 83/4.

[64] Ausführlich dazu AdG vom 14. 5. 1970, 15463 B.

[65] AdG 15463 B.

[66] *Bot*, S. 166; *Meissner*, Über die XII. Tagung der ECE, DAP 1957, S. 551; *Zachmann*, Licht und Schatten über der XIII. Plenartagung der Europäischen Wirtschaftskommission, DAP 1958, S. 667.

[67] Vgl. AdG vom 14. 5. 1970, 15464.

[68] AdG vom 13. 7. 1970, 15592 F.

[69] AdG vom 20. und 21. 4. 1971, 16208 C.

c) Abgelehnt wurde auch der Antrag der DDR auf Mitgliedschaft im Internationalen Fernmeldeverein (ITU), den sie 1951/52 gemäß den Bestimmungen des Fernmeldevertrages und des Zusatzprotokolls II von Atlantic City aus dem Jahre 1947 stellte[70]. Die Begründung lautete, die BRD sei seit dem 17. 4. 1952 Mitglied des Fernmeldevereins und habe damit den „Deutschland" vorbehaltenen Platz bereits eingenommen; Deutschland könne aber nicht durch zwei Regierungen vertreten werden[71].

Trotzdem unterhält die DDR mit den meisten Staaten ein den ITU-Regeln entsprechendes Fernmeldenetz[72].

d) Nachdem der DDR bis 1955 von verschiedenen Gremien der UNESCO die Mitarbeit angeboten worden war und diese sich dazu nicht geäußert hatte, stellte sie im Jahre 1955 einen Aufnahmeantrag, aber ohne Erfolg[73]. Am 14. 8. 1970 bewarb sich die DDR erneut um die Aufnahme[74], die der Exekutivrat der UNESCO jedoch am 28. 9. 1970 ablehnte. Hingegen wurde am 13. 10. 1970 ein Resolutionsentwurf angenommen, diese Frage in der nächsten Generalkonferenz und vorher noch einmal im Exekutivrat zu behandeln[75].

e) Völkerrechtlich nicht eindeutig geklärt ist die Frage der Mitgliedschaft der DDR im Weltpostverein — UPU —[76]. Die DDR bewarb sich am 11. 2. 1955[77] um Aufnahme[78], ihr Antrag wurde aber im Gegensatz zu dem erst am 21. 3. 1955 gestellten Antrag der BRD von Belgien als dem Depositar des Weltpostvereins nicht sofort notifiziert, sondern erst im Oktober/November 1957 anläßlich des Weltpostkongresses in Ottawa[79]. Dieser sowie die schweizerische Regierung und der Leiter des Internationalen Büros des Weltpostvereins lehnten es jedoch mit unterschiedlichen Argumenten ab, die DDR als Mitglied der UPU zu betrachten[80]. So ist es zu einer offiziellen Mitgliedschaft der DDR noch nicht gekom-

[70] Dazu *Bornemann*, S. 97 - 101.

[71] *Bot*, S. 155.

[72] *Bot*, S. 157.

[73] *Bornemann*, S. 89 mit weiteren Angaben.

[74] AdG vom 17. 8. 1970, 15662 C.

[75] AdG vom 14. 10. 1970, 15797 C.

[76] Zur Geschichte: *Zachmann/Haschke*, Stellung der DDR im Weltpostverein, DAP 1958, S. 578 - 582; *Rose/Haschke*, Die DDR ist Mitglied des Weltpostvereins, DAP 1959, S. 759 - 763; *Bot*, S. 157 - 160; *Caty*, S. 201 - 203; *Bornemann*, S. 101 - 107; sehr genau auch *Erdmann*, S. 140 - 144.

[77] *Caty*, S. 202, nimmt fälschlicherweise den 21. 3. 1955 an (wie auch Erdmann, S. 140 Fn. 368) und datiert den Antrag der BRD — ebenso unrichtig — auf den 28. 2. 1955.

[78] Nach Art. XIX des Schlußprotokolls des Weltpostvertrags von 1952; *Bot*, S. 158. — Antrag der DDR abgedr. in DAP 1958, S. 620.

[79] *Zachmann/Haschke*, S. 582.

[80] *Rose/Haschke*, S. 761/2.

men[81], obwohl sie tatsächlich einen regen zwischenstaatlichen Postverkehr nach den Bestimmungen des Weltpostvereins pflegt[82].

f) Trotz mehrerer Mitgliedschaftsanträge ist die DDR noch nicht in die Weltgesundheitsorganisation aufgenommen worden. Im Mai 1968 stimmte die Weltgesundheitsversammlung gegen die Aufnahme der DDR selbst[83], während sie 1970[84], 1971[85] und 1972[86] jeweils schon die Abstimmung über die Mitgliedschaftsfrage bis zur nächsten Konferenz der WHO vertagte, hauptsächlich mit den Argumenten, es handele sich dabei um eine politische Frage, für die die WHO nicht zuständig sei[87], oder die Zeit für eine Aufnahme sei noch nicht reif[88].

g) Nicht nur die Beteiligung der DDR an internationalen Organisationen wurde verhindert, sondern auch die an allgemeinen Verträgen und den diese vorbereitenden Konferenzen[89]. Dies gilt z. B. für die Wiener Konventionen über diplomatische (1961) und konsularische (1963) Beziehungen[90], die Menschenrechtskonventionen von 1966, die Wiener Vertragsrechts-Konvention von 1969[91] und die dieser vorausgegangenen Konferenzen von 1968 und 1969[92] sowie für die unter dem Völkerbund geschlossenen multilateralen Verträge[93].

Selbst in der Frage des internationalen Umweltschutzes, die von großer Aktualität und Dringlichkeit ist, hat sich noch keine Änderung

---

[81] *Zachmann/Haschke*, *Rose/Haschke* und *von Bieberstein* nehmen — wohl richtigerweise — an, die DDR habe die rechtlichen Voraussetzungen für eine Mitgliedschaft erfüllt und sei deshalb als Mitglied zu betrachten.

[82] *Rose/Haschke*, S. 763. Interessanterweise wird als Mitglied der UPU „Deutschland" und nicht wie sonst, die „BRD" aufgeführt, YBUN 1969, S. 927.

[83] *Krüger*, Antrag der DDR auf Aufnahme in die Weltgesundheitsorganisation, VN 1968, S. 117. Wieso die Verfasserin den Antrag der DDR vom April 1968 als deren ersten Antrag auf Aufnahme in eine der UN-Sonderorganisationen hinstellt (S. 117), ist mir nicht erklärlich.

[84] AdG vom 14. 5. 1970, 15465.

[85] AdG vom 15. 5. 1971, 16261 A.

[86] AdG vom 21. 5. 1972, 17107 C (Abstimmungsergebnis: 70/28/25).

[87] Bei dieser Gelegenheit schlug der westdeutsche Delegationsleiter Frank der DDR die Errichtung eines innerdeutschen „Amtes für Fragen der öffentlichen Gesundheit und Kontakte mit der Weltgesundheitsorganisation" vor, wodurch der DDR zwar eine Verbindung zur WHO, nicht aber die erstrebte Mitgliedschaft ermöglicht worden wäre; *Czempiel*, S. 123/4.

[88] s. o. unter „ECE".

[89] Dazu allgemein *Czempiel*, S. 111 - 113.

[90] Vgl. deren Beitritts-Artikel 48, 50 und 74, 76 („Wiener Formel"). *Schirmer*, S. 168 - 172.

[91] Von den drei Vorschlägen einer Teilnahmeregelung wurde die in ihrer Wirkung sperrende „Wiener Formel" gewählt.

[92] Hierzu s. *Caicedo Castilla*, Les tendances politiques ..., RGDIP 1969, S. 791/2.

[93] Die Diskussion über die Teilnahme an diesen Verträgen im Rahmen der Vereinten Nationen schildert *Bot*, S. 152/3.

der Teilnahme-Situation ergeben: An der Umweltschutzkonferenz der Vereinten Nationen im Juni 1972 in Stockholm hat die DDR auf Druck der Westmächte hin nicht teilnehmen können[94], was die Ostblockstaaten mit Ausnahme Rumäniens zum Boykott dieser Konferenz veranlaßte.

1.2 Die politischen Gründe der Teilnahmebehinderung und deren Mittel

In allen genannten Fällen ergibt sich aus den jeweiligen Umständen, daß die Nichtzulassung der DDR, der Koreanischen Volksdemokratischen Republik und der Demokratischen Republik Vietnam nicht nur auf völkerrechtlichen, sondern auch auf politischen Gründen beruht[95].

1.2.1 Das Bestreben um die Durchsetzung bestimmter einzelstaatlicher politischer Interessen hat sich hauptsächlich in der Handhabung der Teilnahmeklauseln der allgemeinen[96] multilateralen Verträge gezeigt.

a) Was die Verweigerung der Mitgliedschaft in den Vereinten Nationen angeht, so soll die völkerrechtliche Beurteilung dieses Vorgangs erst an späterer Stelle erfolgen[97]. Hier dagegen kann nur festgestellt werden, daß bei allen Teilnahmeversuchen politische Erwägungen eine nicht unerhebliche Rolle gespielt haben[98]. Im Falle der Nichtzulassung der DDR dürfte dabei der von der Bundesrepublik Deutschland erhobene und von den Westmächten unterstützte Alleinvertretungsanspruch im Vordergrund gestanden haben[99].

b) Aus dem darauf beruhenden Bemühen der BRD, eine auch noch so minimale Aufwertung des Status der DDR zu verhindern, resultierten z. B. das Einschreiten der UN-Vertretung der BRD beim Generalsekretär,

---

[94] ... trotz zahlreicher Appelle, alle Staaten an dieser Konferenz teilnehmen zu lassen, u. a. in Form einer Resolution seitens der World Federation of United Nations Associations (WFUNA) auf deren 23. Plenarversammlung im Mai 1971 in Luxemburg (nach *Müller*, Die UNO und der Kampf der Völker für Frieden und Sicherheit, DAP 1971, S. 1206). Die Teilnahme aller Staaten an dieser Konferenz wurde durch Beschluß der Generalversammlung vom 20. 12. 1971 (A/RES/2850 [XXVI]) verhindert, Press Release GA/4548 vom 28. 12. 1971, mit 57 pro- gegenüber insgesamt 63 Gegenstimmen und Stimmenthaltungen. — s. auch *Wurdak*, Die XXVI. UN-Vollversammlung, DAP 1972, Heft 3, S. 480/1.

[95] Allgemein dazu *Rudolph*, Für gleichberechtigte Mitarbeit der DDR ..., DAP 1958, S. 594 ff.

[96] Zu diesem Begriff vgl. unten 1.4.1.

[97] s. unten 3.3.3.1.

[98] *Bot*, S. 148.

[99] Zum Verhältnis von BRD und DDR zur UNO vgl. *Czempiel*, S. 109 - 129 und *Pawelka*, S. 114 - 138.

um diesen zur Rückgabe eines von der DDR für eine Sonderorganisation übersandten Schecks zu veranlassen[100], und die Ablehnung eines Beitrags der DDR zum Malaria-Programm der Weltgesundheitsorganisation durch deren Behörde — die andererseits einen Geldbetrag seitens des Deutschen Roten Kreuzes annahm[101]. Auch für die Ablehnung des Aufnahmeantrags der DDR in die Weltgesundheitsorganisation konnte kein sachlicher Grund angegeben werden[102]. Der Preis für die Fernhaltung der DDR von den Sonderorganisationen der Vereinten Nationen war finanziell[103] und politisch sehr hoch, letzteres insofern, als die Delegationen der BRD in New York und Genf vollauf damit beschäftigt waren, die erforderlichen Informationen zu sammeln, aufgrund deren sie ihre „Heraushalte-Politik" effektiv durchführen konnten[104]. Dabei kam der Bundesregierung entgegen, daß die meisten Sonderorganisationen für die Neuaufnahme eines Staates eine 2/3-Mehrheit erfordern, die wegen des zahlenmäßigen Übergewichts des westlichen Lagers trotz aller Anstrengungen der sozialistischen und eines Teils der nicht gebundenen Staaten noch nicht erreicht werden konnte[105].

c) Auf dieser Funktion der Mitgliedschaftsbestimmungen der Sonderorganisationen baut die sogenannte Wiener Formel auf, deren Hauptanwendungsgebiet die zahlreichen Konventionen allgemeinen Inhalts und Interesses darstellen. Während an den vier Genfer Rotkreuz-Konventionen von 1949 noch alle Staaten teilnehmen konnten, war ansonsten zu jener Zeit die Teilnahmemöglichkeit von der Mitgliedschaft in den Vereinten Nationen oder von der Einladung durch die Generalversammlung der Vereinten Nationen abhängig gemacht — und das, obwohl gerade bei den Konventionen mit politischer und sozialer Zielsetzung „nicht jedem klarzumachen (war), warum die DDR ... diesen Konventionen nicht beitreten sollte ..."[106].

Schon wenig später führte man als weitere mögliche Voraussetzungen für die Teilnahme an allgemeinen Konferenzen und Konventionen die Mitgliedschaft in einer der Sonderorganisationen der Vereinten Nationen oder im Statut des Internationalen Gerichtshofs auf[107].

---

[100] *Czempiel*, S. 114.

[101] *Klein*, Die DDR und die Organisation der Vereinten Nationen, DAP 1963, S. 64.

[102] *Czempiel*, S. 123.

[103] *Czempiel*, S. 114/5.

[104] *Pawelka*, S. 136 - 138; *Czempiel*, S. 116/7.

[105] *Schirmer*, S. 23/4.

[106] *Czempiel*, S. 112. Soweit er schreibt, daß nach 1949 die Teilnahme von der Einladung durch die Generalversammlung abhängig gewesen sei, ist das nur halb richtig, da die üblichen Teilnahmeformeln damals auch die Mitglieder der Vereinten Nationen umfaßten. Vgl. z. B. Art. XI der Genocid-Konvention vom 9. 12. 1948 (A/RES/260 [III]) — UNTS 78, 277.

[107] Dementsprechend ist auch *Czempiels* Mutmaßung nicht überzeugend, wonach (erst) die Schwächung des westlichen Blocks durch die Aufnahme von

Die neue Teilnahmeformel erhielt auf diese Weise den Charakter einer Sperrklausel, der durch die dann in Art. 48, 50 der Wiener Konvention über diplomatische Beziehungen von 1961 benutzte „Wiener Formel" nur noch unwesentlich abgeändert wurde[108]. Die „diskriminierende Stoßrichtung" dieser Formel erhellt dadurch, daß alle westlichen Nichtmitglieder der UNO den Sonderorganisationen angehören, während dies bei den sozialistischen Nichtmitgliedern nicht der Fall ist[109] — womit jedoch noch nicht entschieden ist, ob die Klausel selbst oder die auf ihr beruhende UNO-Praxis rechtswidrig ist[110].

Die Wiener Formel wird nicht nur bei den unter den Auspizien der Vereinten Nationen erarbeiteten Konventionen angewandt, sondern ebenso für die noch aus der Zeit des Völkerbundes herrührenden allgemeinen multilateralen Verträge[111]. Bei der Diskussion darüber, ob für diese früheren Konventionen die Alle-Staaten- oder die Wiener Formel gelten solle, wurden zugunsten letzterer u. a. folgende Argumente vorgetragen[112]:

Die Generalversammlung habe bisher noch nie die Alle-Staaten-Formel angenommen; der Generalsekretär könne und wolle nicht über den behaupteten Staatscharakter von Ostdeutschland, Estland, Oman (!) usw. entscheiden; es sei ganz natürlich, wenn die Generalversammlung ihre Einladungen auf den Kreis der Vereinten Nationen und Sonderorganisationen beschränke; das Atomteststopabkommen könne nicht als Vorläufer für die Annahme der All-Staaten-Klausel gelten, da für die Vereinten Nationen nur *ein* Depositar, der Generalsekretär, zur Verfügung stehe; und welche Delegation könne schließlich überzeugende Einwände gegen die einmütig in Wien angenommene Formel vorbringen[113]?

---

16 Staaten im Dezember 1955 dazu geführt habe, die Mitgliedschaft in einer der Sonderorganisationen als weitere Variante der Beitrittsvoraussetzungen in die Teilnahmeklauseln einzuführen (S. 112). Außerdem scheint *Czempiel* von einer kumulativen Anwendung der Voraussetzungen auszugehen („vorgeschaltete Qualifikationen"), was aber schon vom Wortlaut her nicht richtig ist. Vgl. die Resolution der Generalversammlung vom 3. 12. 1949, in der diese die genannten Voraussetzungen aufstellte unter Bezugnahme auf die Teilnahmeerfordernisse der Genocid-Konvention und angesichts dessen, daß es wünschenswert sei, Einladungen zur Teilnahme auch an jene Nichtmitglieder zu senden, die durch ihre Beteiligung an Aktivitäten im Bereich der Vereinten Nationen ihren Wunsch nach internationaler Zusammenarbeit ausgedrückt hätten (A/RES/368 [IV] = GAOR [IV] Resolutions S. 65 = A/1251. Zum Werdegang dieser Resolution vgl. A/C. 6/SR 208 [S. 450 - 455]).

[108] Auch hier entspricht *Czempiels* Darstellung, S. 112, nicht den Tatsachen, da er als neues Charakteristikum der Wiener Formel gerade die Mitgliedschaft in den Vereinten Nationen nennt.

[109] *Schirmer*, S. 22/3; *ders.*, Die Universalität allgemeiner Staatenkonferenzen, DAP 1964, S. 463/4.

[110] s. dazu unten 3.3.3.2.

[111] A/RES/1903 (XVIII) vom 18. 11. 1963.

[112] Vom Vertreter der US-amerikanischen Delegation *Schwebel*, AJIL 1964 (58), S. 455 - 457.

[113] Hierzu unten 3.3.3.2.

Auch wenn es sich hier teilweise um völkerrechtliche Argumente handelt, so liegt der wirkliche Streitpunkt doch eindeutig im politischen Bereich[114].

1.2.2 Konnte aufgrund der Teilnahmebestimmungen selbst der Antrag auf Aufnahme nicht abgelehnt werden, so hing das weitere Schicksal des Antrags vom Verhalten des Depositars des jeweiligen Vertrags ab. Der Depositar hat in jedem Falle die Aufgabe, den Antrag allen Mitgliedern zu notifizieren[115]. Das hat Belgien als Depositar des Weltpostvertrages aber nicht getan, als die DDR ihre Mitgliedschaft erklärte[116], so daß deren Status zur UPU umstritten ist. Sie wird jedenfalls offiziell nicht als Mitglied aufgeführt[117].

1.2.3 Soweit die Nichtzulassungspolitik aber ohne Erfolg war, versuchten die Bundesrepublik und ihr folgend die Westmächte, wenigstens für sich keine Folgen aus der Teilnahme der DDR entstehen zu lassen[118]. Beim Atomteststopabkommen z. B., dem BRD und DDR zugehören, erklärte die Bundesregierung, zwischen ihr und der DDR seien durch deren Unterzeichnung keine vertraglichen Beziehungen entstanden[119] — ohne Zweifel hauptsächlich zum Schutz ihrer politischen Ansprüche (Alleinvertretung)[120].

Darüber hinaus stellten die Bundesrepublik, die Vereinigten Staaten und das Vereinigte Königreich fest, daß sie die DDR jedenfalls hinsichtlich der in Art. II des beschränkten Teststopabkommens vorgesehenen Änderungskonferenz nicht als Vertragspartei ansähen[121].

1.2.4 Nach alldem ist festzuhalten, daß neben völkerrechtlichen Argumenten oft auch polemische Äußerungen („kein Staat, Marionettenregierung") in die Debatte um die Teilnahme der geteilten Staaten, insbesondere der DDR, an internationalen Organisationen und allgemeinen Konventionen Eingang gefunden haben. Zwar wird der Staatscharakter der DDR jetzt nicht mehr bestritten[122], doch wird dafür neuerdings auf westlicher Seite behauptet, die Zeit für eine Teilnahme der DDR sei noch nicht reif.

---

[114] *Bot*, S. 153.

[115] Über die rechtliche Stellung des Depositars im einzelnen s. 4.1.

[116] ... jedenfalls nicht in der gehörigen Form, vgl. oben 1.1.4.4.2 (e).

[117] Ein anderes Beispiel für die Nichterfüllung von Depositarpflichten aus politischen Gründen nennt *Schirmer*, S. 24/5.

[118] Zur rechtlichen Bewertung dieser Praxis s. im Abschnitt über die Anerkennung unter 3.1.5.

[119] Bulletin vom 20. 8. 1963, Nr. 147.

[120] *Bot*, S. 120.

[121] Siehe 1.1.4.4.1; außerdem *Bechtholdt*, Deutschland und das Moskauer Abkommen, AußPol 1963, S. 581.

[122] Dazu oben 1.1.4.4.

Mit Hilfe dieser Argumentation und der entsprechenden Aktivitäten ist es der Bundesrepublik bisher gelungen, die DDR von dem gesamten Bereich der Vereinten Nationen und vielen allgemeinen Konventionen abzuschirmen. Ihre diesbezüglichen Bemühungen waren motiviert durch das partikuläre, auf den Alleinvertretungsanspruch fixierte Interesse der Bundesrepublik, das somit das in allen allgemeinen multilateralen Verträgen zum Ausdruck kommende universale Interesse in den Hintergrund zu drängen vermochte[123].

Ob dieses, auf die DDR bezogene Verhalten, wie auch dasjenige der Westmächte gegenüber Nord-Vietnam und Nord-Korea, nach welchem Maßstab und unter Zugrundelegung welcher Ansicht auch immer, politisch richtig ist, kann hier nicht untersucht werden: das ist allein schon wegen der hochpolitischen Natur der Angelegenheit ein ambivalentes Unterfangen.

1.3 Bewertungsgrundlage (universales Völkerrecht)

Darum soll sich die nachfolgende Untersuchung auf die o. a. völkerrechtlichen Fragestellungen beschränken. Allerdings ist dabei vorab festzustellen, ob es überhaupt eine einheitliche völkerrechtliche Bewertungsbasis, ein gemeinsames, universales Völkerrecht, gibt.

Dabei sollen Völkerrechtsnormen dann als universal begriffen werden, wenn sie von allen bedeutenden heutigen Staatengruppen (sozialistische, kapitalistische und nicht-gebundene Staaten) anerkannt und praktiziert werden[124]. Daher kommt es hier nicht darauf an, worauf Wesen und Erscheinung des heutigen Völkerrechts zurückzuführen und wie sie zu begründen sind (soziologisch, historisch, politisch).

Die Existenz universal geltender Völkerrechtsnormen ist auch trotz unterschiedlicher Auffassungen z. B. im sozialen Bereich nicht a priori ausgeschlossen, wie historische Beispiele beweisen[125],und auch nicht deswegen, weil teilweise das Bestehen mehrerer Völkerrechtskreise angenommen wird[126]. Diese Ansicht erkennt nämlich in jedem Fall auch ein allgemeines Völkerrecht an[127].

Ebensowenig wird das Entstehen eines allgemeinen Völkerrechts durch die beiden grundverschiedenen völkerrechtlichen Konzeptionen (die

---

[123] *Czempiel*, S. 112/3.

[124] Die Prüfung, ob dann relative oder absolute Universalität vorliege, wäre ein Spiel um Worte.

[125] *Bastid*, Les conditions juridiques de la „coexistence“, PE 1955 (20), S. 13/4. — s. hierzu im einzelnen Mössner, S. 80 - 87.

[126] So insbesondere seitens östlicher Völkerrechtler, vgl. *Kaljushnaja* in: *Lewin/Kaljushnaja*, Völkerrecht — Lehrbuch, S. 19.

[127] *Meissner*, B., Wesen und Geltungsbereich des Völkerrechts, S. 21.

bürgerliche und die sozialistische) verhindert: Diese sind sich in vielen Fragen nahegekommen, die das Vorhandensein völkerrechtlicher Prinzipien und Normen und deren Inhalt betreffen[128].

1.3.1 Manche haben allerdings die Existenz eines universalen Völkerrechts mit dem Argument verneint, daß als Voraussetzung für ein allgemeines Völkerrecht eine Vorstellung von einheitlichen Werten zwischen den Völkern und Staaten bestehen müsse und dieses Merkmal z. Z. nicht vorliege[129].

Die Ausführungen der Vertreter dieser Meinung wirken jedoch wenig überzeugend[130]. Dies umso mehr, als es keinen Zweifel daran gibt, daß es im Osten wie im Westen prinzipiell gleichgeartete ethische Vorstellungen gibt, z. B. über den Wert des menschlichen Lebens an sich und die Aufrechterhaltung des Friedens unter Vermeidung eines thermonuklearen Weltkrieges, die jedenfalls insofern gemeinsame völkerrechtliche Regeln erfordern.

[128] s. z. B. den Antarktis-Vertrag von 1957. *Tunkin*, Der ideologische Kampf und das Völkerrecht, S. 340; *ders.*, Coexistence and general international law, RdC 1958 III (95), S. 59; *Schirmer*, S. 74; zur Rechtfertigung dieser Betrachtungsweise *Krülle*, S. 34. Die vereinzelt anzutreffenden Behauptungen westlicher Völkerrechtler, nach denen die sozialistischen Völkerrechtskonzeptionen schon ihrer Natur nach ein universales Völkerrecht verneinen müßten, widerlegt *Tunkin*, Peaceful coexistence and international law, S. 30 - 32.

[129] *Schuster*, S. 220 - 236; *Kordt*, Völkerrechtsgemeinschaft, WVR III, S. 677 bis 680; *Hilckman*, Die gespaltene Welt und das Völkerrecht, ARSP 1969, S. 131 ff.; *Leibholz*, Zur gegenwärtigen Lage des Völkerrechts, AVR 1948/9, S. 415 ff. Vgl. zu diesem Problemkreis *Mössner*, The Barbary Powers in international law, S. 15, mit weiteren Hinweisen.

[130] *Hilckman* schreibt, daß „an ein die gegensätzlichen Ideologien übergreifendes Völkerrecht in der gegenwärtigen Weltsituation nicht zu denken" sei, da es keine von der ganzen Menschheit als verbindlich anerkannten Werte und Normen gebe. — Nach *Kordt* „hat die zunehmende Universalität der Staatenliste eine Reduzierung des Inhalts der anerkannten Regeln des Völkerrechts zur Folge" (S. 679); deshalb fragt er, „ob noch jenes Minimum an gemeinsamen Rechtsauffassung in bezug auf das zwischenstaatliche Verhalten vorhanden sei, ohne das eine weltweite Staatengemeinschaft des materiellen Inhalts so gut wie ganz entbehren würde". ... Indem er dem Osten die „Leugnung eines gemeinsamen Rechts" unterstellt, beobachtet er einen „Auflösungsprozeß der universalen Völkerrechtsgemeinschaft" (S. 680). *Leibholz* fragt sich, wie eine politische Ordnung, die „dem Prinzip nach die Absoluten Werte (?) unter das Gesetz des Politischen stellt, zu einer dauernden Verständigung mit einer politischen Ordnung" gelangen könne, „in der alle diese Fragen (?) diametral entgegengesetzt beantwortet werden" (S. 421). *Schuster* schließlich glaubt, daß von einem allgemein verbindlichen Völkerrecht nicht gesprochen werden könne, weil das „politische und moralische Selbstverständnis" der Sowjetunion „dem fundamentalen Grundsatz eines jeden ... Systems echter Koexistenz" entgegenstehe (S. 220/1). Fraglich ist, was er mit den „Axiomen der Wertsysteme der kommunistischen Welt und des Westens" meint, denen „jegliche Ideensolidarität" fehle (S. 223). Den Beziehungen zwischen beiden Blöcken fehle der Rechtscharakter gänzlich (?), weil die „Entscheidungen auf höchster Ebene (?) nicht aus einer aus longa consuetudine erwachsenen opinio iuris (?), sondern aus dem Gesichtspunkt opportunen politischen Verhaltens" erfolgten (S. 227).

Soweit einzelne Autoren sich zu keiner eindeutigen Stellungnahme entscheiden können, erscheinen auch deren Argumente nicht als stichhaltig[131].

1.3.2 Hingegen liegt es aus verschiedenen Gründen nahe, von der Existenz eines gemeinsamen, allgemeinen Völkerrechts auszugehen. Selbst wenn man für die Existenz eines allgemein anerkannten Völkerrechts eine gewisse gemeinsame Basis voraussetzt[132], so dürfte an deren Bestehen nicht zu zweifeln sein[133].

Wenn auch die Uneinigkeit über einige grundsätzliche Fragen die Gefahr in sich birgt, mehr partikulares anstelle universalen Völkerrechts auszubilden[134], so beweisen doch die vielen allgemeinen Staatenkonferenzen zur Kodifizierung des Völkerrechts und die ansehnliche Zahl universaler Konventionen, daß das Völkerrecht sich sowohl inhaltlich als auch räumlich immer mehr ausweitet und damit immer universaler wird[135].

Das leuchtet umso mehr ein, als einvernehmlich anerkannte Ordnungsprinzipien für das Zusammenleben der Staaten und Völker geradezu unerläßlich sind. Das mag auf dem sozialen Wesen der Menschheit be-

[131] *Krippendorf* behauptet, daß „die internationale Verflechtung auf dem Gebiete des Rechts erheblich weiter fortgeschritten sei als vielfach bewußt und bekannt", hält aber den „Weg zu einem universalen Völkerrecht ... wohl erst dann für durchschritten, wenn eine relative soziale Homogenität die konkrete Basis solcher rechtlicher Universalität abgibt" (S. 21). *Cheng*, International law in the United Nations, YBWAff 1954,, meint, daß die Universalität des Völkerrechts mehr ein Postulat als eine Realität darstelle (S. 170), weil in der Basis des Völkerrechts, d. h. der Hegemonie der internationalen Oligarchie, ein tiefer Riß geschaffen sei und beide Lager das Völkerrecht innerhalb und außerhalb der Vereinten Nationen weitgehend als ideologische Waffe benutzten (S. 171). — *Bindschedler*, Illusion und Wirklichkeit; Gegenwart und Zukunft des Völkerrechts, JIR 1957/8 (8), führt u. a. aus, daß ein Schrumpfungsprozeß des Völkerrechts seit dem 2. Weltkrieg zwar nicht bzgl. des Umfangs, sondern des Gehalts und seiner Wirksamkeit zu beobachten sei (S. 1). In ähnlicher Weise äußert sich auch B. *Meissner;* er bejaht den Bestand eines Minimums an gemeinsamen Rechtsauffassungen (S. 12).

[132] *Krülle*, S. 33.

[133] Vgl. o. 1.3.2; nach *Krülle*, S. 35 - 40, ergibt sich das nach einer vergleichenden Untersuchung der Anwendung bestimmter Wertvorstellungen in beiden Lagern; *Lissitzyn*, Le droit international dans un monde divisé, RGDIP 1965, S. 975/6, weist nach, daß es eine ganze Reihe gemeinsamer Werte gebe. — *Verdroß*, S. 94, sieht diese gemeinsame moralische Basis eines universalen Völkerrechts in der Begegnung von christlichem Humanismus mit den Weltanschauungen von Asien und Afrika; *ders.*, Die Wertgrundlagen des Völkerrechts, AVR 1953/4 (4), S. 139, äußert sich dort noch skeptisch hinsichtlich des Ziels der Universalität des Völkerrechts. — Ein Minimum gemeinsamer Werte erachtet *Wilk*, International law and global ideological conflict, AJIL 1951 (45), S. 658, als ausreichend, da mehr Übereinstimmung selbst im innerstaatlichen Rechtskreis nicht herrsche und deshalb auch für das Völkerrecht nicht gefordert werden könne (S. 667).

[134] *Wilk*, S. 668.

[135] *Verdroß*, S. 92.

ruhen, das ein rechtmäßig geordnetes Zusammenleben ihrer verschiedenen Glieder bedingt[136], oder darauf, daß die Welt so klein ist und ein weltweiter Krieg so zerstörerisch wäre, daß Frieden und Sicherheit nur durch allgemein anerkannte Prinzipien erhalten werden können[137]. In jedem Falle bedarf es eines universalen, den wechselnden Verhältnissen entsprechenden Völkerrechts, um die überaus komplexen Beziehungen zwischen den Staaten zu regeln und die daraus entstehenden Gefahren zu beseitigen[138]. Daran ändert auch die Schwierigkeit nichts, eine Grenze zu bestimmen, ab der das Völkerrecht universalen Charakter erhält[139].

Die hauptsächlich durch die schnelle Entwicklung der Technologie verursachte Verstärkung aller zwischenstaatlichen Beziehungen spricht darüber hinaus für ein Anwachsen auch der den neuen Entwicklungen entsprechenden rechtlichen Ordnungsfaktoren und damit für eine Ausweitung des von allen Staaten anerkannten, universalen Völkerrechts[140].

1.3.3 Steht somit die Existenz allgemein verbindlicher völkerrechtlicher Normen außer Frage, so ist es doch zweifelhaft, ob sie auch von allen Staaten gleichermaßen angewendet oder als Instrument der jeweiligen Außenpolitik eines Staates ihres Sinnes entleert werden[141].

Ausgehend davon, daß Völkerrecht und Außenpolitik nicht absolut voneinander getrennt bestehen, sondern sich gegenseitig bedingen, und daß die Außenpolitik der „Motor“ zwischenstaatlichen Verhaltens ist, ist es nur verständlich, daß jede Regierung eines jeden Staates immer bemüht sein wird, ihre nach außen gerichteten Aktivitäten völkerrechtlich abzustützen und die einschlägigen Normen im Sinne ihres Handelns aus-

---

[136] *Soder*, S. 33. — Das dürfte auch *von der Heydte*, Der deutsche Staat im Jahre 1945 und seither, VVDStRL 1955 (13), S. 8/9, gemeint haben, als er von dem „Wesen der menschlichen Beziehungen schlechthin“ sprach. — *Wright* spricht von „common ends and common needs“ aller Menschen, The strengthening of international law, RdC 1959 III (98), S. 269; *Schirmer*, S. 68.

[137] Vgl. *Wright*, S. 271.

[138] *Wright*, S. 271; *Tunkin*, Coexistence and international law, RdC 1958 III (95), S. 53; *ders.*, Peaceful coexistence and international law, S. 33; *ders.*, Der ideologische Kampf und das Völkerrecht, S. 461.

[139] Diese Grenze kann auch *Schirmer* nur andeuten, indem er sagt, daß die Universalität des Völkerrechts nur in dem Maße erreicht werden könne, in dem völkerrechtliche Prinzipien und Normen von immer mehr Staaten als verbindlich anerkannt werden (S. 77, 87/8), wobei die Anerkennung auf vertraglichem und gewohnheitsrechtlichem Wege erfolgen könne (S. 86). Nicht überzeugend erscheint die Bemerkung, daß universelles Völkerrecht auch die von allen Staaten als verbindlich anerkannten Normen seien, bei denen der Prozeß der Durchsetzung der Universalität aber noch nicht vollendet sei (S. 69).

[140] Man denke an die Regelungen über die Nutzung des Weltraumes, des Meeresbodens u. v. a. m. — Vgl. *Lissitzyn*, S. 974; *Tunkin*, Coexistence and international law, S. 54, 63.

[141] Das scheint B. *Meissner*, S. 14, in bezug auf die Außenpolitik der sozialistischen Staaten anzunehmen, da diese „sich nicht die Erhaltung und Vervollkommnung (?) der bestehenden internationalen Ordnung, sondern deren Beseitigung zum Ziele gesetzt“ hätten.

zulegen[142]. Umfang und Grenzen der möglichen Auslegung in dieser oder jener Richtung stellt bei jeder rechtlichen Norm deren Kern dar[143]. Wird dieser Kern nicht angetastet, so wird man sagen können, daß die Völkerrechtsnorm beachtet worden ist und damit ihre Ordnungsfunktion erfüllt hat, auch wenn die Ansichten über ihre Bedeutung und Tragweite seitens der politischen Kontrahenten völlig konträr sind.

Faßt man die Wechselwirkung zwischen außenpolitischer Handlung und entsprechender völkerrechtlicher Regel in dieser Weise auf, so erscheint das Völkerrecht keineswegs als manipuliertes „Etwas", sondern als Rechtskategorie, in deren Rahmen sich der zwischenstaatliche Verkehr abspielt und rechtlich geordnet wird.

In diesem Sinne soll demnach auch das Problem der universellen Teilnahme an allgemeinen internationalen Organisationen, Konventionen und Konferenzen erörtert werden.

1.4 Definitionen

Hierbei spielen diejenigen Organisationen und Verträge eine Rolle, die den folgenden Kriterien genügen,

1.4.1 Die Definition dessen, was unter einem *allgemeinen* multilateralen Vertrag zu verstehen ist, bedürfte nur einiger weniger Worte (um sie gegen die plurilateralen Verträge abzugrenzen)[144], wenn sie nicht mit der Frage nach dem Teilnahmerecht an ihnen verbunden worden wäre[145]. Das rief die Gegner und Fürsprecher eines allgemeinen Teilnahmerechts auf den Plan, deren Argumente zugunsten dieser oder jener Begriffsbestimmung also vor dem Hintergrund eines etwaigen Rechts auf Teilnahme zu betrachten sind. So war der erste Definitionsvorschlag Tunkins auf das allgemeine Interesse des jeweiligen Vertrags abgestellt[146], was als zu unbestimmt angesehen wurde[147]. Daraufhin schlug Tunkin vor, denjenigen Vertrag als in seinem Charakter universal anzusehen, der von universalem Interesse sei, oder der Regeln schaffe, die für eine universelle Annahme bestimmt seien[148].

[142] *Tunkin*, Völkerrechtstheorie, S. 329.

[143] *Tunkin*, Völkerrechtstheorie, S. 330; *Kaljushnaja*, in: *Lewin/Kaljushnaja*, Völkerrecht Lehrbuch, S. 23. Was den spezifischen Gehalt einer Norm ausmacht, kann u. U. sehr schwer festzustellen sein.

[144] Vgl. dazu die in YBILC 1959 I, S. 102 - 114 abgedruckte Diskussion über Art. 24 des Vertragsrechts-Entwurfs von *Fitzmaurice* (A/CN. 4/SR 502 - 504).

[145] *Tunkin*, SR 502, par. 19 (S. 103).

[146] „general interest", *Tunkin*, S. 103.

[147] Ebendort *François*, S. 105. par. 53 („not always clear"); *Garcia Amador*, S. 106, par. 62: „extremely vague" und „not always easy to decide".

[148] *Tunkin*, SR 503, par. 56 (S. 111).

Das wurde einerseits dahingehend spezifiziert, daß damit die auf die Beziehungen zwischen allen Staaten anwendbaren Regeln gemeint seien[149], gab andererseits aber Anlaß zu dem Bedenken, daß diese Regeln auch z. B. in einseitigen Erklärungen ihren Niederschlag finden könnten[150]. Gleichwohl wurde der letztgenannte Vorschlag zunächst aufrechterhalten[151], um dann der im Jahre 1962 von Waldock vorgeschlagenen Definition zu weichen. Hiernach bedeutete ein multilateraler Vertrag einen Vertrag, der entweder für die unbeschränkte Teilnahme jedes Staates oder für eine beträchtliche Anzahl von Vertragspartnern geöffnet ist und entweder allgemeine Regeln des internationalen Rechts niederzulegen beabsichtigt oder in allgemeiner Weise Angelegenheiten behandelt, die von allgemeiner Bedeutung für andere Staaten ebenso wie für die Vertragsparteien sind[152]. Angesichts dessen, daß die Unterscheidung zu den „plurilateralen Verträgen"[153] nur schwer zu treffen war[154], kam Lachs zu der Überzeugung, daß eine starre Definition eines von mehr als zwei Staaten geschlossenen Vertrages nicht wünschenswert sei[155]. Das dürfte letztlich auch die Meinung der Teilnehmer an der Vertragsrechtskonferenz von 1969 gewesen sein, die sich über eine gemeinsame Definition nicht einigen mochten und dennoch die Vertragsrechts-Konvention zu unterzeichnen imstande waren[156]. Die bis dahin noch unterbreiteten Definitionsvorschläge[157] finden sich mehr oder weniger deutlich in dem letzten auf der Vertragsrechts-Konferenz eingebrachten Vorschlag wieder. Danach sollte jeder Staat das Recht auf Teilnahme an einem multilateralen Vertrag haben, „der Normen des allgemeinen ‚internationalen Rechts' kodifiziert oder fortschrittlich weiterentwickelt oder dessen Inhalt oder Ziel von Interesse für die internationale Gemeinschaft von Staaten als Ganzes sind"[158]. Einen Anklang an diese Definition enthält das Gutachten des Internationalen Gerichtshofs von 1951 über Vorbehalte zur Genocid-Konvention, in dem die Genocid-Konvention als nach ihrem Inhalt und Ziel eine universelle Teilnahme erfordernd (... as many

[149] *Zourek*, SR 504, par. 56 (S. 113).

[150] *Scelle*, ebenda, par. 33 (S. 114).

[151] Im Kommentar zu Art. 17 des Berichts der Völkerrechtskommission an die Generalversammlung, GAOR (XIV), Suppl. No. 9, S. 20 - 22 (= A/4169), abgedr. auch in YBILC 1959 II, S. 107 - 109.

[152] Art. 1 des *Waldock*-Entwurfs, A/CN. 4/144, abgedr. in YBILC 1962 II, S. 31 - 35.

[153] *Waldock*, S. 31.

[154] *Lachs*, A/CN. 4/SR. 642, par. 14, YBILC 1962 I, S. 77.

[155] *Lachs*, S. 81, par. 75.

[156] Vgl. dazu *Fleischhauer*, Die Wiener Vertragsrechtskonferenz, JIR 1971 (15), S. 212.

[157] Art. 1 Abs. 1 Buchst. c) des Berichts der Völkerrechtskommission, A/5209, abgedr. YBILC 1962 II, S. 161. — A/CONF. 39/C. 1/L. 19 Rev. 1 und A/CONF. 39/C. 1/L. 385 (A/COF. 39/11/Add. 2, S. 112 und 234).

[158] A/CONF. 39/C. 1/L. 388 (S. 236).

states as possible should participate) erachtet wird[159]. So schwierig es auch sein mag, in obigem Definitionsversuch zwischen „Kodifizierung" und „Weiterentwicklung" internationalen Rechts zu unterscheiden und die Interessen der Staatengemeinschaft als Ganzes festzustellen, so läßt sich der Anwendungsbereich dieser Definition doch auf die folgende Formel bringen: Angelegenheiten, die in weitestem Rahmen die Aufrechterhaltung von Frieden und Sicherheit in der gesamten Welt zum Ziele haben und die zur Erreichung dieses Zieles einer möglichst universell anerkannten Normierung bedürfen[160].

Diese Erwägungen gelten ebenso für allgemeine internationale Organisationen, da sie auf einem (Gründungs-)Vertrag beruhen und sich nur dadurch von den allgemeinen multilateralen Verträgen unterscheiden, daß sie das in dem Vertrag verankerte Ziel mittels eines eigens dafür geschaffenen Apparates (Organisation) zu erreichen versuchen. Aus diesem Grunde werden auch solche Verträge hier als allgemeine multilaterale Verträge behandelt, sofern nicht eine spezielle Betrachtung dadurch erforderlich wird, daß solche Verträge eben eine Organisation schaffen[161].

1.4.2 Dabei werden nur die zwischenstaatlichen, intergouvernementalen Organisationen eine Rolle spielen, also vornehmlich die Vereinten Nationen und deren Sonderorganisationen, da sich die Frage des Rechts auf Teilnahme zwar nicht ausschließlich, aber doch überwiegend an ihnen entzündet. Das wiederum ist daraus zu erklären, daß sie als die offiziellen Foren weltumspannender Aktivitäten das weitaus größere Interesse der Regierungen beanspruchen als die auf privater Ebene funktionierenden nicht-gouvernementalen internationalen Organisationen.

1.4.3 Die mannigfachen Formen einer Teilnahme an allgemeinen multilateralen Verträgen brauchen hier nicht in extenso erörtert zu werden. Denn „approval, acceptance, signature, ratification, accession"[162] sind nur formelle Mittel, die für die Ausübung eines etwaigen materiellen Teilnahmerechts zur Verfügung stehen[163].

---

[159] Reservations to the Convention on Genocide, ICJ Reports 1951, S. 15 ff. (24). Die in dem Gutachten benutzte Formulierung legt sogar den Gedanken an eine Pflicht zur Teilnahme nahe, die jedoch abzulehnen ist (s. dazu unten 2.1.2 am Ende). Auch *Alvarez* betont in seiner dissenting opinion den universalen Charakter und das allgemeine Interesse bestimmter Konventionen (S. 49 ff.). Desgleichen stellt *Scelle*, La revision dans les conventions générales, Ann. IDI 1948, bei der Definition der „convention générale" auf deren Natur und Inhalt ab, die ihr eine „vocation à l'universalité" gebe (S. 1, 176).

[160] Ähnlich *Schirmer*, S. 19; *ders.*, Die Arbeit der Völkerrechtskommission der Vereinten Nationen im Jahre 1962, StuR 1963, S. 850.

[161] S. 3.3.3.1.

[162] Das sind die heute am meisten benutzten Formen einer Teilnahme, vgl. Art. 14, 15, 81, 82 und 83 der Vertragsrechts-Konvention von 1969 (A/CONF. 39/11/Add. 2, S. 291, 300).

[163] Eine ausführliche Abhandlung über Geschichte und Bedeutung der Teilnahme-Varianten, deren die Staaten sich bedienen können, hat *Köck* verfaßt:

Um die Untersuchung der Existenz eines allgemeinen Teilnahmerechts an allgemeinen multilateralen Verträgen nicht unnötig zu belasten, wird deshalb gelegentlich nur zwischen „Unterzeichnung“ als Ausdruck gleichzeitiger und „Beitritt“ als nachträglicher Beteiligung unterschieden werden. Ansonsten wird durchweg von dem Ausdruck „Teilnahme“ im Sinne einer vollen Mitgliedschaft die Rede sein, da dieser Begriff in diesem Zusammenhang neutral zu sein scheint[164].

1.5 Relativität des Ergebnisses der Untersuchung

Ist somit der einzuschlagende Weg dieser Untersuchung aufgezeigt, so soll doch noch darauf verwiesen werden, daß jede einzelne Fragestellung dem Zwischenbereich von Recht und Tatsachen angehört und deshalb weder rein rechtlich, losgelöst von den sie bedingenden Faktoren[165], noch aufgrund von Erwägungen beantwortet werden kann, die ausschließlich an der Realität ausgerichtet sind[166]. Darüber hinaus sollte nicht vergessen werden, daß hier etwa eingreifende völkerrechtliche Normen immer nur einen Leitfaden mit zumindest moralischem Druckpotential für das Handeln der Regierungen abgeben können[167]. Darum kommt es letztlich darauf an, daß aus jeder Norm mit gutem Willen und gutem Glauben seitens der jeweils betroffenen Staaten das Beste gemacht wird.

Um dennoch den Leitfaden, den solche Völkerrechtsregeln bieten, attraktiv und beherzigenswert erscheinen zu lassen, soll nur der neuere Stand der völkerrechtlichen Wissenschaft berücksichtigt werden. Ältere Ansichten werden nur dann mit einbezogen, wenn sie an Aktualität nichts eingebüßt haben.

Der Beitritt zu völkerrechtlichen Verträgen, ÖZöR 1970 (20), S. 217 ff.; s. auch *McNair*, S. 148 ff.

[164] Vgl. den Vorschlag *Yasseens* auf der Vertragsrechtskonferenz, den Titel des Deklarationsentwurfs über die universelle Beteiligung vereinfachend auf „Declaration on Universal *Participation* in the Vienna Convention on the Law of Treaties“ abzuändern, A/CONF. 39/SR 36, par. 5 (A/CONF. 39/11/Add. 1, S. 202).

[165] Das aber scheint *Krülle*, S. 39, tun zu wollen, wenn sie an dem Postulat der Überparteilichkeit des Rechts festhält und sowohl von der Loslösung von der Zweckgebundenheit der Bewertung und Interpretation als auch von „echten Rechtssätzen“ spricht.

[166] Diese Problematik wurde bereits hinsichtlich des Verhältnisses des Völkerrechts zur Außenpolitik angesprochen (s. 1.3.3). — *Wright*, The strengthening of international law, S. 272/3, verlangt vom internationalen Recht, daß es „flexibel, säkular, pragmatisch, relativ und tolerant“ sei, damit es seine friedenserhaltende Funktion erfüllen könne. „But it must be superior to all other normative systems in the sense that it judges each impartially and preserves peace among them“, S. 272.

[167] Auf die „eminente Bedeutung des Völkerrechts für die friedlichere Gestaltung der internationalen Beziehungen“ weist auch *Krippendorff*, S. 21, hin.

In keinem Falle wird man aber nach dem Gesagten nur zu *einer* einzig richtigen Lösung kommen können, da die zu beurteilenden Sachverhalte und die sie wertenden Meinungen viel zu komplex sind, als daß sich nur ein einziges vertretbares Ergebnis anböte.

2 Mögliche Rechtsgrundlagen für ein allgemeines Teilnahmerecht

Wenn nunmehr zu prüfen ist, ob für die von den internationalen Organisationen, Konventionen und Staatenkonferenzen[1] ausgeschlossenen Staaten ein Recht auf Teilnahme besteht[2], so liegt es nahe, zunächst auf das einzig als spezielle Regelung[3] hierfür in Betracht kommende Universalitätsprinzip einzugehen. Nur wenn dieses nicht als originäre und konstitutive Rechtsnorm anzusehen ist, wird weiterhin nach allgemeinen Normen zu suchen sein, aus denen ein Teilnahmerecht ableitbar sein könnte.

2.1 Das Prinzip der Universalität

Die Entstehung des Universalitätsprinzips erklärt sich aus dem rapiden Anwachsen der zwischenstaatlichen Bereiche, die für alle Staaten von Interesse und Bedeutung sind (Abrüstung, Gesundheit, Ernährung etc.). Die inhaltliche Regelung dieser Bereiche erfolgt notwendig durch allgemeine Konventionen und internationale Organisationen. Diese sind also hinsichtlich ihrer Bezugssubjekte als auch objektiv (= inhaltlich) universal. Auf diese herausragende Bedeutung des Gesichtspunkts der Universalität gründet sich die Annahme, daß die Universalität nicht nur eine gewisse Ordnungsvorstellung beinhalte, sondern darüber hinaus als völkerrechtliches Prinzip existiere, das als „Universalitätsprinzip" ein eigenständiges Teilnahmerecht für die Staaten postuliere[4]. Da der Uni-

---

[1] Die Konferenzen sind hinsichtlich der Teilnahmefrage nicht nur zeitlich, sondern auch bedeutungsmäßig vorrangig, da auf ihnen bereits die Teilnahmeklausel der späteren Konvention ausgearbeitet und angenommen wird (vgl. auch den Kommentar der ILC zum Entwurf des Art. 13, GAOR [XIV], Suppl. No. 9, S. 21/2 [A/4169]).

[2] Vgl. 1.1.2.

[3] Einige Völkerrechtler der DDR nennen als Grundlage eines Rechtsanspruchs auf Teilnahme das Potsdamer Abkommen, vgl. u. a. *Steiniger*, Die Perspektiven der Vereinten Nationen, DAP 1970, Sonderh. 2, S. 178; *Winzer*, S. 280/1, und Ministerrat der DDR in einer Erklärung zum 25. Jahrestag des Potsdamer Abkommens, AdG vom 2. 8. 1970, 15626 B. Sie beziehen sich dabei auf den Passus: „Wenn die eigenen Anstrengungen des deutschen Volkes unablässig auf die Erreichung dieses Zieles (Wiederaufbau auf einer demokratischen und friedlichen Grundlage — G. C.) gerichtet sein werden, wird es ihm möglich sein, zu gegebener Zeit seinen Platz unter den freien und friedliebenden Völkern der Welt einzunehmen" (Siegler, S. 6).

[4] Vgl. *Schirmer*, S. 137 - 142.

versalitätsbegriff in verschiedenen Zusammenhängen und mit unterschiedlicher Nomenklatur gebraucht wird, ist zunächst seine hier interessierende Bedeutung klarzustellen. Daraufhin wird zu untersuchen sein, ob das Prinzip der Universalität im Völkerrecht verankert ist und ob ein Teilnahmerecht aus ihm gefolgert werden kann.

2.1.1 „Universalität" und „Universalitätsprinzip" sind nicht nur in Verbindung mit allgemeinen multilateralen Verträgen geläufige Begriffe, sondern sie werden ebenso auf dem politischen Sektor (z. B. Universalität des römischen Weltreiches)[5] und den Anwendungsbereich des Völkerrechts bezogen.

Eine Verwechslungsgefahr der hier zu untersuchenden Universalität besteht hinsichtlich des Begriffs der Universalität des Völkerrechts. Bei der Frage der Universalität des Völkerrechts geht es allgemein darum, ob das heutige Völkerrecht nur für einen Teil der Staatenwelt oder für alle Staaten gültig ist, ob also völkerrechtliche Normen von allen Staaten als verbindlich anerkannt werden[6]. Hier soll dagegen erörtert werden, ob es innerhalb des universell anerkannten Völkerrechts eine spezielle Norm gibt (Universalitätsprinzip), die den Staaten eine universelle Teilnahme an allgemeinen multilateralen Verträgen ermöglicht.

2.1.2 Oft beruhen die Argumente pro und contra Universalitätsprinzip auf einem unterschiedlichen Gebrauch des Begriffs der Universalität. So wird man heute kaum noch von „homogener" Universalität sprechen können, wenn man darunter eine einheitliche ideologische und machtpolitische Basis der Staaten verstehen will. Angesichts der in der Weltpolitik und speziell in den Vereinten Nationen miteinander konkurrierenden Blöcke von Staaten kann nunmehr nur noch eine „heterogene" Universalität angestrebt werden[7].

Einige Verwirrung hinsichtlich des Konzepts der Universalität besteht in dessen Kennzeichnung als „absolut, relativ, quantitativ und qualitativ". Wird einmal die Zusammensetzung des Sicherheitsrats der Vereinten Nationen als Beispiel einer relativen Universalität angesehen[8], so wird ebenso unter der Relativität der Universalität die Beschränkung auf regionale Zusammenschlüsse verstanden[9]. Andererseits wird von

[5] *Green*, Membership in the United Nations, CLP 1949, S. 260.

[6] s. o. 1.3.

[7] *Gross*, Election of states to United Nations membership, PASIL 1954, S. 58. Zum Begriffspaar „homogene/heterogene" Universalität s. *Green*, S. 261. Anders *Scelle:* nach dessen Meinung liegt Universalität nur dann vor, wenn sie homogen ist. Somit ist für ihn das Universalitätsprinzip eine bloße Vermischung von nationalen und internationalen politischen Organisationen, CIJ, Mémoires, 1948, S. 71.

[8] *Green*, S. 263.

[9] *Seidl-Hohenveldern*, Internationale Organisationen, Rz. 510 (S. 54).

qualitativer Universalität gesprochen, um damit die universelle Mitarbeit anstelle einer bloßen universellen Zusammensetzung einer internationalen Organisation zu bezeichnen[10], während desgleichen diejenige Organisation als qualitativ universal betrachtet wird, die zur wirksamen Erreichung ihrer Ziele die führenden Mächte in sich aufgenommen hat[11]. Zweckmäßiger dürfte es jedoch sein, unter relativer und qualitativer Universalität die durch Teilnahmebestimmungen eingeschränkte Universalität zu verstehen[12].

Demgegenüber wäre die der Zahl nach unbeschränkte Teilnahme als „quantitativ" oder „absolut"[13] zu bezeichnen[14]. Dabei wiederum kann zwischen der obligatorischen und der freiwilligen Universalität unterschieden werden[15]. Eine Beteiligungs*pflicht* ist jedoch dem heute gültigen Völkerrecht unbekannt. Das folgt in erster Linie aus der Souveränität der Staaten, aufgrund deren die letzte Entscheidung über Beitritt, Nichtbeitritt und Beendigung der Mitgliedschaft den Staaten selbst vorbehalten bleibt[16].

Demnach kann hier nur die *freiwillige* Teilnahme an allgemeinen multilateralen Verträgen in Frage stehen. Entsprechend ist im folgenden zu prüfen, ob es ein Universalitätsprinzip im quantitativen (freiwilligen) Sinne gibt und ob dieses als Rechtsprinzip eine allgemeine Teilnahmeberechtigung für alle Staaten ohne Ausnahme beinhaltet.

In das Für und Wider sind nur die Gründe und Argumente einzubeziehen, die sich sachlich und substantiell auf die Universalitätsfrage beziehen[17]. Alle formalen und prozeduralen Erwägungen, die sich auf die mit einer tatsächlichen Universalität verbundenen technischen Schwierigkeiten beziehen, sind an späterer Stelle im Zusammenhang mit der Erörterung von Teilnahmeklauseln zu berücksichtigen[18].

---

[10] *Hsueh*, S. 17.

[11] *Soder*, S. 61; *Jenks*, S. 18.

[12] *Feinberg*, S. 308/9 („relative Universalität") und *Bot*, S. 250 („qualitative Universalität").

[13] *Hsueh*, S. 15; *Feinberg*, S. 307/8.

[14] Wenn also, mit anderen Worten, 100 % der Beitrittswilligen teilnehmen.

[15] *Lachs*, A/CN. 4/SR 792, par. 9 (YBILC 1965 I, S. 118).

[16] *Feinberg*, S. 306/7; *Hsueh*, S. 15; *Mosler*, Aufnahme ..., S. 296; anderer Ansicht einige lateinamerikanische Staaten auf der San Francisco-Konferenz, UNCIO Bd. 7, Doc. 1178/2/76 (2) vom 24. 6. 1945 (die *Rose*, S. 34, als Ausdruck des Weltstaatsgedankens verwirft); *Oppenheim/Lauterpacht*, S. 372 (§ 166 c) und *Soder*, S. 63/4, nachdem er zuvor noch ausgeführt hat, daß auch eine Quasi-Universalität, sofern sie zugleich eine qualitative Universalität darstelle, als Universalität anzusehen sei (S. 61/2). Qualitative Universalität liegt nach Soder dann vor, wenn alle führenden Mächte in der Organisation vertreten sind. Das Erfordernis obligatorischer Universalität hebt Soder später wieder auf, indem er sie als Ziel bezeichnet, auf das die UNO hinarbeiten solle, S. 123. Insgesamt ist also keine durchgehende Linie im Universalitätskonzept Soders zu erkennen. Kritisch dazu, auch aus anderen Gründen, Rose, S. 55 - 58.

[17] *Lachs*, A/CN. 4/SR 792, par. 9 (YBILC 1965 I, S. 118).

[18] s. u. 3.3.3.

2.1.3 Das Universalitätprinzip kann nur dann Basis eines Teilnahmerechts sein, wenn es Rechtscharakter aufweist.

Die bereits auf der Konferenz von San Francisco zutage getretene Divergenz der Meinungen über diese Frage[19] hat sich in den Debatten der Generalversammlung und der anderen Organe der Vereinten Nationen fortgesetzt[20].

2.1.3.1 So wurde die Existenz eines völkerrechtlichen Universalitätsprinzips hinsichtlich der Vereinten Nationen damit verneint, daß Art. 4 UNCh ein besonderes Zulassungsverfahren vorsehe, und schon deshalb von Universalität keine Rede sein könne, weil Sicherheitsrat und Generalversammlung nicht verpflichtet seien, einen Bewerberstaat selbst bei Vorliegen der Voraussetzungen des Art. 4 UNCh zur UNO zuzulassen[21]. Diese Ansicht gründet sich ihrerseits auf die Entstehungsgeschichte der Vereinten Nationen und deren ursprünglich eindeutige Konzipierung als Handhabe der Alliierten Mächte gegen die Achsenmächte des 2. Weltkriegs[22]. Deshalb war es zur Zeit der Entstehung der Charta sicher nicht falsch, von der Universalität als einem *Ideal* zu sprechen, auf das hinzuarbeiten sei[23]. Eine gewisse Unterstützung dieser Auffassung stellt der Hinweis auf die Bestimmungen der Charta über die Suspension der Mitgliedschaftsrechte (Art. 5 UNCh)[24] und den Ausschluß (Art. 6 UNCh)[25] sowie die in der UN-Charta nicht geregelte, aber wohl als gegeben zu betrachtende Möglichkeit eines freiwilligen Austritts[26] dar. Jedoch sprechen diese Regelungen *nicht* gegen das Prinzip einer *quantitativen*, sondern nur gegen eine obligatorische Universalität[27]. Das gilt insbesondere für den Ausschluß. Denn mit der Annahme der Satzung haben die Staaten auch die dort verankerte Regelung des Ausschlusses freiwillig anerkannt, so daß die grundsätzliche Möglichkeit einer 100 %igen Beteiligung aller Staaten dadurch nicht berührt wird.

---

[19] Offengelassen von *von Münch*, Zur Frage einer gleichzeitigen Aufnahme von Bundesrepublik und DDR in die UNO, ZRP 1970, S. 59 „angesichts der ... Praxis der 5 Veto-Mächte im Sicherheitsrat ...". — Nachweis bei *Broms*, S. 167.

[20] *Feinberg*, S. 302; kurze Übersicht bei *Goodrich/Hambro/Simons*, S. 76/7.

[21] *Kelsen*, Law of the UN, S. 71, 75; *Oppenheim-Lauterpacht*, S. 408/9; *Robinson*, Metamorphosis of the UN, RdC 1958 II (94), S. 504; *Scelle*, S. 71. — Gegenteiliger Auffassung sind *Rose*, S. 50 und *Jaenicke*, Die Aufnahme neuer Mitglieder in die UN, ZaöRV 1950/1 (13), S. 342/3.

[22] *Goodrich-Hambro-Simons*, S. 74.

[23] UNCIO Bd. 7, S. 326 (Doc. 1178/I/2/76 [2]). Diese Meinung bezog sich im Konkreten auf die obligatorische Universalität, war aber auch hinsichtlich der freiwilligen Universalität richtig.

[24] *Robinson*, S. 504.

[25] *Robinson*, S. 504; *Scelle*, S. 71; Nachweis des pro und contra bei *Goodrich/Hambro/Simons*, S. 99.

[26] *Robinson*, S. 504; *Scelle*, S. 71; Nachweis über die Behandlung dieser Frage in San Francisco: *Goodrich/Hambro/Simons*, S. 75.

[27] s. o. 2.1.2 am Ende.

Eine Korrektur der seinerzeit berechtigten Auffassung vom Universalitätsprinzip scheint jedoch angesichts der zwischenzeitlichen Änderung der weltpolitischen Situation und des damit einhergehenden Ausbaues eines universalen Systems notwendig geworden zu sein. So sind beispielsweise durch die Tätigkeit der Vereinten Nationen in den über 25 Jahren ihres Bestehens neue Kanäle der Kommunikation und wichtige Quellen der Information eröffnet worden[28]. Daraus haben sich Praktiken sowohl der Zusammenarbeit als auch der Schlichtung internationaler Streitigkeiten entwickelt, die auf die heutige internationale Ordnung zugeschnitten sind und die sich zu deren Aufrechterhaltung als äußerst wirksam erwiesen haben[29]. Dennoch ist es fraglich, ob internationale Organisationen nur bei universeller Mitgliedschaft das „Optimum ihrer Handlungsmöglichkeiten" entfalten können und eine „gewisse Sicherheit gegen Diskriminierung und Großmachtwillkür" zu geben vermögen[30]. Desgleichen ist es verfrüht, dem Wirken der UNO und ihrer Sonderorganisationen einen günstigen Einfluß in Richtung eines universalen Integrationsprozesses zuzuschreiben[31]. Schließlich kann auch das Verhältnis von universaler zu regionaler funktionaler Integration noch nicht mit ausreichender Sicherheit abgeschätzt werden[32].

Obgleich somit eine umfassende Gesamtbeurteilung des Wertes allgemeiner internationaler Organisationen nicht möglich ist, so sind doch bereits genügend positive Aspekte festzustellen, die ihr Wirken als für alle Staaten unentbehrlich erscheinen lassen. Hierzu muß vor allem auch die Legitimisierungsrolle der Vereinten Nationen gerechnet werden, die unterstrichen wird durch das Bemühen, parlamentarische Siege in der UNO zu erringen[33].

Daher kann mit Haas abschließend festgestellt werden:

„Das universale System bleibt, was es ist: Arena zur Minimierung von Konflikten und Maximierung gemeinsamer Interessen des kleinsten gemeinsamen Nenners[34]."

2.1.3.2 Diese Erkenntnisse sollen auch Maßstab für die Einschätzung der nachfolgenden sonstigen Argumente gegen das Universalitätsprinzip sein.

---

[28] *Plano/Riggs*, S. 136.

[29] *Plano/Riggs*, S. 277; nach *Czempiel*, S. 136 schafft die „konfliktmediatisierende Funktion der Internationalen Organisationen" ein Klima, „das sich von dem der Außenministerien und der Botschaften qualitativ unterscheidet".

[30] So aber *Senghaas-Knobloch*, Intern. Organisationen, Aus Politik u. Zeitgeschichte 1971 (B 1), S. 31.

[31] *Senghaas-Knobloch*, Frieden durch Integration und Assoziation, S. 159.

[32] s. hierzu ausführlich die Abhandlungen von *Yalem*, Regionalism and world order, und *Frey-Wouters*, The prospects for regionalism in world affairs, S. 463 - 555.

[33] *Claude*, Implications and questions for the future, IO 1965 (19), S. 844/5.

[34] *Haas*, International integration — The European and the universal process, IO 1961 (15), S. 391/2.

Demnach ist heute das Bestreben, innerhalb einer Organisation ein bestimmtes Gleichgewicht aufrechtzuerhalten und unter Gleichgesinnten zu bleiben[35], zwar im regionalen Rahmen legitim. Auf universaler Ebene sollte es jedoch kaum mehr als ein gewichtiger Grund gegen eine universelle Teilnahme angesehen werden.

Mit der Berufung auf Art. 2 Ziff. 1 der UN-Charta, der sich nach seinem Wortlaut nur auf die Mitglieder der Vereinten Nationen bezieht, läßt sich das Universalitätsprinzip gleichfalls nicht widerlegen[36]. Denn seinem Inhalt nach muß Art. 2 Ziff. 1 UNCh auf *alle* Staaten angewandt werden[37].

Ebensowenig verfängt die Argumentation, Ansätze zur Universalität in der jüngeren Staatenpraxis seien nicht geeignet, eine entsprechende völkerrechtliche Norm zu begründen, und überdies sei ein Analogieschluß von der Ausnahme auf die Regel unzulässig[38]. — Die Staatenpraxis allein ist in der Tat nicht geeignet, völkerrechtliche Normen zu begründen: diese können nur in Verbindung mit einer korrespondierenden Rechtsüberzeugung entstehen. Was hingegen den erwähnten Analogieschluß betrifft, so erhebt sich die Frage, was denn wirklich die Ausnahme und was die Regel darstellt, m. a. W.: ist die als Ausnahme bezeichnete Norm konstitutiv (und damit tatsächlich eine Ausnahme) oder gibt sie nur deklaratorisch eine bereits bestehende Norm wieder? Dieses Problem gleicht demjenigen, das um die Frage kreist, ob die Henne oder das Ei „früher war“, und ist ebenso wie jenes nicht lösbar[39].

Daher könnte das Universalitäts„prinzip“ lediglich aus dem Grunde verneint werden, daß eine spezielle Universalitäts„norm“, in der sich dieses Prinzip niedergeschlagen hätte, nicht bestehe[40]. Dieses Argument, das stillschweigend vertreten wird, wenn das Universalitätsprinzip als „revolutionär“[41] oder „politisch“[42] bezeichnet wird, kann nur durch den positiven Nachweis des Universalitätsprinzips widerlegt werden.

---

[35] *Seidl-Hohenveldern*, Internationale Organisationen, Rz. 510, 511 (S. 54).

[36] Anders *Fischer/Köck*, Das Recht der völkerrechtlichen Verträge nach der 2. Session der Wiener Vertragsrechts-Konferenz der Vereinten Nationen, ÖZA 1969, S. 280.

[37] s. u. 2.3.2.4. Diese Aussage wird insbesondere auf den Text der Präambel gestützt.

[38] *Fischer/Köck*, S. 281.

[39] *Seidl-Hohenveldern*, Der Barcelona-Traction-Fall, ÖZöR 1971 (22), S. 273.

[40] *Lachs*, Le développement et les fonctions des traités multilateraux, RdC 1957 II (92), S. 292; ähnlich auch *Bartoš*, A/CN. 4/SR 667, par. 38 (YBILC 1962 I, S. 251): „... it would not be said that such universality was a feature of modern international life“; *Rosenne*, A/CN. 4/SR 793, par. 84 (YBILC 1965 I, S. 129) lehnt das Universalitätsprinzip de lege lata und de lege ferenda kategorisch ab.

[41] *Ago*, A/CN. 4/SR 667, par. 42 (YBILC 1962 I, S. 251).

[42] *Galindo-Pohl*, A/CONF. 39/C. 1/SR 89, par. 10, 14 (A/CONF. 39/11/Add. 1, S. 237/8).

2.1.3.3 Einen gewissen Schritt zum Nachweis dieses Prinzips stellt es dar, wenn zwar die durch Teilnahmeklausel eingeschränkte bloße qualitative (relative) Universalität als dem Universaliätsprinzip genügend erachtet wird[43], gleichzeitig aber die Mitgliedstaaten als zumindest moralisch verpflichtet angesehen werden, jedem qualifizierten Staat den Zugang offenzuhalten[44].

Nicht expressis verbis, aber implizite scheint R. Higgins das Universalitätsprinzip zu bejahen[45], denn nach Abwägung der Gründe für und gegen eine universelle Teilnahme[46] kommt sie zu dem Schluß, daß die Mitgliedschaftsfrage bei jedem Bewerber, dessen Unabhängigkeit nicht völlig zweifelsfrei sei, im Hinblick auf die „general policies“ zu prüfen sei[47]. Daraus läßt sich aber umgekehrt folgern, daß, sofern die Staatlichkeit (Unabhängigkeit) eines Bewerbers eindeutig feststeht, zu dessen Gunsten das Universalitätsprinzip eingreifen soll.

Die weiteren Versuche, das Universalitätsprinzip als rechtlich verbindliches Völkerrechtsprinzip nachzuweisen, lassen sich im großen Ganzen in zwei Gruppen einteilen: diejenigen, die das Universalitätsprinzip ausdrücklich aus den Völkerrechtsprinzipien begründen und jene, die es auf sonstige Gründe stützen.

2.1.3.3.1 In der Palette der letzteren erscheint am häufigsten die Begründung, daß die Friedenssicherung die Mitarbeit aller Staaten und damit das Universalitätsprinzip bedinge[48]. Des weiteren wird das Universalitätsprinzip und daraus folgend ein Teilnahmerecht aus den Zielen und Interessen der gesamten internationalen Gemeinschaft[49], aus der Defini-

[43] *Hsueh*, S. 14 - 16, lehnt ein Teilnahmerecht ab.

[44] *Hsueh*, S. 16: „... obligation morale, sinon juridique ...“

[45] *Higgins*, S. 56.

[46] Gründe gegen eine universelle Teilnahme: bloße mechanische Addition der Mitglieder trägt nicht unbedingt zur Stärkung der Organisation bei; verschiedene Ideologien können das Mißtrauen noch vergrößern. — Pro Universalität: außenstehende Staaten könnten eine Gegenorganisation gründen (zur Stichhaltigkeit dieses Arguments vgl. die vor wenigen Jahren geäußerte Drohung der Volksrepublik China und Indonesiens, einen Teil der Staaten in einer neuen Organisation zusammenzufassen); für die Erhaltung des Friedens ist es wahrscheinlich sicherer, einen potentiellen Aggressor inner- statt außerhalb der Organisation zu haben; Isolierung kann zu vollständiger Kommunikationsmittel-Kontrolle führen (vgl. die entsprechende Entwicklung in Griechenland nach dessen Ausschluß aus dem Europarat!).

[47] *Higgins*, S. 56.

[48] *Kirsten/Rose/Süß*, Das Prinzip der Universalität erfordert die gleichberechtigte Mitarbeit der DDR in der ECE, StuR 1964, S. 127; *Kiermeier*, Der Beitrag der DDR zur Arbeit der sozialen und humanitären Organisationen der VN, DAP 1970, Sonderheft 2, S. 158; Memorandum des DDR-Außenministeriums vom März 1966 (VN 1966, S. 86); *Lachs*, A/CN. 4/SR 796, par. 20 (YBILC 1965 I, S. 137).

[49] *Görner/Süß*, Universalität und Recht der Verträge, DAP 1969, S. 1029; *Pechota*, A/C. 6/SR 739, par. 4; GAOR (XVII), S. 23; *Schirmer*, Die Universalität allgemeiner Staatenkonferenzen, DAP 1964, S. 473.

tion des allgemeinen multilateralen Vertrages selbst[50], aus dem modernen Trend zu internationaler Gesetzgebung[51] und schließlich allgemein aus den veränderten, eine universale Behandlung erfordernden Umständen des internationalen Lebens[52] hergeleitet. Der ehemalige Generalsekretär der Vereinten Nationen, U Thant, hat in diesem Zusammenhang mehrfach die „serious responsibility for nations to participate in global instruments and affairs" hervorgehoben[53].

Eine differenzierende Auffassung vertritt Bot, nach dessen Meinung der Charakter der allgemeinen multilateralen Konventionen ein unbeschränktes Recht aller Staaten auf Teilnahme nahelegt[54]; jedoch sei Quantität nicht notwendig eine Garantie für das bestmögliche Funktionieren allgemeiner internationaler Verträge und Organisationen, gleichwohl solle aber das Konzept der Quantität in den allgemeinen technischen und humanitären Konventionen dem qualitativen Element vorgehen[55].

So einleuchtend diese Argumente auch erscheinen mögen, so lassen sie doch alle sowohl verifizierbare tatsächliche Angaben als auch einen klaren Rechtsgrund vermissen.

2.1.3.3.2 Dem Erfordernis, das Universalitätsprinzip rechtlich zu fundieren, kommen alle jene Autoren entgegen, die es mit den Prinzipien des Völkerrechts und der UN-Charta in Zusammenhang bringen. Dabei wird entweder auf das umfassende Prinzip der friedlichen Koexistenz Bezug genommen[56] oder auf einzelne[57] oder alle Völkerrechtsprinzipien zusammen[58]. Eine Begründung dieser Ansichten versucht Schirmer zu

---

[50] *Lachs*, A/CN. 4/SR 667, par. 34 (YBILC 1962 I, S. 250): „logical consequence".

[51] *El-Erian*, ebenda, SR 649, par. 49 (S. 129).

[52] *Kirsten/Rose/Süß*, S. 127/8; *Pal*, A/CN. 4/SR 793, par. 65/6 (YBILC 1965 I, S. 126/7).

[53] Weekly News Summary, Press Release WS/498 vom 16. 4. 1971, S. 2; WS/469 vom 25. 9. 1970, S. 10.

[54] *Bot*, S. 150, 250.

[55] *Bot*, S. 250.

[56] *Rose*, Der Anspruch der DDR auf Mitgliedschaft in den Vereinten Nationen, DAP 1963, bezeichnet das Universalitätsprinzip als „Konkretisierung des allgemeinen Rechts zur Teilnahme der Staaten an den internationalen Beziehungen", S. 356.

[57] *Graefrath*, Stärkung und Weiterentwicklung des Völkerrechts im Rahmen der UNO, S. 179; *Wünsche*, S. 20/1; nach *Bolz*, Die Universalität als Voraussetzung und Ziel der Vereinten Nationen, DAP 1964, S. 1136, strebt außerdem „die politische Universalität nach ihrem organisatorischen Ebenbild".

[58] *El-Erian*, A/CN. 4/SR 793, par. 51 (YBILC 1965 I, S. 125); *Bierzanek*, Das Universalitätsprinzip und seine Verwirklichung in der Organisation der VN, DAP 1970, Sonderheft 2, S. 37 - 39, 50; *Schirmer*, Universalität allgemeiner Staatenkonferenzen, S. 471; *Kirsten/Rose/Süß*, S. 128 meinen, daß der „Grundsatz der Universalität in der UNO-Satzung verankert" sei; *Rose*, Mitgliedschaft

geben. Er behandelt das Universalitätsprinzip als selbständiges Völkerrechtsprinzip, indem er es als „weitgehend deklaratorische, selbständige Formulierung von Elementen und Konsequenzen bereits bestehender und allgemein anerkannter Prinzipien des Völkerrechts" betrachtet[59]. Dabei meint er, daß es „im Grunde auch keiner besonderen Begründung und keines besonderen Nachweises" bedürfe. Trotzdem sieht er es als optimale Lösung an, das Universalitätsprinzip als *selbständiges* Prinzip zu formulieren[60]. Inhaltlich möchte er es als ein „Instrument zum Aufbau und zur Gestaltung eines alle Staaten der Welt umfassenden Systems gleichberechtigter und friedlicher zwischenstaatlicher Beziehungen" verstanden wissen, aus dem ein umfassendes Mitwirkungs- und Mitbestimmungsrecht aller Staaten folge[61]. Das Beteiligungsrecht bezieht sich dann konkret außer auf die gewohnheitsrechtliche Entwicklung des allgemeinen Völkerrechts[62] auf die Schaffung neuer Völkerrechtsprinzipien, auf allgemeine Maßnahmen zur Erhaltung von Frieden und Sicherheit[63], auf ein „Minimum" der Zusammenarbeit auf den verschiedenen Gebieten[64] und überhaupt auf allgemeine multilaterale Verträge, insbesondere internationale Organisationen[65].

Diese Deduktion des Universalitätsprinzips ist im Kern nach Schirmers Auffassung folgerichtig, da für ihn alle Prinzipien des Völkerrechts einen rechtlich verbindlichen, universalen Aspekt aufweisen.

2.1.3.3.3 Die Bezugnahme auf die Völkerrechtsprinzipien macht deutlich, daß das Prinzip der Universalität keine originäre Spezialnorm darstellt und eine Teilnahmeberechtigung nicht zu konstituieren vermag.

Ein Recht auf Teilnahme kann sich somit nur aus einer allgemeinen völkerrechtlichen Norm ergeben (Punkt 2.2 — 2.8).

---

in den Vereinten Nationen, hat das Universalitätsprinzip ausgiebig behandelt (S. 1 - 70). Konkrete rechtliche Äußerungen finden sich aber nur an wenigen Stellen. Er stützt das Universalitätsprinzip hauptsächlich auf die Erhaltung des Friedens, S. 6, und hält es für mit dem Prinzip der Zusammenarbeit eng verbunden, S. 21/2, und mit dem Prinzip der souveränen Gleichheit und dem Selbstbestimmungsrecht der Völker verknüpft, S. 47. Es sei „als Ziel für die Gestaltung der Mitgliedschaft der Organisation vereinbart und durch die Mitgliedschaftsbestimmungen sowie die Regeln über die Zusammenarbeit mit Nichtmitgliedstaaten konkretisiert". — Eine faßbare Begründung für die Existenz des Universalitätsprinzips gibt Rose jedoch nicht.

[59] *Schirmer*, S. 140.

[60] *Schirmer*, S. 141, Hervorhebung dortselbst.

[61] *Schirmer*, S. 138.

[62] Ob es tatsächlich ein *Recht* auf Beteiligung an der Entwicklung von Völker*gewohnheitsrecht* gibt, wie Schirmer meint, braucht hier nicht untersucht zu werden.

[63] *Schirmer*, S. 138.

[64] *Schirmer*, S. 138/9. — Zur Zusammenarbeit s. unten 2.4.

[65] *Schirmer*, S. 139.

Das aber bedeutet für das Universalitätsprinzip, daß es allenfalls, soweit sich eine solche Norm nachweisen läßt, als bloße deklaratorische Bestätigung eines allgemeinen Rechts auf Teilnahme zu verstehen ist (Punkt 2.9).

2.2 Die Prinzipien des Völkerrechts

Als allgemeine Normen im obigen Sinne bieten sich die völkerrechtlichen Prinzipien (= Grundsätze) an, wie sie z. B. in der Deklaration der Generalversammlung über „Prinzipien des internationalen Rechts betreffend freundschaftliche Beziehungen und Zusammenarbeit zwischen den Staaten" in Übereinstimmung mit der Charta der Vereinten Nationen niedergelegt sind[66]. Für die Entwicklung eines Teilnahmerechts kommen insbesondere die in der Deklaration genannten Prinzipien der gleichen Rechte und Selbstbestimmung der Völker[67], der souveränen Gleichheit der Staaten[68] und der Pflicht zur Zusammenarbeit[69] in Betracht sowie das Prinzip der friedlichen Koexistenz[70]. Voraussetzung für deren Anwendung ist jedoch, daß sie einen genügend bestimmbaren Inhalt haben und rechtlich verbindlich sind. Um nicht Existenz und Rechtsverbindlichkeit der Prinzipien jeweils einzeln begründen zu müssen, werden diese beiden Fragen an dieser Stelle für alle Prinzipien zusammen untersucht. Sodann soll versucht werden, den allgemeinen Inhalt jedes der Prinzipien einzeln daraufhin zu konkretisieren, ob er eine generelle Berechtigung zur Teilnahme an allgemeinen multilateralen Verträgen enthält.

2.2.1 Mit der Frage nach der Existenz der Prinzipien verbindet sich zugleich die nach dem Verhältnis der Prinzipien zu den *Grundrechten der Staaten*, das vorab zu klären ist.

Schon im 19. Jahrhundert war die Völkerrechtslehre ebenso wie heute bemüht, Normen nachzuweisen, aus denen die Staaten als Subjekte des Völkerrechts grundlegende Rechte und Pflichten herleiten konnten. Nannte man diese Normen früher durchgängig Grundrechte (und Grundpflichten), so werden sie jetzt überwiegend von westlichen Völkerrechtlern noch so benannt, während man sie im östlichen Lager meist als die

---

[66] A/RES/2625 (XXV) vom 4. 11. 1970. — Mit diesen Völkerrechtsprinzipien dürfen die allgemeinen Rechtsgrundsätze nach Art. 38 Abs. 1 Buchst. c) IGH-Statut, die nicht speziell völkerrechtlicher Natur sind, nicht verwechselt werden.

[67] Englischer Text: Principle of equal rights and self-determination of peoples.

[68] Principle of sovereign equality of states.

[69] The duty of states to co-operate with one another in accordance with the Charter.

[70] *Schirmer*, S. 124 ff., 133 ff., 137 ff.

Prinzipien der friedlichen Koexistenz bezeichnet[71]. Dieser Name wechselte im Verlaufe der Behandlung dieser Prinzipien durch die Völkerrechtskommission der Vereinten Nationen in den synonym gebrauchten Ausdruck der „Prinzipien des Völkerrechts betr. freundschaftliche Beziehungen und Zusammenarbeit unter den Staaten"[72]. Wenn sich von diesen die Grundrechte auf Unabhängigkeit, Selbsterhaltung, Gleichheit, Ehre und Verkehr[73] auch unterscheiden mögen[74], so ist allen Grundsätzen doch gemeinsam, daß sie die Grundbedingungen für die Existenz des Einzelstaates wie auch für das Nebeneinanderbestehen der Staaten enthalten. Jedoch scheinen die in den Vereinten Nationen erarbeiteten Prinzipien der freundschaftlichen Beziehungen und Zusammenarbeit nicht zuletzt wegen der starken Einbeziehung des Gewaltverbots den heutigen weltpolitischen Gegebenheiten besser zu entsprechen, weshalb auch der dort gebrauchte Ausdruck hier benutzt werden soll.

Um die Jahrhundertwende haben einige Völkerrechtler, unter ihnen Jellinek, die Existenz völkerrechtlicher Grundrechte u. a. mit der Begründung verneint, daß jeder Staat gegen den anderen den Anspruch auf Anerkennung als Rechtssubjekt habe; dadurch werde seine staatliche Tätigkeit solange anerkannt, als sie nicht die Rechtssphäre anderer Staaten berühre; die unmittelbar aus dem Wesen und den Zwecken des Staates sich ergebenden Funktionen würden damit scheinbar zu internationalen Rechten der Staaten erhoben; deshalb enthalte auch der Katalog völkerrechtlicher Grundrechte[75] nichts als eine große Tautologie[76].

Diese Gedankenführung vermag nicht zu überzeugen, da Jellinek mit dem Begriff der „fremden Rechtssphäre" arbeitet, ohne zu sagen, wie diese zu bestimmen ist — vielleicht gerade durch die Grundrechte?

[71] s. einerseits *Verdroß*, Völkerrecht, S. 226/7 und andererseits *Bobrov*, Basic principles of present-day international law, S. 36 ff. sowie die schon erwähnte UN-Deklaration. Von Grundrechten und Grundpflichten sprechen auch die sowjetischen Völkerrechtler *Modschorjan* und *Korezki*, in: Gegenwartsprobleme des Völkerrechts, S. 95 und 115, sowie der Entwurf der ILC über die „Rechte und Pflichten der Staaten" (AJIL 1950[44] Suppl., S. 13 ff. [15]). In einer recht formalistischen Besprechung dieses Entwurfs legt *Kelsen* dar, weshalb es eigentlich Grundpflichten und nicht Grundrechte heißen dürfe, AJIL 1950, S. 265. Diese Frage mag jedoch auf sich beruhen, wenn man sich darüber einig ist, daß Rechte immer das Pendant von Pflichten sind — und umgekehrt.

[72] *Ninčič*, A/C. 6/SR 753, par. 29 (GAOR [XVII], S. 98).

[73] Aufzählung bei *Verdroß*, S. 226/7.

[74] Den völlig neuen Ursprung und Charakter der Koexistenz-Prinzipien unterstreicht die östliche Völkerrechtswissenschaft, vgl. *Bobrov*, S. 36: „... system of basic international law principles differs radically in nature from the corresponding systems of the past."

[75] *Jellinek*, System der subjektiven öffentlichen Rechte, S. 315/6.

[76] Größere Abhandlungen über die Grundrechte der Staaten: *Graf*, Die Grundrechte der Staaten im Völkerrecht; *Alfaro*, The rights and duties of states, RdC 1959 II (97), S. 91 ff.

Um das Neben- und Miteinander der Staaten zu ordnen, bedarf es gewisser Regeln, die deren gemeinsame und konträre Interessen auffangen und die beteiligten Staaten zur Koordinierung oder zum Ausgleich anregen oder zwingen. Da nicht jede Konfliktlage vorausgesehen werden kann, muß es Bestimmungen geben, die auf einen großen Bereich zwischenstaatlichen Lebens anwendbar sind (z. B. Freiheit der Meere). Berühren sie zudem ein Gebiet, das dem Staat oder der Gemeinschaft der Staaten eigen und wesentlich ist (Zusammenarbeit, Souveränität, Frieden), so sind sie nicht nur allgemein — hinsichtlich ihres Anwendungsbereichs — sondern auch grundlegend. Das sind dann die Normen, die in grundsätzlicher Weise das Verhältnis der Völker und Staaten zueinander regeln (= Prinzipien).

Diese Grundsätze beinhalten, wie ihr Name bereits besagt, nur Aussagen allgemeinster Art, die ihrerseits wiederum in der Bezeichnung des jeweiligen Prinzips erscheinen (Selbstbestimmung, Zusammenarbeit). Auch den hier einschlägigen Prinzipien kommt jeweils ein derart allgemeiner Inhalt zu — wie im einzelnen unter 2.3 -2.6 darzulegen sein wird. Generell kann daher schon an dieser Stelle festgestellt werden, daß die im Rahmen dieser Arbeit interessierenden Völkerrechtsprinzipien tatsächlich existieren. Hiervon ist jedoch das neuartige sog. Prinzip der friedlichen Koexistenz ausgenommen. Sein Inhalt und seine rechtliche Verbindlichkeit sind deshalb an späterer Stelle getrennt zu untersuchen.

Ob die Prinzipien aus dem Gedanken der Gleichberechtigung[77] oder als subjektive Naturrechte der Staaten[78] oder „aus dem Wesen des Völkerrechts als eines Koordinationsrechts unabhängiger ‚souveräner' Staaten"[79] oder aus der Anerkennung der Ziele und Grundsätze der UN-Charta[80] zu begründen sind, braucht hier nicht entschieden zu werden. Denn es besteht im Ergebnis kein Zweifel daran, daß derartige völkerrechtliche Prinzipien existieren (müssen)[81]. — Dies wird durch die Tatsache belegt, daß die Staaten der universalen Anerkennung gewisser wesentlicher Rechte und Pflichten eine große Bedeutung beimessen[82], was sich u. a. in verschiedenen Resolutionen und Deklarationen der Generalversammlung der Vereinten Nationen manifestiert hat. Demgegenüber ist es unerheblich, ob die Prinzipien Verallgemeinerungen vieler einzel-

[77] *v. Liszt-Fleischmann*, S. 115/6, unter dem Begriff „Grundrechte".

[78] *Vonlanthen*, S. 30; ähnlich *Verdroß*, Völkerrecht, S. 226.

[79] *Berber* I, S. 179, 180.

[80] So die Vertreter der östlichen Vereinbarungskonzeption: *Schirmer*, S. 100/1, *Bobrov*, S. 39.

[81] *Schirmer*, S. 96: „Die Prinzipien des Art. 2 der Charta sind ihrer Natur nach universal"; *Bobrov*, S. 39: „Life itself requires generalised (complex) basic rules."

[82] *Verzijl*, I, S. 269.

ner spezieller Normen darstellen[83] oder nicht[84]. Diese beiden Kategorien spezieller und genereller Rechtsregeln werden sich ständig gegenseitig beeinflussen.

Wichtig dagegen ist, daß die Völkerrechtsprinzipien allgemein anwendbar sind, also auch für die Nichtmitglieder der Vereinten Nationen. Die universelle Geltung der Prinzipien folgt sowohl aus deren Natur als allen Staaten inhärent, wie auch aus ausdrücklichen oder konkludenten, auf alle Staaten bezogenen Bestimmungen der UN-Charta, z. B. Art. 2 Ziff. 3 und 4[85].

2.2.2 Ist somit die Existenz von Völkerrechtsprinzipien allgemein anerkannt, so können diese einen Rechtsgrund für ein Teilnahmerecht erst dann abgeben, wenn sie auch rechtlich verbindlich und nicht lediglich programmatische Erklärungen sind.

Die angedeutete weite Fassung der einzelnen Prinzipien spricht nicht gegen deren Qualifizierung als Rechtsnorm[86] (vgl. im innerstaatlichen Bereich die Grundsätze der Verfassung oder die Generalklauseln in den Gesetzen). Aus diesem Grunde kann man auch den Rechtscharakter der Völkerrechtsprinzipien nicht von vornherein deswegen ablehnen, weil ihr Inhalt relativ unbestimmt ist und die Interpretationen dieses Inhalts zuweilen diametral entgegengesetzt sind[87].

Auf der anderen Seite ist ein Prinzip als solches gewiß noch keine rechtlich verbindliche Regel, vielmehr kommt die Anerkennung eines Prinzips der Anerkennung einer vagen Regel nahe, die wiederum eine Übergangsphase darstellt und die Entwicklungsrichtung des Rechts anzeigt[88]. Da die Völkerrechtsprinzipien jedoch spätestens in der UN-Charta und damit seit 1945 ihren zumindest formellen Niederschlag gefunden haben, ist die Annahme nicht unberechtigt, daß sie sich im Verlaufe von über 25 Jahren inzwischen zu völkerrechtlich verbindlichen

[83] *Bobrov*, S. 38.

[84] *Graefrath*, Zur Stellung der Prinzipien im gegenwärtigen Völkerrecht, S. 10/1.

[85] *Schirmer*, S. 96. Im Ergebnis auch *Graefrath*, S. 12. Bedenken hinsichtlich der allgemeinen Anwendbarkeit und Durchsetzung äußert *Schweisfurth* in seiner Einleitung der deutschen Übersetzung von *Tunkin*, Völkerrechtstheorie, S. 16, da die Sowjetunion in ihren Beziehungen zu Ungarn und der Tschechoslowakei die Grundsätze der friedlichen Koexistenz nicht anwende. Für die Geltung dieser Grundsätze auch zwischen den sozialistischen Staaten setzten sich allerdings China (Volksrepublik — G. C.) und Jugoslawien ein (S. 17).

[86] *Rosenstock*, The Declaration of Principles of International Law Concerning Friendly Relations: A Survey, AJIL 1971 (65), S. 714.

[87] Bedenken dieser Art sind insb. angesichts d. Arbeit d. Special Committee on Principles of International Law Governing Friendly Relations and Cooperation among States erhoben worden.

[88] *Röling*, International Law in an expanded world, S. 49.

Normen entwickelt haben — wenn sie nicht schon von Anfang an verbindlich im Rechtssinne waren[89].

Der Nachweis der allgemeinen Rechtsverbindlichkeit der Völkerrechtsprinzipien schon mit dem Inkrafttreten der UN-Charta dürfte schwer zu führen sein, zumal ein beträchtlicher Teil der Staaten (u. a. die Feindstaaten und die damals noch unter kolonialer Herrschaft stehenden Staaten) an der Ausarbeitung der Charta nicht vertreten war und die mittleren und kleinen Mächte unter den anwesenden 50 Staaten fast immer den Wünschen der Großmächte nachgeben mußten, wenn sie die ihnen eigenen Vorstellungen durchzusetzen versuchten[90].

Es gibt aber Gründe, aus denen geschlossen werden kann, daß die Völkerrechtsprinzipien in den Jahren nach der Gründung der Vereinten Nationen im Wege der Entstehung völkerrechtlichen Gewohnheitsrechts verbindlich geworden sind.

Gewiß lassen sich Zeitpunkt und Voraussetzungen der Entstehung von Völkergewohnheitsrecht[91] nicht naturwissenschaftlich exakt nachweisen. Statt dessen können nur Fakten angegeben werden, die die erforderlichen Voraussetzungen in sich enthalten, wobei wiederum deren Stellenwert von der subjektiven Wertung des Betrachters abhängt[92].

Den Ansatzpunkt für die Entwicklung der in Art. 2 der UN-Charta aufgeführten Prinzipien zu Gewohnheitsrecht bildet die Gegenüberstellung von „Zielen" in Art. 1 und „Prinzipien" in Art. 2 der UN-Charta. Das bedeutet, daß letzteren eine stärkere Position eingeräumt werden sollte, die zunächst einem rechtlichen Status ähnlich war[93]. Darüber hinaus sind die in Art. 2 UN-Charta aufgestellten Prinzipien im Laufe der Jahre nicht nur durch den Beitritt (fast) aller Staaten zur UNO oder sonstwie ausdrücklich[94] als solche anerkannt worden. Sie sind durch die vielfache Erwähnung, wenn auch oft in modifizierter Form, in bi- und

---

[89] So im Ergebnis *Scelle*, Quelques réflexions sur le droit des peuples à disposer d'eux-mêmes, S. 385; *Schirmer*, S. 100; *Graefrath*, S. 9, allerdings ohne Begründung; ebenso *Bobrov*, S. 37, der die Verbindlichkeit der Völkerrechtsprinzipien dem Sinne nach damit begründet, daß sie ohne ihre Normativität gerade diesen (normativen — G. C.) Charakter verlören. Von „juristischen Grundsätzen" spricht *David*, Für eine Kodifikation der Prinzipien der Koexistenz, DAP 1963, S. 161.

[90] Vgl. die Auseinandersetzungen auf der Konferenz von San Francisco hinsichtlich der Universalität und der Durchführung des Prinzips der souveränen Gleichheit (Veto-Recht der Großmächte im Sicherheitsrat).

[91] Übung und Rechtsüberzeugung (wechselweise).

[92] Vgl. *Röling*, S. 49.

[93] Zum Völkergewohnheitsrecht s. die neuesten Monographien von *d'Amato*, The concept of custom in international law, und *Thirlway*, International customary law and codification.

[94] Das gilt sowohl für die DDR als auch für die Bundesrepublik (Art. 3 Abs. 1 des Generalvertrages).

multilateralen Abkommen, Verträgen und gegenseitigen Erklärungen — angefangen mit den zwischen der Volksrepublik China und Indien vereinbarten Pancha Shila und weitergeführt unter dem Begriff der friedlichen Koexistenz — und insbesondere die ausgiebige (von 1962 - 1970) Behandlung im Rahmen der Vereinten Nationen[95] in ihrer rechtlichen Bedeutung so weit verstärkt worden, daß sie als inzwischen allgemein anerkannte und rechtlich verbindliche Prinzipien[96] angesehen werden sollten[97].

Auch in dem genannten Spezialkomitee der Vereinten Nationen ist in den abschließenden Stellungnahmen zum Entwurf mehrfach die Verbindlichkeit der Prinzipien betont worden[98]. Trotz aller Bedenken, die gegen die Rechtsverbindlichkeit dieser Prinzipien sprechen[99], scheint die hier vertretene Auffassung doch der Tatsache der verstärkten Weiterentwicklung der Völkerrechtsprinzipien in den vergangenen Jahren besser Rechnung zu tragen als die gegenteilige Anschauung.

2.2.3 Als Bestätigung dieser Ansicht kann die Resolution 2625 (XXV) der Generalversammlung, mit der diese die Arbeit des Special Committee gewürdigt hat, betrachtet werden. Zwar können die nach Art. 10 UNCh von der Generalversammlung der Vereinten Nationen gefaßten empfehlenden Resolutionen grundsätzlich nicht als Quelle völkerrechtlicher Normen verstanden werden[100], sie können aber, wie sonstige Empfehlungen auch, schon bestehende Normen in deklaratorischer Form bekräftigen[101]. Die der Resolution 2625 angefügte Deklaration über die Prinzipien betr. freundschaftliche Beziehungen ... läßt erkennen, daß die in der Generalversammlung vertretenen Staaten die völkerrechtlichen Prinzipien als allgemeingültig und rechtlich verbindlich ansehen wollten. Sonst hätten sie die „faithful observance" dieser Prinzipien nicht als von größter Bedeutung für die Erhaltung von internationalem Frie-

---

[95] Special Committee on Principles ..., eingesetzt durch die Res. 1815 (XVII).

[96] Wahrscheinlich hat auch der tschechoslowakische Außenminister *David*, S. 161, die rechtliche Verbindlichkeit der Völkerrechtsprinzipien ausdrücken wollen, als er von den „juristischen Grundsätzen" sprach.

[97] *Rosenstock* meint, daß die Deklaration eher als eine Bestätigung rechtlich verbindlicher Regeln als eine bloße Empfehlung aufzufassen sei, S. 714. „The use of ‚should' rather than ‚shall' in those instances in which the Committee believed it was speaking de lege ferenda or stating mere desiderata further supports the view that the states involved intended to assert binding rules of law where they used language of firm obligation."

[98] GAOR (XXV) Suppl. 18, par. 102, 105 (= A/8018).

[99] Das räumt auch *Rosenstock* ein, S. 735.

[100] In jüngster Zeit ist jedoch die zunehmende Tendenz zu beobachten, manche Resolutionen unter bestimmten Umständen zumindest als Teil eines umfassenden Normensetzungsverfahrens zu werten. ... Vgl. hierzu aber *Seidl-Hohenveldern*, Internationale Organisationen, der auf die prinzipielle Unverbindlichkeit der Resolutionen der Generalversammlung und deren bloße Wirkung im Innenverhältnis hinweist, Rz. 1514 u. 1514a, S. 194.

[101] Statt vieler: *Tunkin*, Völkerrechtstheorie, S. 207.

den und Sicherheit und die Erfüllung der anderen Ziele der Vereinten Nationen angesehen[102] und erklärt, daß die in der Deklaration enthaltenen Prinzipien der Charta die grundlegenden Prinzipien des internationalen Rechts darstellten. Läßt diese Ausdrucksweise noch — geringe — Zweifel an dem diesbezüglichen Willen der UN-Mitglieder zu, so dürfte ihr Appell an alle Staaten, sich in ihrem internationalen Verhalten von diesen Prinzipien leiten zu lassen und ihre gegenseitigen Beziehungen auf der Basis der strikten Beachtung dieser Prinzipien zu entwickeln, ein eindeutiger Hinweis für die Verbindlichkeit der Völkerrechtsprinzipien sein. Anders wäre es nicht erklärlich, weshalb nicht nur die Beachtung, sondern die *strikte* Beachtung dieser Prinzipien gefordert wird[103].

Weitere Bestätigungen der Rechtsverbindlichkeit der Völkerrechtsprinzipien finden sich u. a. in der Deklaration anläßlich des 25jährigen Jubiläums der Vereinten Nationen (A/RES/2627 [XXV])[104], in der die strikte Einhaltung der Grundsätze der Charta bekräftigt wird, und in der Deklaration über die Stärkung der internationalen Sicherheit (A/RES/2734 [XXV])[105], in der die universale und unbedingte Gültigkeit der Zwecke und Grundsätze der UN-Charta und der Aufruf, sich an diese Zwecke und Grundsätze zu halten, „bekräftigt" werden.

2.2.4 Man sollte daher davon ausgehen, daß die Prinzipien des heutigen Völkerrechts die Grundlagen des zwischenstaatlichen Verkehrs nicht bloß andeuten, sondern auch verbindlich für alle Staaten festlegen. Diese grundsätzlich zu bejahende Verbindlichkeit wird jedoch hinsichtlich einiger Prinzipien bestritten und soll deshalb dort gesondert festgestellt werden[106].

Sind diese Prinzipien aber rechtlich verbindlich, so können sie auch Rechtsgrundlage für spezielle Rechte und damit auch für ein etwaiges Teilnahmerecht aller Staaten sein. Demnach ist jedes der dafür grundsätzlich infrage kommenden Prinzipien daraufhin zu untersuchen, ob sich aus seiner allgemeinen Fassung ein Recht auf Teilnahme an internationalen Organisationen und allgemeinen multilateralen Verträgen entwickeln läßt.

---

[102] Annex der Resolution, S. 1.

[103] *Tunkin* hebt den deklaratorischen Charakter dieser Deklaration besonders hervor, S. 208.

[104] abgedr. in AdG vom 28. 5. 1971, 16287 A Nr. 7.

[105] abgedr. in AdG vom 28. 5. 1971, 16291.

[106] 2.4.1 und 2.5.3.

2.3 Das Prinzip der souveränen Gleichheit

Zur Begründung eines Teilnahmerechts wird zumeist das Prinzip der souveränen Gleichheit herangezogen, wie die Äußerungen zur Teilnahme an allgemeinen multilateralen Verträgen im gesamten Verlauf der Kodifizierung des Vertragsrechts beweisen[107]. Dabei war jedoch nicht immer deutlich, ob die Souveränität, die Gleichheit oder die souveräne Gleichheit der Staaten gemeint war, und ob diese Ausdrücke etwas Verschiedenes oder Gleiches beinhalten sollten. Aus diesem Grunde empfiehlt es sich, die Begriffe einzeln auf ihren Gehalt hin aufzuschließen.

2.3.1 Gegen die Verwendung des Begriffs „Souveränität" in einem rechtlichen Sinne spricht von einem rein pragmatischen Standpunkt aus die fast unübersehbare Vielfalt an Interpretationsversuchen, die häufig auch noch den Begriff der Staatengleichheit miteinbeziehen[108]. Die nicht selten anzutreffenden Unklarheiten begrifflicher Erörterungen der Souveränität sowie der Mißbrauch des Ausdrucks Souveränität zur Rechtfertigung nicht mehr durch das Völkerrecht gedeckter staatlicher Akte verleiten Verzijl daher zu dem Vorschlag, den Begriff der Souveränität ganz aus dem völkerrechtlichen Vokabular zu entfernen und ihn jeweils durch eine seiner vielen spezifischen Ausgestaltungen zu ersetzen[109]. Das aber erscheint zur Zeit weder als möglich noch auch nötig, da das Wort „Souveränität" zumindest als Oberbegriff verschiedener Rechtsinstitute noch seine Berechtigung besitzt[110].

Das zeigt sich darin, daß der Ausdruck Souveränität von den meisten Völkerrechtlern unter Aufgabe des alten, absoluten Souveränitätskonzepts[111] aufgeteilt wird in „innere" und „äußere" Souveränität[112]. Dabei wird unter innerer Souveräntät die Macht des Staates zur Regelung der

[107] s. YBILC 1959 I, S. 102 ff. (A/CN. 4/SR 502 ff.) und A/CONF. 39/C. 1/SR 88 ff. (A/CONF. 39/11/Add. 1, S. 229 ff.).

[108] *Felder*, S. 46/7. Er ist der Ansicht, daß die Konfusion der beiden Begriffe daher rühre, daß sie das gleiche politische Ziel, die Unabhängigkeit der Staaten zu wahren, verfolgten (S. 48).

[109] *Verzijl* I, S. 264/5.

[110] Diese Daseinsberechtigung bliebe selbst dann erhalten, wenn man, wie *Menzel*, S. 138/9, 111, annähme, daß Souveränität hauptsächlich für die politische Argumentation Gewicht habe und im rechtlichen Sinne nur als Umschreibung von Unabhängigkeit zu verstehen sei. Gegen diese Einengung der rechtlichen Bedeutung spricht allein schon die Existenz des Art. 2 Ziff. 7 UNCh als Rechtsgarantie der staatlichen Souveränität. — Nach *Felder* liegen die begrifflichen Verwirrungen an der unklaren Fassung des Ausdrucks „Staatengleichheit", S. 46.

[111] Statt vieler: *Schaumann*, S. 78/9; *Ushakov*, International Law and sovereignty, S. 97 ff.; *Mugerwa*, S. 253. Anders *Dahm* I, der Souveränität, Unabhängigkeit und Gleichheit als identisch ansieht, S. 164, und *Constantopoulos*, Deux notions fondamentales de la souveraineté, S. 93, der Souveränität mit Unabhängigkeit gleichsetzt, S. 94.

[112] Vgl. hierzu *Seidl-Hohenveldern*, VR, Rz. 4 - 8 (5), S. 2/3.

seinem innerstaatlichen Machtbereich unterliegenden tatsächlichen und rechtlichen Verhältnisse verstanden[113]. Hingegen besteht keine Einigkeit über den Umfang der äußeren Souveränität, abgesehen von der Ablehnung der absoluten Souveränität[114]. Wegen der Abhängigkeit des Inhalts der Souveränität von ökonomischen und soziologischen Bedingungen[115], die z. Z. in der ganzen Welt äußerst unterschiedlich sind, nimmt das nicht wunder.

2.3.1.1 Als gemeinsamer Anhaltspunkt für eine genauere Umschreibung des Souveränitätsbegriffs bietet sich jedoch die Charta der Vereinten Nationen an, die als rechtliche Grundlage der heutigen Staatenwelt angesehen werden kann. In ihrer Präambel ist die Rede von den gleichen Rechten der Nationen, groß und klein, in Art. 1 Ziff. 2 wird von den gleichen Rechten und der Selbstbestimmung der Völker gesprochen, während Art. 2 Ziff. 1 das Prinzip der souveränen Gleichheit aller Mitglieder der Vereinten Nationen hervorhebt. Wenn das Verhältnis der genannten Begriffe zueinander dahingehend bestimmt wird, daß das Prinzip der Selbstbestimmung mit dem der Souveränität und das der gleichen Rechte mit dem der Staatengleicheit identisch ist und daß beide Begriffspaare voneinander unterschieden seien[116], so sagt das über den Inhalt der Souveränität nichts aus, weil auf diese Weise nur ein Ausdruck (Souveränität) durch den anderen (Selbstbestimmung) ersetzt wird. Auch auf andere Weise scheint der Souveränitätsbegriff aus der Charta nicht konkretisierbar zu sein. Für diese Auffassung stehen nicht nur die so unterschiedlichen Äußerungen, die Formulierung des Art. 2 Ziff. 1 UNCh sei „wünschbar deutlich“[117], „problematisch gefaßt“[118] oder „zumindest ungenau“[119], sondern auch die wenig aussagekräftige Interpretation des Berichterstatters auf der San Francsico-Konferenz von 1945[120].

---

[113] *Ushakov*, S. 99 - 104; *Schaumann*, S. 78.

[114] Nach *Kirsten*, Zum sozialistischen völkerrechtlichen Prinzip der staatlichen Souveränität DAP 1970, S. 21, dient das Prinzip der Souveränität der Erhaltung und Festigung von internationalem Frieden und Sicherheit sowie der Entwicklung der freundschaftlichen Beziehungen zwischen allen Staaten und Völkern.

[115] *Lewin*, Grundprobleme des modernen Völkerrechts, S. 239.

[116] *Kelsen*, Law of the United Nations, S. 53, dessen Beweisführung insgesamt nicht überzeugt. Eine gewisse Unterstützung erfährt die 1. These (Selbstbestimmung = Souveränität) durch die östliche Literatur, die Souveränität und Selbstbestimmung in einem engen Zusammenhang sieht: staatliche und nationale Souveränität, vgl. *Lewin*, S. 240. — *Felder*, S. 126, setzt Selbstbestimmung mit Unabhängigkeit gleich, die er als die internationale Komponente der Souveränität bezeichnet.

[117] *Felder*, S. 127.

[118] *Kelsen*, S. 53.

[119] *Dahm* I, S. 159 Fn. 24.

[120] s. dazu unten 2.3.2.2.

Ist daher aus Art. 2 Ziff. 1 UNCh selbst kein Rückschluß auf den Inhalt des Begriffs der Souveränität zu ziehen, so kann deren Bedeutung nur losgelöst von dieser Regelung bestimmt werden.

2.3.1.2 Während man demnach den hier interessierenden äußeren Aspekt der Souveränität teilweise mit Unabhängigkeit vom Willen anderer Staaten gleichsetzt[121], und zwar im Rahmen des allgemein verbindlichen Völkerrechts und entsprechend den Bedürfnissen und Interessen des Staates[122], kann man diese Unabhängigkeit auch lediglich als einen Faktor neben anderen ansehen, die erst *zusammen* den Inhalt der Souveränität ausmachen[123].

Für die Aufteilung der Souveränität in mehrere Komponenten — seien es Unabhängigkeit und Gleichheit[124], territoriale Integrität, souveräne Gleichheit und die gegenseitige Anerkennung der territorialen Einheit[125], oder das Recht auf politische und wirtschaftliche Unabhängigkeit, Nichteinmischung in die inneren Angelegenheiten, Selbstverteidigung gegen Aggressionen und Teilnahme an internationalen Organen und Organisationen[126] — spricht die Überlegung, daß der Umfang der Souveränität mit Unabhängigkeit allein nicht genügend und zu vage umschrieben erscheint.

Will man dennoch den rechtlichen Gehalt der Souveränität auf eine Formel bringen, so mag man angesichts der heute notwendigen, zahlreichen Verbindungen aller Staaten miteinander darunter das Recht jedes Staates verstehen, unabhängig von anderen Staaten friedliche Beziehungen mit allen Staaten zu entwickeln[127] und in der (der staatlichen) übergeordneten Gemeinschaft mitzubestimmen[128].

2.3.1.3 In jedem Falle dürfte dieser so allgemein verstandene Inhalt der Souveränität nicht dazu herreichen, ein Teilnahmerecht aller Staaten an allgemeinen internationalen Verträgen zu begründen. Deshalb kann auch den Autoren nicht gefolgt werden, die ohne weitere Begründung ein Teilnahmerecht aller Staaten allein aus deren Existenz und Qualität als Völkerrechtssubjekt folgern[129], oder die ein Teilnahmerecht als der

---

[121] *Felder*, S. 127; *Mugerwa*, S. 253.

[122] *Ushakov*, S. 104/5.

[123] *Korowicz*, Some present aspects of sovereignty in international law, RdC 1961 I (102), S. 34; *Bobrov*, S. 51; *Lewin*, S. 245.

[124] *Korowicz*, S. 34.

[125] *Bobrov*, S. 51.

[126] *Lewin*, S. 245.

[127] *Schirmer*, S. 114.

[128] *Schaumann*, S. 79. Als logische Konsequenz bezeichnet Schaumann die Freiheit der Staaten, sich bilateral und multilateral zu binden und partikuläres Völkerrecht zu schaffen, S. 144.

[129] *Feldman*, The recognition of states and membership of international organisations, SovYBIL 1961, S. 62.

Staatlichkeit inhärent bezeichnen[130]. Ebenso erscheint auch die Argumentation Schirmers zu gekünstelt: Er sieht das Völkerrecht nicht als Schranke der Souveränität[131], sondern bezeichnet die Schaffung und Weiterentwicklung des Völkerrechts als Element der Verwirklichung des Souveränitätsprinzips, um daraus das Recht jedes Staates herzuleiten, an der Organisierung gleichberechtigter Beziehungen zwischen allen Staaten und an der Schaffung der völkerrechtlichen Formen dieser Beziehungen teilzunehmen, einschließlich der allgemeinen multilateralen Verträge[132]. Allerdings ist ein realer Ansatzpunkt für das von ihm auf diese Weise konstruierte Teilnahmerecht in der Erwähnung der „gleichberechtigten Beziehungen" zu sehen, da darin das Prinzip der Gleichheit angesprochen ist, das als einer der mehreren, konkreten Faktoren der Souveränität eher ein Teilnahmerecht begründen kann als die als Oberbegriff verstandene Souveränität selbst.

2.3.2 Bei der Untersuchung des Inhalts des Gleichheitsprinzips ist das Gefüge der heutigen Staatenwelt mit seinen zahlreichen internationalen Verträgen als Basis einer weltweiten Schaffung von Völkerrecht zu beachten[133]. Dem Prinzip der Gleichheit werden allerdings die unterschiedlichsten Deutungen unterlegt, was bereits durch die umfangreiche Namengebung angezeigt wird[134].

2.3.2.1 Einhelligkeit besteht nur darüber, daß unter dem Gleichheitsprinzip die „Gleichheit vor dem Recht" zu verstehen ist[135]. Wird von den einen dieser Gesichtspunkt dahingehend erläutert und bekräftigt, daß alle Staaten vor dem Recht gleich seien und rechtlich gleich behandelt werden müßten[136], so stellen andere Autoren dar, daß es sich bei dieser

---

Lukashuk begründet dies damit, daß jeder Staat ein politischer, wirtschaftlicher und rechtlicher Teil der internationalen Gemeinschaft sei und *deshalb* von der Teilnahme an diesen Aspekten internationalen Lebens nicht ausgeschlossen werden dürfe, S. 288.

[130] *Ustor*, A/CN. 4/SR 1045, par. 11 (YBILC 1970 I, S. 13).

[131] *Ushakov*, S. 104.

[132] *Schirmer*, S. 115.

[133] „Gleichheit der Rechte, rechtliche Gleichheit, Gleichheit vor dem Recht" sind einige Beispiele einer stark variierenden Nomenklatur. s. auch den Nachweis bei *Kooijmans*, S. 101.

[134] *Broms*, S. 19.

[135] *Dickinson*, S. 3/4; *Kelsen*, Law of the United Nations, S. 277, scheint Bedenken hinsichtlich der Anwendbarkeit des Gleichheitsgedankens auf andere als menschliche Individuen zu haben, ohne sie jedoch näher zu umreißen.

[136] *Mugerwa*, S. 254; *Schaumann*, S. 141; *Korowicz*, S. 35; *Goodrich/Hambro/Simons*, S. 37; *Kooijmans*, S. 101; *Berber*, I, S. 210. — *Uibopuu*, S. 193, beschränkt die Reichweite des Gleichheitsprinzips auf diesen Aspekt, was er indirekt damit begründet, daß weder eine quantitative noch qualitative Gleichheit unter den Staaten bestehe. Die Forderung des z. Z. hervorragendsten sowjetischen Völkerrechtlers Tunkin nach „völliger Gleichberechtigung" tut Uibopuu wegen des Wortes „völlig" als schon „sprachlich verwirrend" ab, S. 196.

Variante um eine bloße Tautologie[137] oder gar um ein Ideal handele[138]. Fest steht allein, daß die Gleichheit vor dem Recht als Forderung an die Judikatur verstanden wird und das Teilnahmerecht der Staaten nicht berührt.

2.3.2.2 Dieser relativ einheitlichen Auffassung vom Prinzip der Gleichheit stehen eine ganze Reihe unterschiedlichster Begriffserläuterungen gegenüber[139]. Ein Teil davon hat keinen Bezug zu allgemeinen internationalen Verträgen und damit zum Teilnahmeproblem[140], während sich die Mehrzahl der Äußerungen unter ausdrücklicher oder stillschweigender Bezugnahme auf die souveräne Gleichheit, wie sie in Art. 2 Ziff. 1 UNCh normiert ist, bezieht.

Die internationalen Bemühungen einer Erhellung dessen, was damit gemeint sein könnte, haben kaum zu einem greifbaren Erfolg geführt. So nannte der Berichterstatter des auf der Konferenz von San Francisco mit der souveränen Gleichheit befaßten Komitees als deren Elemente:

1. die rechtliche Gleichheit der Staaten;
2. jeder Staat besitzt die Rechte, die als Attribute der Souveränität betrachtet werden;
3. Achtung der Persönlichkeit des Staates als auch seiner territorialen Integrität und Unabhängigkeit;
4. die Staaten sollen alle ihre internationalen Pflichten und Verpflichtungen in gutem Glauben erfüllen[141].

Ist unter dem 1. Punkt die Gleichheit vor dem Gesetz zu verstehen[142], so sagt Punkt 2 mit der Erwähnung der „sovereignty" selbst nichts aus. Erst durch Punkt 3 wird die souveräne Gleichheit ein wenig konkreti-

[137] *Kelsen*, The Draft Declaration on Rights and Duties of States, AJIL 1950 (44), S. 269, führt aus, daß das Prinzip der Gleichheit vor dem Recht nichts anderes bedeute als die Anwendung des Rechts in Übereinstimmung mit dem Recht. Da aber für die Rechtsanwendung nur die Staaten selbst in Betracht kämen, seien diese verpflichtet, sich anderen Staaten gegenüber rechtskonform zu verhalten, wozu sie ohnehin aufgrund des Völkerrechts verpflichtet seien. — Ihm folgend *O'Connell*, S. 323, der das Prinzip im übrigen für eine politische Konzeption hält; *Broms*, S. 15; *Vonlanthen*, S. 43; *Dahm* I, S. 162.

[138] *Padirac*, S. 215.

[139] Eine davon und nicht gerade die klarste ist die von *Graefrath*, Die universale Kodifikation im gegenwärtigen Völkerrecht, S. 986, wonach „erst die Universalität des Souveränitätsprinzips ermögliche, es als Prinzip der souveränen Gleichheit zu erfassen. Sie ist Voraussetzung des Gleichberechtigungsgrundsatzes".

[140] *Felder*, S. 43: Gleichheit ist rechtliche Garantie der Unabhängigkeit; *Menzel*, Völkerrecht, S. 211: „keine Jurisdiktionsgewalt des einzelnen Staates über einen anderen"; desgl. *Berber* I, S. 210; *ders.*, S. 209: „gleiche rechtliche Persönlichkeit und gleiche Rechtsfähigkeit".

[141] UNCIO Doc. 944 I/1/34 (Bd. 6, S. 457).

[142] *Ninčić*, S. 45, *Broms*, S. 164.

siert[143], während im letzten Punkt eine von Souveränität und Gleichheit völlig unabhängige Verpflichtung aufgeführt wird[144].

Die unbestimmte Fassung der „souveränen Gleichheit" legt die Vermutung nahe, daß die Schöpfer der Charta damit nur die Bedenken der kleinen und mittleren Staaten hinsichtlich der relativen, d. h. die unterschiedliche Macht- und Verantwortungsstärke der Staaten berücksichtigenden Gleichheit haben beschwichtigen wollen[145] (vgl. die „ständigen" und „nichtständigen" Mitglieder des Sicherheitsrats der Vereinten Nationen).

Als nächster Interpretationsversuch bestimmte der Entwurf der Völkerrechtskommission einer Deklaration über Rechte und Pflichten der Staaten in seinem Art. 5[146]:

"Every state has the right to equality in law with every other state"[147]

— womit die Gleichheit vor dem Gesetz gemeint gewesen sein dürfte[148]. Auch die auf diese nicht sehr ergiebige offizielle Interpretation hin unternommenen Bemühungen des 6. Komitees der Generalversammlung der Vereinten Nationen haben zu keinem Ergebnis geführt: Das Prinzip der souveränen Gleichheit umfasse die Souveränität und das Recht der Staaten zu gleicher Beteiligung an den internationalen Beziehungen, wurde auf der einen Seite gesagt[149]; es wurde aber auch darauf hingewiesen, daß bei der Gleichheit zwischen einem politischen Ideal und einem rechtlichen Prinzip unterschieden werden müsse — dabei seien angesichts der verschiedenen Formen von Stimmwägung die Abweichungen von diesem Prinzip heute von größerem praktischen Interesse als das Prinzip selbst[150]. So konnte auch auf der 1. Sitzung des Special Committee on Principles ... im Jahre 1964 außer einer geringfügigen definitorischen Änderung[151] gegenüber der Erläuterung des Berichterstatters der San Francisco-Konferenz keine Einigung über die Frage des Teilnahmerechts an den internationalen Beziehungen einschließlich aller Arten allgemeiner multilateraler Verträge erzielt werden[152].

---

[143] *Ninčič*, S. 45/6.

[144] *Broms*, S. 146. Eine negative Beurteilung dieser Definition auch bei *Dahm* I, S. 159 Fn. 24.

[145] *Padirac*, S. 173; *Broms*, S. 166; *Seidl-Hohenveldern* nennt diese Art von Gleichheit „materiell", der er die „formelle" Gleichheit gegenüberstellt.

[146] Der Entwurf stammt aus dem Jahre 1949.

[147] A/925, abgedr. AJIL 1950 (44) Suppl., S. 16/7.

[148] *Kelsen*, S. 268/9.

[149] *Pechota*, A/C. 6/SR 802, par. 15, 35 (GAOR [XVIII]).

[150] *Blix*, A/C. 6/SR 824, par. 16 (GAOR [XVIII]).

[151] A/5746 = GAOR (XX), Annexes agenda item (a. i.) 90, 94, S. 134.

[152] *Lee*, The Mexico City Conference of the United Nations Special Committee ..., ICLQ 1965, S. 1299.

Auch der Report des Special Committee von 1966 wies keine Änderung auf. Zwar brachten die Tschechoslowakei und Ghana diesbezügliche Amendments ein[153], jedoch konnte darüber erneut kein Konsens gefunden werden[154]. Mit dem schon 1966 erarbeiteten Inhalt wurde das Prinzip der souveränen Gleichheit in die Deklaration über die Prinzipien des internationalen Rechts ... vom 4. 11. 1970 übernommen[155]. Zuvor hatte Italien in dem abschließenden Report des Special Committee an die Generalversammlung noch einmal darauf hingewiesen, daß die von dem Committee erarbeitete Definition der souveränen Gleichheit zu vage und tautologisch sei[156]. Der gescheiterte Versuch, durch internationale Bemühungen zu einer Klärung des Begriffs der souveränen Gleichheit zu gelangen, schließt indes eine anderweitige Inhaltsbestimmung nicht aus.

2.3.2.3 Dabei wird auf seiten der Völkerrechtswissenschaft oft zwischen den Prinzipien der gleichen Rechte und Pflichten und dem der gleichen Fähigkeit zu Rechten und Pflichten unterschieden[157]. Zwar sind alle Staaten nicht im Besitz gleicher Rechte und Pflichten, was die Benutzung des Begriffs der gleichen Fähigkeiten zu Rechten und Pflichten nahelegen würde[158], jedoch kann das „wahre“ Problem auch darin gesehen werden, ob die Staaten aufgrund einer gleichen Fähigkeit wirklich gleiche Rechte und Pflichten geltend machen können[159].

2.3.2.3.1 Ausschlaggebend sollte jedenfalls die Überlegung sein, daß das Ausmaß der rechtlichen Gleichheit der Staaten nicht bloßer Reflex der Wirklichkeit sein darf. Das käme lediglich deren nachträglicher Sanktionierung gleich[160].

Wenn Gleichheit als Rechtskategorie eine Bedeutung haben soll, so muß sie darüber hinausgehen, um eine an einer wie auch immer gearteten Gerechtigkeitsidee meßbare Ordnung zu begründen. Dabei sind die Realitäten zwar zu berücksichtigen, sie müssen aber letztlich dem, was als gerecht erscheint, untergeordnet sein und diesem entsprechen. Das bedeutet, auf unsere Frage bezogen, folgendes:

Eine Realität stellen die mannigfachen Interdependenzen in allen Bereichen dar, die die staatlichen Grenzen überschreiten. Sie sind zu beobachten in wirtschaftlicher (Ost-West-Handel, Entwicklungshilfe), militärischer (Verhinderung eines Atomkrieges, SALT) und technologischer

[153] A/6230 = GAOR (XXI), Annexes vol. 3, a. i. 87, par. 358 (S. 77) und 364 (S. 78), deren Begründung par. 381 (S. 80).

[154] Ebendort, par. 403 (S. 83).

[155] A/RES/2625 (XXV), Annex, S. 2, 9.

[156] A/8018 = GAOR (XXV) Suppl. No. 18, S. 60.

[157] „Equality of capacity for rights“ oder „equal capacity for rights (and duties)“.

[158] *Kooijmans*, S. 102; *Dickinson*, S. 4.

[159] *Broms*, S. 18.

[160] *Kooijmans*, S. 111.

Hinsicht (weltweite Kommunikationsmedien, Verkehr). Ebenso real sind die Interessen und Bedürfnisse der Einzelstaaten, die durch die Entwicklung der internationalen Beziehungen jeder Art mitbestimmt werden und keineswegs mehr autark befriedigt werden können.

2.3.2.3.2 Der auf diese Wirklichkeit bezogenen Gerechtigkeitsidee liegt das nicht weiter begründbare — als eben der Gerechtigkeit entsprechende — Postulat zugrunde, Gleiches gleich und Ungleiches ungleich zu behandeln. So sinnfällig und einleuchtend dieses Postulat auf den ersten Blick auch erscheint, so birgt es doch das Problem in sich, *was* ungleich und *was* gleich ist[161]. Da hier die gleichen Rechte aller Staaten am internationalen Verkehr infrage stehen, ist ein Maßstab zu finden, an dem bemessen werden kann, ob die Staaten einander gleich sind oder nicht. Als Vergleichsgrundlage scheinen allein die von allen anerkannten, einen Staat konstituierenden Elemente des Staatsgebiets, Staatsvolks und der Staatsgewalt brauchbar zu sein. Jeder Staat, der diese ihm den Charakter als Staat verleihenden Faktoren in sich vereinigt, ist also insofern jedem anderen Staat gleich — ebenso wie jeder Mensch als solcher jedem anderen Menschen gleicht und deshalb grundsätzlich auch die gleichen Rechte genießt (Menschenrechte). Dann aber erscheint es als konkreter Ausdruck des Gerechtigkeitsgedankens hinsichtlich der Gleichheit, wenn alle Mitglieder der heutigen Staatengemeinschaft das gleiche Recht besitzen, ihre Bedürfnisse und Interessen zu artikulieren und geltend zu machen und im gegenseitigen Einvernehmen zu befriedigen[162].

2.3.2.3.3 Eine davon abweichende rechtliche Betrachtung der Gleichheit der Staaten wäre nur dann gerechtfertigt, wenn nicht alle Staaten als solche gleich wären.

Eine derartige Ungleichheit könnte allenfalls darin gesehen werden, daß manche Staaten von einigen oder sogar dem überwiegenden Teil der anderen Staaten nicht anerkannt werden. Da aber die Staaten nicht auf der Grundlage der oft willkürlichen und im Ermessen jedes einzelnen Staates stehenden Anerkennung auf ihre rechtliche Gleichheit hin zu betrachten sind, sondern nur anhand der den Staatscharakter ausmachen-

---

[161] *Kooijmans*, S. 223.

[162] Nach Ansicht von *Graefrath*, Zur Stellung der Prinzipien im gegenwärtigen Völkerrecht, dient das Prinzip der souveränen Gleichheit der Koordinierung der verschiedenartigen Interessen der Staaten (S. 23) und der gleichberechtigten, friedlichen Zusammenarbeit, S. 22. — Die Erfüllung des grundsätzlichen Gleichheitsanspruchs in der Völkergemeinschaft zählt nach *Krekeler*, S. 191, zu den wichtigsten Voraussetzungen für ein friedliches Zusammenleben. Denn „Diskriminierung gleich welcher Art wird immer neue psychische Reaktionen auslösen, die einer besseren Ordnung entgegenwirken." — Gegen die Bezeichnung der Gleichheit als Recht wendet sich *Dickinson*, S. 149, weil dies zu einer Vermengung des Naturrechts mit den „legal rights" führe, mit welcher Bezeichnung er den Rechtspositivismus meint, dem er damit den Vorrang vor dem Naturrecht gibt, S. 149, 150.

den Staatselemente, zu denen die Anerkennung nicht gehört, kann die Nichtanerkennung eines Staates an dessen Position als Staat und der daraus fließenden gleichberechtigten Stellung dieses Staates nichts ändern[163].

2.3.2.4 Indem das völkerrechtliche Prinzip der Gleichheit der Staaten deren Gleichberechtigung in den internationalen Beziehungen verlangt, fordert es zugleich, die bisherige gewillkürte und von den Interessen der Supermächte abhängige faktisch-politische Ordnung durch eine auf dem Grundsatz der Gleichheit aller Staaten basierende Ordnung zu ersetzen[164]. Auf diese Weise erhält das Prinzip der Gleichberechtigung der Staaten seinen Sinn als Ordnungsfaktor, wodurch seine Zugehörigkeit zur Kategorie des Rechts offenbar wird.

Es ist nicht nur auf die Mitgliedstaaten der UNO[165] und im allgemeinen Rahmen der unorganisierten internationalen Beziehungen anwend-

---

[163] s. zur Anerkennungsproblematik im einzelnen unter 3.1.

[164] Ob hierzu auch eine Revision der bevorzugten Stellung der Großmächte in den Vereinten Nationen gehört, ist in diesem Zusammenhang mittelbar insofern von Bedeutung, als der Abbau der rechtlichen Vormachtstellung der Großmächte sicher nicht ohne Wirkung auf die Teilnahmefrage bliebe. Daher anschließend eine knappe Betrachtung dieser Frage:

Tatsache ist, daß die Großmächte Sowjetunion und Vereinigte Staaten ein hegemoniales Verhältnis zu allen anderen Staaten der Welt haben (ausgenommen die Volksrepublik China), und daß sie die Re-organisierung der Staatenwelt nach dem 2. Weltkrieg unter Betonung ihrer Großmachtstellung begonnen und sich dabei eine dieser Stellung entsprechende Position in den Vereinten Nationen geschaffen haben (insbesondere durch die Einrichtung der 5 für sie, das Vereinigte Königreich, Frankreich und China permanent reservierten Sitze im Sicherheitsrat und das dort anwendbare Veto-Recht). Die Vorrangstellung der Großmächte kann als gerechtfertigt angesehen werden, wenn man davon ausgeht, daß sie erforderlich sei, um eine Tätigkeit der Vereinten Nationen überhaupt zu ermöglichen (*Korowicz*, S. 109; *Felder*, S. 57, mit der Begründung, Aufgabe der Staatengleichheit sei es, die praktischen Notwendigkeiten einer internationalen Organisation in ein vernünftiges Verhältnis zu bringen zu den Besorgnissen der Kleinstaaten ... (S. 56); *Padirac*, S. 222). Auch *Dahm* I, S. 163/4 scheint diesem Ergebnis zuzuneigen. *Oppenheim-Lauterpacht*, S. 413, und *v. Bogaert*, Considerations sur la théorie de l'égalité des Etats, RGDIP 1955, S. 98, sehen die Ungleichheit im Sicherheitsrat nur als Ausnahme an. Bogaert und *Krylov*, Les notions principales du droit des gens, RdC 1947 I (70), S. 464 und — für den Völkerbund — *Andrassy*, La souveraineté des Nations, RdC 1937 III (61), S. 689, rechtfertigen die rechtliche Ungleichheit damit, daß die anderen Staaten durch Unterzeichnung der UN-Charta (bzw. Völkerbundssatzung) dieser Ungleichheit zugestimmt hätten. In diesem Falle wird oft von einer funktionalen Gleichheit gesprochen. Rechtlich und faktisch zwingend scheint diese Einstellung jedoch nicht zu sein. So wurde sie z. B. bei der Ausarbeitung der Charta seitens der kleineren Staaten heftig bekämpft. *Rolin* (Belgien) und *Belaunde* (Uruguay) versuchten als Fürsprecher der kleineren Staaten vergeblich, mehr Gewicht auf das Konzept der Gleichheit zu legen. UNCIO Doc. 784/I/1/27, Bd. 6, S. 331 - 340.

[165] ... wie Art. 2 Ziff. 1 UNCh vermuten läßt und wie *Fischer/Köck*, Das Recht der völkerrechtlichen Verträge nach der 2. Session der Wiener Vertragskonferenz der Vereinten Nationen, ÖZA 1969, S. 280, annehmen. Mißverständlich *Morosow*, S. 116, da er nur vom Prinzip der souveränen Gleichheit der UNO-

bar[166], sondern auch auf deren organisierte Formen, da sich der allen Staaten offenstehende zwischenstaatliche Verkehr nicht allein auf bilateralem Wege, sondern in zunehmendem Maße in multilateraler Form abwickelt. Allen Staaten steht daher die gleiche Möglichkeit zu, an allgemeinen internationalen Organisationen[167] wie auch an allgemeinen multilateralen Konventionen teilzunehmen, wenn sie dadurch ihre Interessen besser wahrnehmen zu können glauben[168] oder wenn dies im Interesse aller Staaten liegt (Erhaltung des Friedens)[169]. Dieses Recht auf gleichberechtigte Teilnahme erstreckt sich speziell auf den Prozeß der Schaffung und Kodifikation von Völkerrechtsnormen, da diese für alle Staaten gleichermaßen verbindlich sein sollen[170].

Das Teilnahmerecht gründet sich als Ausfluß des Prinzips der Gleichheit insbesondere auf das darin enthaltene Mitbestimmungs- und Mitwirkungsrecht[171].

Für ein hierauf gestütztes Teilnahmerecht spricht sich auch Schirmer aus[172]. Er beschränkt es jedoch zunächst auf die allgemeine internatio-

---

Mitgliedstaaten spricht. — Unter Bezugnahme auf die Präambel weist dagegen *Soder* auf die allgemeine Geltung des Art. 2 Ziff. 1 hin.

166 *Bartoš*, A/CN. 4/SR 649, par. 57 (YBILC 1962, I, S. 130); ihm folgend *Pal* (Indien), A/CN. 4/SR, par. 65 (YBILC 1965 I, S. 126); *Görner/Süß*, Universalität und Recht der Verträge, DAP 1969, S. 1030. — Nach *Peck* beruht das Recht der DDR auf gleichberechtigte Teilnahme am internationalen Verkehr auf den allgemein anerkannten Prinzipien und Normen des modernen Völkerrechts, S. 157.

167 Hiergegen *Mosler*, Die Aufnahme in internationale Organisationen, ZaöRV 1958 (19), S. 294, der behauptet, daß ein allgemeiner Anspruch auf Aufnahme erst dann entstehen könne, „wenn die gesamte Völkerrechtsgemeinschaft in einem einzigen Verbande zusammengefaßt ist". Was darunter zu verstehen ist, wird nicht ausgeführt. — Auf den Anspruch auf gleichberechtigte völkerrechtliche Beziehungen, Mitarbeit und Mitgliedschaft in den internationalen Organisationen wird unter Berufung auf das Prinzip der souveränen Gleichheit auch in dem „Memorandum über Mitgliedschaft" hingewiesen, das die DDR an die UN-Generalversammlung anläßlich der Eröffnung der 26. Session gerichtet hat (AdG vom 26. 10. 1971, 16638).

168 Dieses Ergebnis ohne weitere Begründung bei: *Tunkin*, Völkerrechtstheorie, S. 381; *Lewin*, Grundprobleme des modernen Völkerrechts, S. 291/2; *Kiermeier*, Der Beitrag der DDR zur Arbeit der sozialen und humanitären Organisationen der VN, DAP 1970, S. 158; weiterhin *Kooijmans*, S. 102.

169 *Uljanova*, Recognition of states and governments and participation in multilaterial treaties, SovYBIL 1961, S. 320; *Graefrath*, Deklaration über die grundlegenden Völkerrechtsprinzipien, DAP 1971, S. 483.

170 *Kooijmans*, S. 102; *Graefrath*, Stärkung und Weiterentwicklung des Völkerrechts im Rahmen der UNO, S. 179; *McWhinney*, Friendly relations and cooperation among states (Coexistence), and the principle of nonintervention, S. 70/1. *McWhinney* weist am Beispiel des Atomtestabkommens auf das Spannungsverhältnis zwischen der besonderen Verantwortlichkeit der 3 Haupt-Atommächte und der darauf gegründeten Ausarbeitung des Abkommens und dem gleichen Recht aller Staaten auf direkte Beteiligung an der Ausarbeitung von für universal gehaltenen Rechtsprinzipien hin (S. 71).

171 *Schaumann*, S. 128.

172 *Schirmer*, S. 115.

nale Zusammenarbeit. Hingegen gründet er die Teilnahme an allgemeinen multilateralen Verträgen darauf, daß alle Staaten gleiche Rechte und Pflichten hätten. Davon unterscheidet er, was nicht ganz einleuchtend erscheint, die Gleichheit der Möglichkeiten, Rechte und Pflichten zu erwerben, womit er die Gleichheit in bezug auf den Normenbildungsprozeß meint[173]. Soweit Schirmer ein Teilnahmerecht aller Staaten zusätzlich aus der Gleichberechtigung der beiden sozio-ökonomischen Systeme herleitet[174], dürfte das als Reaktion auf die offenbare Diskriminierung einiger sozialistischer Staaten seitens der Westmächte zu verstehen sein. Für einen eigenen Rechtssatz dieser Art besteht kein Bedürfnis[175].

2.3.2.5 An der Bedeutung des so verstandenen Gleichheitsprinzips ändert es nichts, wenn die gleichberechtigte Teilnahme aller Staaten an der kollektiven Sicherheit weder ein Erfordernis des Friedens noch der Souveränität der Staaten ist[176], da das Prinzip der Gleichheit nur die Berechtigung und nicht die Pflicht aller Staaten zum Ausdruck bringt, an den sie interessierenden allgemeinen internationalen Vereinbarungen und Organisationen teilzunehmen.

Desgleichen erscheinen auch die noch im Jahre 1969 auf der Wiener Vertragsrechtskonferenz vorgebrachten Einwendungen gegen eine auf dem Prinzip der souveränen Gleichheit beruhende offene Teilnahmeklausel als hinfällig: weder die Tatsache, daß von diesem Prinzip nur selten praktischer Gebrauch gemacht worden ist, noch die Behauptung, daß bisher allen unzweifelhaft „staatlichen" Mitgliedern der Staatengemeinschaft der Zutritt zu universalen Verträgen gewährt worden sei[177], vermögen die bisherige Nichtbeachtung des Gleichheitsprinzips und dessen Forderung nach Herstellung wirklicher Gleichberechtigung zu kaschieren.

[173] *Schirmer*, S. 116. Allerdings können die zur Untermauerung dieser Meinung angegebenen Dokumente, S. 117, kaum als Begründung herhalten, da sie sich selbst auf bloße Behauptungen beschränken.

[174] *Schirmer*, S. 118/9: „Jedes System hat das Recht, in allgemeinen multilateralen Verträgen und internationalen Organisationen vertreten zu sein, und kein System hat das Recht, die Repräsentanz des anderen Systems durch den Ausschluß von Staaten, die zu diesem System gehören, einzuengen und zu behindern", S. 119.

[175] Nach *Rose*, Der Anspruch der DDR auf Mitgliedschaft in den Vereinten Nationen, DAP 1963, S. 357, verlangt der Grundsatz der souveränen Gleichheit jedoch „vor allem" die rechtliche Gleichstellung des unterschiedlichen sozialökonomischen Systems.

[176] *Chaumont*, Cours général de droit international public, RdC 1970 I (129), S. 401.

[177] So der Vertreter der BRD, *Groepper*, ein halbes Jahr vor der offiziellen Zur-Kenntnisnahme der Staatlichkeit der DDR durch die Bundesregierung im Oktober 1969, A/CONF. 39/C. 1/SR 88, par. 46 (A/CONF. 39/11/Add. 1, S. 234).

Vielmehr kann zur Unterstützung der Bedeutung des Prinzips der souveränen Gleichheit als Grundlage für das Recht aller Staaten auf gleichberechtigte Beteiligung an allgemeinen multilateralen Verträgen angeführt werden, daß sich bei der Behandlung des Teilnahmerechts im Rahmen der Kodifikation des Rechts der Verträge Widerspruch gegen ein Teilnahmerecht in keinem Falle gegen das Prinzip der souveränen Gleichheit selbst gerichtet[178], sondern sich immer nur auf das diesem angeblich entgegenstehende Prinzip der Vertragsfreiheit gegründet hat[179]. Deshalb entspricht auch das auf der Wiener Konferenz allerdings abgelehnte Amendment für die Einfügung einer die Universalität allgemeiner multilateraler Verträge berücksichtigenden Klausel in den Entwurf der Vertragsrechts-Konvention dem hier gewonnenen Ergebnis: „Alle Staaten haben das Recht, an allgemeinen multilateralen Verträgen in Übereinstimmung mit dem Prinzip der souveränen Gleichheit teilzunehmen“[180].

2.3.2.6 Die Frage, ob sich die rechtliche Gleichheit der Staaten über das Stadium der formellen Gleichberechtigung hinaus zu einer „faktischen Gleichberechtigung“ entwickeln sollte[181], ist insofern zu bejahen, als darunter eine gewisse, im Rahmen des Möglichen sich vollziehende, Angleichung des Lebensstandards verstanden wird. Denn auf lange Sicht hin scheint sie erforderlich zu sein, um den erwarteten Nord-Süd-Konflikt in einem für beide Seiten annehmbaren Modus zu mildern. Aufgrund der heutigen weltpolitischen Konstellationen in ihrem sozio-politischen und weltwirtschaftlichen Kontext dürfte sich dieses Gleichheitsziel wohl aber noch nicht aus dem jetzt gültigen Prinzip der Gleichheit und Gleichberechtigung der Staaten herleiten lassen[182].

2.4 Das Prinzip der internationalen Zusammenarbeit

Während sich somit ein allgemeines Teilnahmerecht auf das zeitlos gültige Prinzip der Gleichheit der Staaten gründet, zeigen gewisse Entwicklungen der modernen Zeit an, daß es sich möglicherweise auch aus

---

[178] Vgl. u. a. *Tunkin*, A/CN. 4/SR 502, par. 19 (YBILC 1959 I, S. 103) und *Zourek*, ebenda, S. 111, SR 503 (par. 52).

[179] Dazu ausführlich unter 3.2.

[180] A/CONF. 39/C. 1/L. 74 and Add. 1 and 2 (CONF. 39/11/Add. 2, S. 236). Zu dieser Formel s. auch 3.3.3.2.

[181] *Ussenko* in: Lewin/Kaljushnaja, Völkerrecht-Lehrbuch, S. 87; *Ninčić*, S. 335, nimmt an, daß das Selbstbestimmungsprinzip die Evolution des Gleichheitskonzepts zu substantieller und politischer Gleichheit hin beeinflusse.

[182] Die Umwandlung dieses Prinzips in eines der Gleichheit der Bedingungen hält *Boutros-Ghali*, Le principe de l'égalité des Etats et les Organisations internationales, RdC 1960 II (100), S. 12, für erforderlich. Zumindest, so führt er aus, müsse es das Ziel der internationalen Ordnung sein, ein Minimum an Gleichheit der Bedingungen zu erreichen — um doch sogleich dieses Ziel der zwischenstaatlichen Gleichheit als Mythos zu bezeichnen, S. 70.

neuen und anderen Prinzipien und faktischen Gegebenheiten herleiten läßt. Dabei ist zu beachten, daß eine zusätzliche „Teilnahme-Norm" nur gerechtfertigt ist, wenn für sie ein besonderes rechtliches Interesse nachgewiesen wird. Ein solches Interesse liegt dann vor, wenn sich die Teilnahme aller Staaten als eine Notwendigkeit erweisen sollte. So kann beispielsweise der Umstand, daß heute alle Staaten in verschiedener Beziehung aufeinander angewiesen und voneinander abhängig sind, schon für sich allein zu der Folgerung führen, daß dementsprechend alle Staaten miteinander in bilateraler oder multilateraler Form in Verbindung treten können müssen. Dieser Gedanke wird in der völkerrechtlichen Diskussion unter dem Stichwort der Zusammenarbeit der Staaten behandelt.

Ein Konflikt mit dem Prinzip der souveränen Gleichheit ist zwar denkmöglich, dürfte aber aufgrund der Erwägung ausgeschlossen sein, daß die Zusammenarbeit der Staaten zugleich deren souveräne Gleichheit fundamental manifestiert[183].

Hier interessiert insbesondere die Zusammenarbeit in multilateralem Rahmen, die deshalb von mehreren, ebenfalls unter dem Begriff der Zusammenarbeit geführten, anderen Arten zwischenstaatlichen Verkehrs unterschieden werden muß. Multilaterale Zusammenarbeit stellt eine institutionalisierte Form der intergouvernementalen Beziehungen dar, der zur Durchführung ihrer Ziele gemeinsame Regeln und Mittel zur Verfügung stehen[184]. Sie beinhaltet also nicht nur den bloßen gelegentlichen Austausch oder eine Konzertierung gemeinsamer Pläne ohne gemeinsame Ausführung, noch auch lediglich die Harmonisierung gemeinsamer Vorhaben. Bei der näheren Bestimmung ihres Inhalts ist zu beachten, daß sie sich auch auf Staaten bezieht, die sowohl ideologisch als auch in ihrer wirtschaftlichen Entwicklung große Unterschiede aufweisen[185].

2.4.1 Von internationaler Zusammenarbeit ist in der UN-Charta in Art. 1 Ziff. 3, 55 Buchst. b), 56 sowie 13 Abs. 1 Buchst. a, b) die Rede. Die Zusammenarbeit ist jedoch nur dahingehend erläutert, daß durch sie die internationalen Probleme wirtschaftlicher, sozialer, kultureller und humanitärer Art (Art. 1 Ziff. 3 UNCh) gelöst werden sollen, und zwar durch gemeinsame oder einzelne Aktionen der Mitgliedstaaten mit der Organisation (UNO). Da Art. 56 in Verbindung mit Art. 55 UNCh nur besagt, daß die Staaten mit der Organisation zusammenarbeiten sollen,

---

183 *Loewenstein*, Sovereignty and international co-operation, AJIL 1954 (48), S. 225.

184 *Touscoz*, Souveraineté et coopération internationale culturelle, scientifique et technique, S. 203.

185 *Touscoz*, S. 202.

um Zusammenarbeit zwischen ihnen selbst zu erreichen[186], und nicht weiter angibt, wie die Zusammenarbeit mit der Organisation aussehen soll, ist seine Bedeutung minimal[187]. Allenfalls kann man ihn als eine Wiederholung der Selbstverständlichkeit ansehen, daß die Vereinten Nationen als Mittel zur Förderung der Zusammenarbeit dienen sollen[188].

Was die rechtliche Bedeutung der internationalen Zusammenarbeit angeht, so haben die Arbeiten des Special Committee on Principles of International Law ... zu dem Ergebnis geführt, daß es sich dabei um ein völkerrechtlich verbindliches Prinzip handele[189]. Anfangs war dies jedoch noch angezweifelt worden, da es sich bei der internationalen Zusammenarbeit „nur um eine moralische und keine rechtliche Verpflichtung"[190] oder „eher um ein Verhaltensmuster als um ein rechtliches Prinzip handele"[191], oder da es nicht nötig sei, es als verbindliches Prinzip zu formulieren[192].

Begründet wird der Rechtscharakter des Prinzips der internationalen Zusammenarbeit damit, daß die Aufrechterhaltung von Frieden und Sicherheit und die Förderung der internationalen wirtschaftlichen Stabilität, des Fortschritts und der allgemeinen Wohlfahrt der Nationen die internationale Zusammenarbeit erforderten — deshalb die Bezeichnung dieses Prinzips als „Pflicht zur Zusammenarbeit"[193].

Dieser Gedanke war es auch, Recht und Pflicht zur Zusammenarbeit nicht nur den Mitgliedstaaten der Vereinten Nationen zuzuschreiben[194], sondern auf alle Staaten der Welt auszudehnen[195].

---

[186] *Kelsen*, Law of the United Nations, S. 99.

[187] *Kelsen*, S. 100.

[188] Den Mittel-Charakter betonen auch *Goodrich/Hambro/Simons*, S. 35.

[189] A/RES/2625 (XXV), Annex S. 7. So schon die Generalversammlung in ihrer Resolution 1815 (XVII) unter Ziff. 1 d). — Einzelheiten der Diskussion im Report des Special Committee von 1966, A/6230, GAOR (XXI) Annexes vol. 3, a. i. 87, par. 435 - 437, S. 87 (im folgenden „Report 1966" genannt). — *Graefrath*, Deklaration über die grundlegenden Völkerrechtsprinzipien, DAP 1971, S. 503, bezeichnet dieses Prinzip als die „eigentliche positive Seite des Gewaltverbots".

[190] Report 1966, par. 437.

[191] *Loewenstein*, S. 243.

[192] s. Report 1966, par. 436. — Auch *Uljanowa*, S. 320, scheint die Zusammenarbeit nicht als Rechtsprinzip zu betrachten, da sie von den *Prinzipien* der friedlichen Koexistenz ... und den *Interessen* von Frieden und Zusammenarbeit spricht, die eine umfassende Teilnahmemöglichkeit erforderten.

[193] A/RES/2625 (XXV), Annex, S. 7 und Report 1966 par. 414 - 422. — So auch *Jenks*, Law in the world community, S. 67/8, unter dem Begriff „mutual aid". — Dagegen ist die Begründung *Vonlanthens* sehr unbestimmt, wonach das Grundrecht auf Verkehr „am Grunde des Völkerrechts" sei, S. 49.

[194] So aber einige Mitglieder des Special Committee, Report 1966, par. 416, 433 f.

[195] Report 1966, par. 415, 417 - 430 - 432; Report des 6. Komitee A/6547, GAOR (XXI), Annexes vol. 3, a. i. 87, par. 66 (S. 126/7).

2.4.2 In welchem Umfang und Rahmen sich die internationale Zusammenarbeit zur Sicherung des Weltfriedens und zur Förderung der allgemeinen Wohlfahrt abspielen soll und muß, kann nicht eindeutig geklärt werden[196]. Sicher ist nur, daß die bilaterale Zusammenarbeit dafür nicht sonderlich geeignet ist, weil sie oft nur zur Wahrung und zum Ausbau der staatlichen Machtposition gegenüber dem Kontrahenten dient[197] — und deswegen wohl auch die multilaterale Zusammenarbeit bei weitem übertrifft[198], insbesondere in dem Bereich der Entwicklungshilfe[199].

Es ist auch ungewiß, ob internationale Zusammenarbeit in irgendeiner unspezifizierten Form zu dem ihr zugrundeliegenden Ziel führen kann[200]. Vielleicht rührt es von dieser Unsicherheit her, daß häufig nur ganz unbestimmte Umschreibungen der internationalen Zusammenarbeit genannt werden, z. B.:

„Recht auf diplomatischen, Personen-, Nachrichten- und Handelsverkehr[201]; Recht auf aktive Teilnahme am Leben der internationalen Gemeinschaft[202]; Ermunterung der Staaten, miteinander zu kooperieren[203]; Lösung der immensen Probleme der Menschheit allein durch konzertierte Aktionen der Staaten und durch gleiche Teilnahme an internationalen Kooperationen[204]; Lösung der internationalen Fragen, die die legitimen Interessen der Staaten berühren"[205] — das sind nur einige der Formeln, mit denen das Recht aller Staaten auf Mitwirkung an der internationalen Kooperation begründet wird.

---

[196] Fest steht nur, daß sich die Pflicht zur Zusammenarbeit in einer der möglichen Arten (bi-, pluri- oder multilateral) konkretisieren muß. Daher ist *Rose*, Der Anspruch der DDR auf Mitgliedschaft in den VN, DAP 1963, S. 356 Fn. 6, darin zuzustimmen, daß die Teilnahme in der einen oder anderen bestimmten Form rechtlich nicht verpflichtend sein dürfte; so auch *Schirmer*, S. 131.

[197] *Touscoz*, S. 209; anders Report 1966, par. 431 (S. 86) und ein Delegierter Rumäniens, A/8018, GAOR (XXV), Suppl. 18, S. 81.

[198] *Touscoz*, S. 209.

[199] Mit der Hilfe der entwickelten Länder an die noch in der (vor allem wirtschaftlichen) Entwicklung begriffenen Staaten hat sich die „Wohlfahrt" der Entwicklungsländer von dem wirtschaftlichen Standard der Geberländer nur noch weiter entfernt. Vgl. dazu *Boris*, Zur politischen Ökonomie der Beziehungen zwischen Entwicklungsländern und westlichen Industriegesellschaften, S. 338/9.

[200] Sehr vorsichtig in dieser Beziehung äußert sich auch die Generalversammlung in Punkt 25 ihrer Deklaration über die Stärkung der internationalen Sicherheit, A/RES/2734 (XXV), in der sie „die Ansicht kundtut, daß die Förderung der internationalen Zusammenarbeit einschließlich ... zur Stärkung der internationalen Sicherheit beitragen *kann*".

[201] *Vonlanthen*, S. 50.

[202] *Bartoš*, A/CN. 4/SR 649, par. 57 (YBILC 1962 I, S. 130); ihm folgend *Pal*, A/CN. 4/SR 793, par. 65 (YBILC 1965 I, S. 126).

[203] Report 1966, par. 421 (S. 85/6).

[204] Report 1966, par. 431 (S. 86).

[205] Report 1966, par. 432 (S. 87).

2.4.3 Ein Teilnahmerecht speziell an allgemeinen multilateralen Verträgen kann aber nur dann angenommen werden, wenn die Beteiligung möglichst vieler Staaten notwendig ist, um den durch internationale Zusammenarbeit zu erreichenden Zielen näherzukommen. Die Tatsache, daß internationale Organisationen und Konventionen Ausdruck einer weltweiten Zusammenarbeit sind, ist für sich genommen noch kein Beweis dafür, daß die Teilnahme aller Staaten daran auch erforderlich ist[206].

2.4.3.1 Das wird jedoch hinsichtlich derjenigen internationalen Verträge vertreten, die unmittelbar das Hauptanliegen internationaler Zusammenarbeit, nämlich die Aufrechterhaltung des Friedens, zu verwirklichen suchen, z. B. durch Abkommen über die Abrüstung allgemein[207] oder speziell über Beschränkungen der Atomwaffen[208]. Bei diesen Verträgen, so sagt man, erschiene es von ihrem Inhalt her unverständlich, wenn einzelnen Staaten die Beitrittsmöglichkeit genommen würde[209]. Aber auch das für die gesamte Menschheit immer dringlichere Problem, die Umweltbedingungen auf einem für das menschliche Leben erträglichen Niveau zu erhalten, scheint nur durch das verständige Zusammenwirken aller Staaten universal lösbar zu sein[210].

Wenn demnach auch gewisse Momente für eine universelle Zusammenarbeit auf bestimmten Gebieten sprechen, so bestehen doch erhebliche Bedenken hinsichtlich der Notwendigkeit dieser Zusammenarbeit.

---

[206] Dieser Meinung waren jedoch einige Staatenvertreter, Report 1966, par. 432 (S. 87); s. auch *Peck*, S. 177, der Art. 1 Ziff. 3 UNCh als Leitsatz der Arbeit internationaler Organisationen und als wichtige Norm des modernen Völkerrechts ansieht; *Bystrický*, On the principle of the obligatory co-operation of states, S. 10, allerdings auf nicht-politische Organisationen und Verträge beschränkt. — *Graefrath*, Stärkung und Weiterentwicklung des Völkerrechts im Rahmen der UNO, S. 179, bezieht sich auf die Konferenzen und Konventionen zur Kodifizierung des Völkerrechts. — *Schirmer*, S. 131, begründet das Recht aller Staaten auf gleichberechtigte Teilnahme an den weltweiten Organisationsformen internationaler Zusammenarbeit damit, daß ohne das Recht auf Teilnahme das Prinzip der Zusammenarbeit seines durch die Resolutionen der Generalversammlung authentisch interpretierten Inhalts beraubt würde: da die Resolutionen aber nur von Zusammenarbeit in einem allgemeinen Sinne sprechen, stellt diese Begründung einen Zirkelschluß dar. — Für den speziellen Bereich universaler ökonomischer Zusammenarbeit erkennt Schirmer ein Teilnahmerecht aus dem Grunde an, daß dieses eine natürliche Folge der Tatsache sei, daß wirtschaftliche Beziehungen besonders universal ausgeprägt seien, S. 131.

[207] Dazu *Schirmer*, S. 127 - 129.

[208] *Schirmer*, S. 129 f.

[209] *Kudryavtsev* (Byeloruss. SSR), A/CONF. 39/C. 1/SR 90 par. 1 (A/CONF. 39/11/Add. 1, S. 243).

[210] Vgl. die Erklärung der DDR zum Umweltschutz, die anläßlich der 26. Session der Generalversammlung der Vereinten Nationen abgegeben wurde (AdG vom 26. 10. 1971, 16638).

2.4.3.2 Denn sowenig die Teilnahme aller Staaten an der kollektiven Sicherheit aus Gründen der Friedenssicherung erforderlich ist[211] — wie die einer kollektiven Sicherheit widersprechende Existenz der beiden mächtigen, sich feindlich gegenüberstehenden Militärbündnisse der NATO und des Warschauer Pakts und das in diesen verkörperte „Gleichgewicht des Schreckens" beweisen —, sowenig ist sie es hinsichtlich der dem Gewaltverbot und der Abrüstung dienenden Verträge[212]. Denn zum einen wird die Drohung mit und die Anwendung von Gewalt schon durch Art. 2 Ziff. 4 UNCh und den Briand-Kellogg-Pakt von 1928 verboten[213], zum anderen ist es eine unleugbare Tatsache, daß mit den beiden „großen" Abrüstungs-Übereinkommen über den teilweisen Teststop und die Nichtweiterverbreitung von Atomwaffen „so gut wie überhaupt nichts erreicht" ist[214]. Außerdem werden die so gern bemühte „Unteilbarkeit des Friedens" und die kollektive Mitverantwortung aller Staaten für den Frieden[215] durch die Wirklichkeit widerlegt. Die vielen Kleinkriege und kriegerischen Auseinandersetzungen in allen Teilen der Welt nach dem 2. Weltkrieg haben die Behauptung gestützt, daß der Friede — verstanden als „Nicht-Krieg" — fast ausschließlich von dem Willen der Großmächte abhängt[216]. Denn es scheint, als hätten diese alle kriegerischen Ereignisse größeren Ausmaßes verhindern können (Biafra, Vietnam, um nur die jüngsten Beispiele zu nennen).

Der sogenannten universellen Friedensverantwortlichkeit, institutionalisiert in den Vereinten Nationen, wird überdies dadurch Hohn gesprochen, daß die Vereinten Nationen nur in der Hälfte der Fälle internationaler Streitigkeiten befaßt wurden und davon etwa nur ein Drittel zu lösen vermochten, und in innere Konfliktfälle und Bürgerkriege überhaupt nicht eingegriffen haben[217]. Auch die mannigfaltigen Bemühungen

---

211 *Chaumont*, Cours général de droit international public, RdC 1970 I (129), S. 401.

212 Anders *Schirmer*, S. 125; *Herzog*, Zum Inhalt des Instituts der Anerkennung im gegenwärtigen Völkerrecht, Wiss. Zs. d. Humboldt-Univ. Berlin, 1969, S. 981.

213 Deshalb ist auch der Äußerung *Schirmers*, S. 125, nicht zu folgen, wonach die von speziellen Verträgen zum Gewaltverbot ausgeschlossenen Staaten durch den Ausschluß für vogelfrei erklärt würden.

214 Eine detaillierte Kritik an diesen Verträgen und den beiden Atom-Supermächten USA und Sowjetunion äußerte A. *Myrdal*, eine Expertin auf diesem Gebiet, kürzlich in einem Vortrag vor der österreichischen Gesellschaft für Außenpolitik, ÖZA 1972, S. 119, 120, 122.

215 *Schirmer*, S. 126; *Wünsche* behauptet, daß Frieden und friedliche Koexistenz nur dann gesichert werden könnten, wenn die Vereinten Nationen „wirklich universell" seien, und begründet damit das Recht und die Pflicht aller Staaten an friedlicher, internationaler Zusammenarbeit auch „im Rahmen der Vereinten Nationen", S. 21.

216 *Myrdal*, S. 127: „In den Händen dieser Länder liegt im Augenblick das Schicksal des Friedens, des Fortbestehens und der Weiterentwicklung unserer Welt." — *Falk*, The status of law in international society, S. 563.

217 Nachweise bei *Senghaas-Knobloch*, Internationale Organisationen, S. 29.

der Staaten der Welt, im Rahmen der Sonderorganisationen der Vereinten Nationen humanitäre, soziale, ökonomische und technische Probleme universellen Ausmaßes in den Griff zu bekommen und einer Lösung zuzuführen, haben bisher auch ohne die vollberechtigte Beteiligung von DDR, Nord-Vietnam und Nord-Korea einigen Erfolg gehabt. Zwar haben diese Staaten in mehreren Sonderorganisationen faktische Mitarbeit geleistet, z. B. in UPU und ITU[218], doch wäre auch ohne diese Mitarbeit die Möglichkeit von Fortschritten auf wichtigen Gebieten keineswegs beeinträchtigt gewesen.

Analog gilt dies auch für die allgemeinen multilateralen Konventionen. Deren Ziele und Zwecke werden ebenfalls nicht automatisch durch die bloße Mitgliedschaft gefördert, sondern allein durch den guten Willen jedes einzelnen Staates und seine Bereitschaft, die jeweiligen Ziele zu unterstützen und ggf. seine einzelstaatlichen Interessen der raison d'être des Vertrags unterzuordnen[219].

2.4.3.3 Aus diesen Gründen ist davon auszugehen, daß die multilateralen Verträge und internationalen Organisationen nicht die Teilnahme aller Staaten ohne Ausnahme erfordern. Das Prinzip der internationalen Zusammenarbeit gibt demnach nur ein allgemeines Recht auf Beteiligung am internationalen Verkehr, ohne sich auf dessen qualifizierte Formen der allgemeinen multilateralen Verträge zu erstrecken.

Diese sollten daher lediglich als *eines von mehreren möglichen* Mitteln angesehen werden[220], die zur Bewältigung der für alle Menschen und Staaten wichtigen Aufgaben zur Verfügung stehen[221].

Dementsprechend läßt sich — auch unter Bedachtnahme auf moderne Bedingungen und Tendenzen[222] — kein rechtlicher Grund dafür angeben, daß alle Staaten deswegen zur Teilnahme an universalen Formen der zwischenstaatlichen Zusammenarbeit berechtigt seien, weil allein durch diese Zusammenarbeit die weltumspannenden Aufgaben gelöst werden könnten[223].

2.5 Das Selbstbestimmungsprinzip

Außer dem Prinzip der internationalen Zusammenarbeit läßt sich das in Art. 1 Ziff. 2 und Art. 55 UNCh erwähnte Selbstbestimmungsprinzip als mögliche rechtliche Grundlage für ein Teilnahmerecht aller Staaten

---

[218] s. o. 1.1.4.4.2.

[219] Als Beispiel nennt *Myrdal*, S. 121, Kanada und Schweden, die sich auch ohne Sperrvertrag dazu verpflichtet hatten, keine Atomwaffen anzuschaffen.

[220] Hierzu ist u. a. die Diplomatie zu rechnen.

[221] Vgl. Report 1966, par. 431 (S. 86).

[222] Report 1966, par. 422 (S. 86).

[223] Ablehnend auch *Wengler* II, S. 1038 (unter dem Gesichtspunkt des Rechts auf Verkehr, das insoweit mit dem Prinzip der Zusammenarbeit korrespondiere).

an allgemeinen multilateralen Verträgen anführen[224]. Das setzt allerdings voraus, daß man nicht lediglich behauptet, es sei „vollständig undefinierbar" und zu einem positiven Recht nicht entwicklungsfähig[225]. Diese Betrachtungsweise erscheint ungerechtfertigt, da es bei jedem allgemeinen Begriff schwierig ist, ihn inhaltlich auszufüllen — insofern besagen Feststellungen der o. g. Art nicht allzu viel. Auch die vereinzelt behauptete Unvereinbarkeit des Selbstbestimmungsprinzips mit der Souveränität der Staaten erlaubt nicht den Schluß, ersteres zugunsten der Souveränität als nicht bestehend auszugeben[226].

2.5.1 Andere setzen Selbstbestimmung und Souveränität gleich[227], was aber angesichts der recht unbestimmten Bedeutung der Souveränität[228] nicht weiterhilft. Die betonte Anwendung des Selbstbestimmungsprinzips im Rahmen der Unabhängigkeitsbestrebungen der früheren Kolonien spricht vielmehr dafür, daß „Selbstbestimmung" über das Konzept der Souveränität hinausgeht. Denn dort standen das Selbstbestimmungsrecht auf der einen und die Souveränität der Kolonialstaaten auf der anderen Seite miteinander in Konflikt. Allein daraus ergibt sich schon, daß beide Begriffe nicht ein- und dasselbe beinhalten können, sondern verschiedene Bedeutung haben. Dabei spielt es keine Rolle, ob der Inhalt der Selbstbestimmung den der Souveränität beeinflußt[229] oder ob jene eine Folge der Souveränität ist[230].

---

[224] Vgl. *Schirmer*, S. 120 - 122.

[225] So jedoch *Verzijl* I, S. 321, 324.

[226] *Jüttner*, S. 63, nimmt eine nicht überbrückbare Inkompatibilität zwischen Souveränität und Selbstbestimmungsrecht an und verneint daher die Existenz einer Selbstbestimmungsnorm. — Nach *Armbruster*, Selbstbestimmungsrecht, WVR III, schließt das Souveränitätsprinzip das Selbstbestimmungsrecht logisch aus, zum anderen soll jenes als das „ältere und verfestigtere" Prinzip diesem vorangehen (S. 253), was noch dadurch unterstützt wird, daß das Souveränitätsprinzip im Gegensatz zum Selbstbestimmungsrecht „verhältnismäßig klar umrissen" (!) sei, S. 254.

[227] So *Kelsen*, Law of the UN, nach einem Vergleich von Art. 1 Ziff. 2, 2 Ziff. 1 und der Präambel der UN-Charta, S. 52, nachdem er zuvor die Selbstbestimmung als Prinzip der inneren Politik (internal policy) bezeichnet hat, S. 51. — Nach *Soder*, Die Stellung der „ehemaligen Feindstaaten" in der UN-Satzung, VN 1965, ist Selbstbestimmung mit Souveränität „letzten Endes" identisch, und zwar mit der als „Souveränität nach innen" bezeichneten, S. 22.

[228] s. oben 2.2.1.2.

[229] *Arzinger*, S. 312; *Ninčić* meint in seiner eingehenden Behandlung des Verhältnisses von Selbstbestimmung und Souveränität im Rahmen der Vereinten Nationen (S. 219 - 259), daß Selbstbestimmung einige Elemente der Souveränität enthalte (S. 256) und sich zu Souveränität entwickeln werde (S. 257); nach *Bobrov*, Basic principles of present-day international law, S. 54, hat das Selbstbestimmungsrecht den Inhalt der Souveränität qualitativ bereichert und das Prinzip der Gleichheit der Staaten in den Rang einer Rechtsnorm erhoben.

[230] Report 1966, par. 469 (S. 92): „corollary of sovereign equality". Im Prinzip keine neuen Erwägungen beinhaltet der Report von 1967, A/7326, GAOR (XXIII), a. i. 87, S. 59 - 62.

Auch aus dem Verhältnis der Selbstbestimmung zu den Menschenrechten ergeben sich keine Bedenken gegen eine eigenständige Bedeutung des Selbstbestimmungsprinzips.

Selbst wenn die Selbstbestimmung als ein kollektives Menschenrecht anzusehen ist[231], so spielt es jedenfalls aufgrund seines kollektiven Charakters eine von den individuellen Menschenrechten (auf Leben und Arbeit) abzugrenzende besondere Rolle — ohne daß man es deswegen sogleich als eine von den Menschenrechten verschiedene Kategorie[232] einstufen müßte.

Ebenso steht das Prinzip der Selbstbestimmung mit den anderen grundlegenden Völkerrechtsprinzipien in keinem Gegensatz. Alle Prinzipien beeinflussen sich gegenseitig[233], wobei dem Selbstbestimmungsprinzip schon aufgrund der Art. 1 Ziff. 2 und 55 UNCh eine besondere Bedeutung zugeordnet ist[234].

2.5.2 Der Inhalt der Selbstbestimmung ist nur sehr schwer zu präzisieren. Ein erstes Hindernis auf diesem Wege scheint der Wortlaut des Art. 1 Ziff. 2 UNCh zu sein, der die gleichen Rechte *und* die Selbstbestimmung der Völker erwähnt. Jedoch ist bei der gesamten Diskussion bisher noch kein diesbezüglicher Unterschied behauptet worden, so daß man die „gleichen Rechte" lediglich als Hinweis auf die gleiche Erstrekkung der Selbstbestimmung auf alle Völker auffassen kann[235].

Hiermit scheint auch ein Indiz dafür gegeben zu sein, das Selbstbestimmungsprinzip allen Völkern zuzuerkennen. Deshalb sollte es nicht allzu schwerfallen, den im Verlauf der letzten Jahre heftig entbrannten Streit um die Bezugssubjekte des Selbstbestimmungsrechts[236] auf sich

[231] *Graefrath*, Die Vereinten Nationen und die Menschenrechte, S. 54; *Rabl*, Der Inhalt des Selbstbestimmungsrechts nach westlicher Auffassung, S. 46; *Ninčić*, S. 253/4; der Vertreter Italiens im Report des Special Committee von 1970, A/8018, GAOR (XXV), Suppl. 18, S. 58 (Report 1970); A/RES/2787, Ziff. 2; A/RES/2625 Annex S. 8; A/RES/1514, GAOR (XV) Annexes vol. 2, a. i. 87.

[232] Ch. *de Visscher*, S. 161; *Dahm* I, S. 388.

[233] A/RES/2625, Annex S. 10: „In their interpretation and application the above principles are interrelated and each principle should be construed in the context of the other principles"; *Ninčić*, S. 222.

[234] *Ninčić*, S. 258; *Arzinger*, S. 305 - 311. Darüber hinaus räumt Arzinger dem Selbstbestimmungsprinzip Vorrang vor den anderen Prinzipien ein (S. 315), was jedoch zu weitgehend sein dürfte; Report des Special Committee von 1969, A/RES/7619, GAOR (XXIV) Suppl. 19, par. 151, S. 56 („Report 1969").

[235] Report 1969, par. 154 (S. 57).

[236] Report 1966, par. 465 (S. 92), 477 (S. 93); *Menzel*, Völkerrecht, S. 182/3, unterscheidet Selbstbestimmungskonzeptionen im kontinental-europäischen, anglo-amerikanischen und im Bereich der „farbigen Welt"; *Decker* nennt als Selbstbestimmungsrecht das Recht auf nationale Existenz (S. 228 - 230) und das Recht auf nationale Unabhängigkeit (S. 230 - 232) mit jeweils verschiedenen Rechtsträgern; *Higgins*, S. 105, bezeichnet als Selbstbestimmungsrecht das Recht der Majorität (welcher?), innerhalb einer angenommenen politischen Einheit Macht auszuüben.

beruhen zu lassen, und entsprechend der inzwischen allgemein anerkannten Definition unter „Selbstbestimmung“ folgendes zu verstehen (vorbehaltlich des Rechtscharakters dieses Satzes): „Alle Staaten haben das Recht, ohne fremdes Eingreifen frei ihren politischen Status zu bestimmen und ihre wirtschaftliche, soziale und kulturelle Entwicklung weiter voranzutreiben, und jeder Staat hat die Pflicht, dieses Recht in Übereinstimmung mit den Bestimmungen der Charta zu achten[237].“

Der Kern dieser Definition erscheint überwiegend in der östlichen Völkerrechtsliteratur[238], wobei zumeist zwischen dem äußeren (Recht auf Unabhängigkeit) und dem inneren Aspekt (Verfassungsordnung) unterschieden wird[239].

Die im westlichen Schrifttum zuweilen vertretene Beschränkung des Selbstbestimmungsrechts auf die Kolonien[240] dürfte ihre Ursachen in der Besorgnis haben, irgendein Teil eines Staatsvolks dürfe sich unter Berufung auf das Selbstbestimmungsrecht von dem bereits bestehenden Staatsgebilde abtrennen. Diese Befugnis beinhaltet das Selbstbestimmungsrecht aber gerade nicht, wie in den Resolutionen 2625 und 1514 ausdrücklich bestätigt wird[241]. Dann aber sollte kein Grund bestehen, das

---

[237] A/RES/2625 (XXV) Annex S. 8; ähnlich schon Ziff. 2 der Unabhängigkeits-Deklaration und Art. 1 der Menschenrechtskonventionen; vgl. auch Report 1966, par. 480 (S. 94). Zu dieser Definition und den dazugehörigen Erläuterungen bemerkt *Rosenstock*, The Declaration of Principles ... AJIL 1971 (65), S. 733, nach eingehender Analyse: „In sum, while the text of the principle of equal rights and self-determination contains some tortured phraseology and while it may not be set out in the most logical order, a care-ful reading of it will show it to be a moderate and workable text.“

[238] *Tunkin*, Völkerrechtstheorie, S. 92; *Schirmer*, S. 120.

[239] *Ninčić*, S. 247, weist dabei zugleich auf den etwas willkürlichen und schematischen Charakter dieser Unterscheidung hin, S. 248; *Bobrov*, S. 51; *Lachs*, S. 430/1; *Arzinger*, S. 164 ff.; *Steiniger*, Die Perspektiven der VN, DAP 1970, Sonderh. 2, S. 170, unterscheidet zwischen nationalem (extern) und sozialem (intern) Selbstbestimmungsrecht, um mit dem letzteren ein eigenes Selbstbestimmungsrecht der Bevölkerung der DDR zu begründen. — Übersichten über die östliche Literatur bei *Wannow*, S. 147 ff.; B. *Meissner*, Sowjetunion und Selbstbestimmungsrecht, S. 52/3, hebt die Rolle des „politischen Status“ hervor, dessen äußere Seite auf die Erreichung der Unabhängigkeit gerichtet sei; *Bracht*, Ideologische Grundlagen der sowjetischen Völkerrechtslehre, S. 175; *ders.*, Der Umfang des Selbstbestimmungsrechts in der sowjetischen Völkerrechtslehre, S. 61, unter Verweis auf das neue sowjetische Völkerrechtslehrbuch von 1967, Bd. 2, S. 215. — Im Westen auch *Rabl*, Das Selbstbestimmungsrecht der Völker, S. 149; *ders.*, Der Inhalt des Selbstbestimmungsrechts nach westlicher Auffassung, S. 55/6.

[240] *v. d. Heydte*, Zur jüngsten Entwicklung des Selbstbestimmungsrechts, S. 143; *Emerson*, PASIL 1966, S. 138/9; *ders.*, AJIL 1971 Heft 3, S. 465; Report 1970, par. 219 (S. 110).

[241] Erneute Bestätigung durch A/RES/2787. — Ob die Parteinahme der Volksrepublik China im pakistanisch-indischen Konflikt vom Dezember 1971 zugunsten Pakistans zu dem Zweck erfolgte, die Abspaltung des nunmehrigen neuen Staates Bangla Desh zu verhindern, und somit ein Ausdruck dieses Aspektes der Selbstbestimmung war, kann nur vermutet werden.

Selbstbestimmungsrecht nicht auch den bereits unabhängigen Staaten in der Form zuzuerkennen, daß diese berechtigt seien, über ihre allgemeine sowie Wirtschafts-, Sozial- und Kulturpolitik selbst zu bestimmen. Mit dieser Auffassung läßt sich ohne Schwierigkeiten die Feststellung vereinbaren, daß in unserer Zeit nicht dieser, sondern der auf Unabhängigkeit gerichtete Aspekt des Selbstbestimmungsrechts bei weitem überwiegt, indem die unter kolonialer Herrschaft stehenden Völker die von ihnen gewollte Freiheit und Unabhängigkeit zu erlangen versuchen[242].

2.5.3 Soweit dessen ungeachtet einige Autoren unter Hinweis auf den ihrer Meinung nach zu unbestimmten Inhalt der Selbstbestimmung daran festhalten, daß diese nur als politisches Ziel verstanden werden könne[243], kann auf die oben[244] dargelegten Gründe für die Rechtsverbindlichkeit der Selbstbestimmung verwiesen werden. Da die Geltung des Selbstbestimmungsprinzips als Rechtssatz aber energisch bestritten[245] oder zumindest sehr angezweifelt wird[246], ist es angezeigt, die Entwicklung des Selbstbestimmungsprinzips zu Völkergewohnheitsrecht kurz nachzuzeichnen.

Dabei erscheint es als zweckmäßig, Rosalyn Higgins Ausführungen zu folgen, daß die Behandlung der bis 1960 anstehenden Unabhängigkeitsfragen in den Vereinten Nationen (u. a. Tunesien, Algerien, Zypern) einen Trend in Richtung auf die Entwicklung der Selbstbestimmung zu

[242] Die momentane verstärkte Ausrichtung des Selbstbestimmungsrechts auf die koloniale Frage wird in allen einschlägigen Deklarationen besonders hervorgehoben. s. auch Report 1966, par. 464 (S. 92); *Dahm* I, S. 389.

[243] *Dahm* I, S. 390; *Röling*, S. 78; *de Visscher*, S. 161; *Schwarzenberger*, Manual of international law, S. 67; *Emerson*, Self-determination, PASIL 1966, S. 136, spricht der Selbstbestimmung zunächst den Rechtscharakter für alle Zukunft ab, um dann einzuschränken, daß die Entwicklung der Selbstbestimmung zu einem Recht eine „einzigartig schwierige und riskante Aufgabe“ sei (S. 141); *ders.*, Self-determination, AJIL 1971 Heft 3, S. 462; *v. d. Heydte*, S. 145, lehnt den Rechtscharakter der Selbstbestimmung ab, weil es nicht ein Recht der Völker, sondern der Herrschenden sei. — Diese Begründung läßt sich anhand des Begriffs der „(Volks-)Demokratie“ ad absurdum führen: regiert dort etwa das Volk und nicht eine Gruppe von Mächtigen?; *Krülle*, S. 336 - 338, verneint den Rechtscharakter der Selbstbestimmung zusätzlich damit, daß sie auf Art. 2 Ziff. 7 UNCh verweist (S. 336), wohl, um den Vorrang dieses Artikels gegenüber dem Selbstbestimmungsrecht anzudeuten. Hiergegen läßt sich jedoch einwenden, daß nach der UN-Praxis Art. 2 Ziff. 7 dem Selbstbestimmungsrecht nicht entgegensteht, Nachweis bei *Higgins*, S. 91/2.

[244] 2.1.3.

[245] *Emerson*, AJIL 1971, S. 462, da die führenden Westmächte und die Kolonialmächte anderer Ansicht seien (!); *Gross* in einer noch nicht veröffentlichten Arbeit, nach *Emerson*, S. 461; *Krülle*, S. 340; *Menzel*, Die Ostverträge von 1970 und das Selbstbestimmungsrecht der Völker, ZRP 1972, S. 41, erwähnt zwar die Arbeiten des Special Committee, prüft aber nicht, ob hierdurch Völkergewohnheitsrecht entstanden sein kann.

[246] *Rabl*, a.a.O., S. 161; *Ninčić*, S. 245/6; *Seidl-Hohenveldern*, Völkerrecht, Rz. 1162 (S. 253/4).

einem Recht habe erkennen lassen[247]. Dieser sei durch die Deklaration der Generalversammlung vom 14. 12. 1960 zur Gewährung der Unabhängigkeit für die unter kolonialer Herrschaft stehenden Länder und Völker[248] beschleunigt[249] und durch weitere entsprechende Praxis verfestigt worden[250], so daß man der Feststellung nicht mehr ausweichen könne, daß „Selbstbestimmung" sich zu einem internationalen Recht entwickelt habe — unbeschadet dessen, daß sein Inhalt noch auszudiskutieren sei[251].

Diese Ansicht wird bestätigt durch die genannte Deklaration selbst, die Deklaration über die Prinzipien des internationalen Rechts ...[252] und die beiden Menschenrechtskonventionen der Generalversammlung vom 16. 12. 1966, die jeweils in ihrem Art. 1 das Recht auf Selbstbestimmung anführen[253].

Nimmt man demzufolge die rechtliche Verbindlichkeit der Selbstbestimmung als gegeben an, so bleibt keine rechtliche Grundlage für den von den Kolonialmächten so oft geübten Rückgriff auf die domestic jurisdiction (domaine réservé), Art. 2. Ziff. 7 UNCh, durch den sie den Kolonialvölkern die Durchführung der Selbstbestimmung verwehren und ihren eigenen Status als Kolonialmacht erhalten wollten[254].

---

[247] *Higgins*, S. 100.

[248] A/RES/1514 (XV), Ziff. 2.

[249] *Higgins*, S. 100.

[250] *Higgins*, S. 103. — Hiergegen und gegen den Selbstbestimmungsbegriff Higgins' wendet sich *Uibopuu*, S. 174/5, indem er u. a. ausführt, daß es in allen kommunistischen Staaten schon deswegen an einer dem Selbstbestimmungsbegriff Higgins' entsprechenden Praxis fehle, weil dort nicht die Bevölkerungsmehrheit, sondern jeweils die kommunistische Partei die politische Führung beeinflusse. — Deshalb scheint auch sein Ergebnis, daß der Meinungsunterschied über das Selbstbestimmungsrecht in Ost und West so gravierend sei, daß kaum von einer Völkerrechtsnorm gesprochen werden könne, S. 178, nicht so sehr auf diesen Meinungsunterschieden als vielmehr auf der einseitigen Anlegung des westlichen Demokratieverständnisses zu beruhen.

[251] *Higgins*, S. 103; ähnlich *Kußbach*, Die Weiterbildung des Völkerrechts, ÖZA 1971, S. 83/4. — Im Ergebnis auch *Decker*, S. 338, 342; *Soder*, S. 22; *Lachs*, The Law in and of the UN, IndJIL 1960, S. 432; *Graefrath*, Deklaration über die grundlegenden Völkerrechtsprinzipien, DAP 1971, S. 498; *Scelle*, Quelques réflexions sur le droit des peuples à disposer d'eux-mêmes, S. 385; Report 1966, par. 462 (S. 92); Report of the Sixth Committee von 1966, A/6547, GAOR (XXI), Annexes vol. 3, a. i. 87, par. 69 (S. 127).

[252] A/RES/2625 (XXV), Annex S. 8. — Die Behandlung dieses Prinzips im Special Committee hat auch nach Ansicht *Rosenstocks* dazu geführt, daß die Staaten es jetzt als Recht betrachten, S. 731.

[253] A/RES/2200 (XXI), GAOR (XXI) Suppl. 16 = A/6316, S. 42 ff., 49 ff.; auf den authentisch-interpretativen Charakter der Deklaration von 1960 weist *Lachs*, S. 439 hin; vgl. außerdem aus neuester Zeit den Report des 3. Komitees „Importance of the Universal Realization of the Right of Peoples to Self-Determination and of the Speedy Granting of Independence ..." vom 3. 12. 1971, A/8543, XXVI. Session, a. i. 55, par. 5.

[254] *Higgins*, S. 101, 103.

2.5.4 Eine spezifizierte Erweiterung des Inhalts des Selbstbestimmungsrechts um das Recht aller Staaten auf gleichberechtigte Teilnahme an allgemeinen multilateralen Verträgen kann sich eventuell auf Art. 1 Ziff. 2 und Art. 55 UNCh stützen, da dort die Selbstbestimmung als Basis für freundschaftliche und friedliche Beziehungen zwischen den Staaten angesprochen wird. Unter Heranziehung dieser Artikel erscheint denn auch auf den ersten Blick die Behauptung plausibel, das Ziel der Selbstbestimmung eines Volkes bestehe „u. a. darin, die gleiche völkerrechtliche Stellung in der Staatengemeinschaft einzunehmen, die andere Völker bereits innehaben", und einem neuentstandenen Staat dürfe der „Zugang zum ... allgemeinen internationalen Verkehr und zu internationalen Organisationen nicht verweigert werden"[255].

2.5.5 Ein derartiges auf dem Selbstbestimmungsrecht beruhendes Teilnahmerecht muß aber aus folgendem Grunde abgelehnt werden:

Das Ziel der Selbstbestimmung besteht, jedenfalls nach der heute allgemein für richtig gehaltenen Interpretation, in seinem äußeren Aspekt zwar in der Erlangung von Unabhängigkeit, nicht aber zusätzlich in der Erreichung der gleichen völkerrechtlichen Stellung, wie sie bereits andere Staaten innehaben. Aus dem Selbstbestimmungsrecht selbst kann daher ein Teilnahmerecht nicht gefolgert werden.

2.6 Das Element des allgemeinen Interesses

Da der Inhalt universaler multilateraler Verträge normalerweise die Interessen aller Staaten berührt, wird von einigen Autoren allein aus diesem Gesichtspunkt ein Teilnahmerecht behauptet[256]. Sein Geltungsgrund soll in der Natur der allgemeinen multilateralen Verträge liegen[257], weshalb es auch nicht auf eines der herkömmlichen Völkerrechtsprinzipien zurückzuführen sei.

2.6.1 Das allgemeine Interesse wird — ähnlich wie der allgemeine multilaterale Vertrag[258] — verschieden umschrieben, z. B. mit dem „allgemeinen Guten"[259], „Interesse der gesamten internationalen Gemeinschaft"[260] oder „legitimen Interesse des einzelnen Staates"[261]. Das ent-

---

[255] *Schirmer*, S. 122. — Auch *Schweisfurth*, BRD und DDR auf internationaler Ebene, AußPol 1970, S. 281, scheint ein Teilnahmerecht anzunehmen, da zur Selbstbestimmung „auch die Bestimmung des Platzes einer Nation in der Völkerfamilie" gehöre; die BRD habe auf einen Platz in der UNO und somit auf die Ausübung der Selbstbestimmung verzichtet.

[256] Vgl. *Schirmer*, S. 155 - 159.

[257] *Tunkin*, A/CN. 4/SR 666, par. 129 (YBILC 1962 I, S. 247).

[258] s. o. 1.4.1.

[259] A/5209 (YBILC 1962 II, Art. 9, S. 168).

[260] *Görner/Süß*, Universalität und Recht der Verträge, DAP 1969, S. 1029.

[261] Report 1966, par. 358 (S. 77), 364 (S. 78); *Pechota*, A/C. 6/SR 739, par. 4 (GAOR [XVII], S. 23).

sprechende Teilnahmerecht wird entweder allein aus diesem Interesse heraus gefolgert, das sich aus den Bestimmungen des Vertrags selbst ergebe[262], oder damit begründet, daß die auf dem Spiel stehenden Interessen zu ihrer Verwirklichung eben der Teilnahme aller Staaten bedürften[263].

Daraus wird geschlossen, daß keine Gruppe von Staaten berechtigt sei, bestimmten Staaten die Teilnahme an Verträgen zu verwehren, die Gegenstände allgemeinen Interesses regelten[264].

Der Anschein der Richtigkeit dieser Erwägungen wird verstärkt, wenn man sich die Zielstellung einzelner Verträge oder internationaler Organisationen vergegenwärtigt.

So unterliegt es keinem Zweifel, daß z. B. Ziele und Vorhaben des Internationalen Fernmeldevereins (ITU), des Weltpostvereins (UPU), der Weltorganisation für Meteorologie (WMO) oder der Konvention über psychotrope Substanzen[265] die Interessen jedes Staates berühren.

Insbesondere in dem Bereich des Schutzes der Menschenrechte scheint es erforderlich zu sein, daß sich alle Staaten an entsprechenden internationalen Vereinbarungen beteiligen können[266]. Denn wenn die Verwirklichung der Menschenrechte nur durch innerstaatliche Maßnahmen erfolgen kann, zu deren Vornahme die Staaten außerdem verpflichtet sind[267], dann muß man auch das *Interesse* der Staaten an einer unbeschränkten Teilnahmemöglichkeit an allen einschlägigen Konventionen bejahen[268].

Schließlich kann zugunsten der Annahme, daß aus dem allgemeinen Interesse multilateraler Verträge ein Teilnahmerecht zu deduzieren sei, auf eine Resolution der Generalversammlung verwiesen werden, in der es heißt: „Nichtmitgliedstaaten, deren Interesse durch die von der Konferenz zu behandelnden Gegenstände berührt werden, können zu ihr eingeladen werden und sollen volle Rechte als deren Mitglieder haben"[269].

[262] *Schirmer,* S. 158.
[263] *Görner/Süß,* S. 1029.
[264] *Tunkin,* A/CN. 4/SR 660, par. 98 (YBILC 1962 I, S. 211).
[265] *Köck,* Die Wiener Suchtgiftkonferenz 1971 und ihre Ergebnisse, ÖZA 1971, S. 107, spricht angesichts der bedeutenden Marktstellung der DDR von dem berechtigten Interesse der DDR an einer Teilnahme und dem internationalen Interesse an der Mitarbeit der DDR.
[266] *Schirmer,* S. 123; *Graefrath,* Förderung der Menschenrechte, DAP 1970, S. 83; ICJ Reports 1951, S. 24 (zur Genocid-Konvention): „Ziel und Zweck der Genocid-Konvention beinhalten, daß es die Absicht der Generalversammlung und der Mitgliedstaaten (der Konvention) war, daß soviel Staaten wie möglich teilnehmen sollten."
[267] *Schirmer,* S. 123.
[268] *Schirmer,* S. 124.
[269] A/RES/366 (IV), Rule 3 Abs. 3 (GAOR IV, Resolutions, S. 64).

Wiewohl hieraus unmittelbar ein Teilnahmerecht nicht entnommen werden kann, so läßt der Gebrauch der Ausdrücke „können" und „sollen" doch erkennen, daß Beschränkungen der Teilnahme jedenfalls nicht vorgesehen waren.

2.6.2 Diesen Argumentenketten fehlt jedoch, um zwingend zu sein, ein Glied: nämlich der Nachweis, daß das im Vertrag anvisierte und im allgemeinen Interesse liegende Ziel *nur* durch die Teilnahme aller Staaten erreicht werden könne.

Das aber ist weder bei den Menschenrechten der Fall, zu deren Sicherung der Staat im Grunde keiner Konventionen bedarf[270], noch hinsichtlich aller sonstigen internationalen Verträge und Organisationen — weshalb auch schon ein eigenständiges Teilnahmerecht aus dem Prinzip der internationalen Zusammenarbeit zu verneinen war[271].

Demnach führt die bloße Berührung allgemeiner Interessen nicht zu einem Recht auf Teilnahme. Es ist vielmehr das Prinzip der Gleichheit, das die Mitsprache aller Staaten und ihre Beteiligung ermöglicht und verlangt[272].

2.7 Das Prinzip der friedlichen Koexistenz

Als eine besondere Form der Zusammenfassung der im einzelnen hier erörterten Völkerrechtsprinzipien könnte das Prinzip der friedlichen Koexistenz ebenfalls als rechtliche Basis für ein Teilnahmerecht jedes Staates an allgemeinen multilateralen Verträgen anzusehen sein[273].

Wegen seines eigenartigen Misch-Charakters als Einzel- wie auch zugleich als „Mutter"-Prinzip, glauben viele Autoren, es nicht näher präzisieren oder gar als Rechts-Prinzip auffassen zu können. Obwohl das Prinzip der friedlichen Koexistenz bisher noch nicht durch ein internationales Gremium definiert worden ist, so steht doch außer Zweifel, daß es existiert[274].

2.7.1 Die Auseinandersetzungen um seinen Inhalt begannen bereits mit seiner erstmaligen Erwähnung seitens Indien und der Volksrepublik China als eines der 5 in dem Vertrag über die tibetische Region vom 29. 4. 1954 und in dem nachfolgenden Kommuniqué vom 28. 6. 1954 de-

---

[270] Das betont *Schirmer* selbst im Anschluß an seine o. a. Ausführungen (!), S. 124.

[271] Vgl. oben 2.4.3.2.

[272] *Ustor*, A/CN. 4/SR 1047, par. 15 (YBILC 1970 I, S. 23).

[273] *Schirmer*, S. 133 - 137.

[274] *Bretton/Chaudet*, S. 44.

klarierten Prinzipien[275]. Der wesentliche Inhalt des Koexistenzprinzips bestand zunächst in der Forderung, militärische Zusammenstöße zwischen den wirtschaftlichen und ideologischen Blöcken[276] zu vermeiden[277] und an deren Stelle zur Erhaltung des Friedens die friedliche Zusammenarbeit zu pflegen und zu fördern[278].

Diese sollte sich insbesondere auf ökonomischem und kulturellem Gebiet abspielen, ungeachtet ideologischer und sonstiger Unterschiede zwischen den Staaten[279]. Die Veränderungen an der Basis des Völkerrechts — das sind die jeweiligen international-politischen Konstellationen[280] —, haben inzwischen auch das Prinzip der friedlichen Koexistenz beeinflußt. Denn zur Erhaltung des Weltfriedens reicht nicht mehr allein die internationale Zusammenarbeit aus[281]. Darüber hinaus muß in allen nur denkbaren zwischenstaatlichen Bereichen Übereinstimmung über grundsätzlich erforderliche Verhaltensweisen bestehen, wenn nicht der Frieden bedroht werden soll[282]. Daher ist das Koexistenzprinzip so aufzufassen, als nehme es die Substanz aller anderen Prinzipien in sich auf[283], also u. a. die Prinzipien des Nichtangriffs, der Nichteinmischung in die inneren Angelegenheiten, der Gleichberechtigung der Staaten, der Pflicht zu internationaler Zusammenarbeit und der Selbstbestimmung der Völker[284]. Hiernach ist es unerheblich, ob das Prinzip der friedlichen Ko-

[275] 1. Gegenseitige Achtung der territorialen Integrität und der Souveränität
2. Gegenseitiger Nichtangriff
3. Gegenseitige Nichteinmischung in die inneren Angelegenheiten
4. Gleichheit und gegenseitiger Vorteil
5. Friedliche Koexistenz.

Ausführlich dazu: *Focsaneanu*, Les „Cinq principes" de coexistence et le droit international, AFDI 1956, S. 165.

[276] „Nord-Süd-" und „Ost-West-Konflikt".

[277] *Kaljushnaja*, S. 67.

[278] *Tunkin*, Völkerrechtstheorie, S. 57, 60.

[279] *Focsaneanu*, S. 163, 177. — Deshalb ist es absurd, der Sowjetunion Umdeutung und Mißbrauch dieses Begriffs zu unterschieben; so aber *Uibopuu*, S. 201, 205/6; *v. d. Heydte*, „Koexistenz", WVR II, S. 237.

[280] Auf die Veränderbarkeit auch dieses Prinzips (der friedlichen Koexistenz) weist *Tunkin* hin, Peaceful coexistence and international law, S. 17.

[281] *Tunkin*, Völkerrechtstheorie, S. 100.

[282] Hieraus ergibt sich, daß jedenfalls heute kein Unterschied mehr zwischen (passiver) Koexistenz und „aktiver Koexistenz", wie sie von den Jugoslawen propagiert wird, besteht. — Eine Auseinandersetzung mit der jugoslawischen Lehrmeinung bei *Tunkin*, Völkerrechtstheorie, S. 66 - 68.

[283] *Bobrov*, Basic principles of present-day international law, S. 42. — Zu den bestehenden Prinzipien rechnet Bobrov auch das „Prinzip der Gleichheit der beiden sozio-ökonomischen Systeme", S. 44; s. dazu aber oben 2.3.2.4 am Ende.

[284] *Tunkin*, Völkerrechtstheorie, S. 97/8; *ders.*, Peaceful coexistence and international law, S. 13; ähnlich auch *Zadoroznyi/Kozevnikov*, nach *Bracht*, Ideologische Grundlagen der sowjetischen Völkerrechtslehre, S. 118/9. — B. *Meissner*, Das Wesen und der Geltungsbereich des Völkerrechts, geht noch von einem sowjetischen Koexistenz-Begriff aus, den er als der allgemeinen völkerrechtlichen Koexistenzkonzeption (welcher?) widersprechend hinstellt, S. 25.

existenz die anderen Prinzipien gleichsam zusammenfaßt[285] oder deren Inhalt in verallgemeinerter Form zum Ausdruck bringt[286].

2.7.2 Wenn aus der hier entwickelten Definition des Prinzips der friedlichen Koexistenz ein selbständiges Teilnahmerecht der Staaten an allgemeinen multilateralen Verträgen soll begründet werden können, so muß das Prinzip der friedlichen Koexistenz über die anderen Prinzipien des Völkerrechts hinausgehen und eine zentrale Stellung innehaben[287]. Eine derartige zusätzliche besondere Bedeutung des Koexistenz-Prinzips scheint Schirmer darin zu sehen, daß es die organische „Einheit, Unteilbarkeit und universelle Geltung" der anderen Prinzipien zum Ausdruck bringe[288]. Vorzugsweise unter dem Aspekt der „praktisch-politischen und völkerrechtlichen Unteilbarkeit" des Prinzips der friedlichen Koexistenz selbst[289] gelangt Schirmer dann zu dem Schluß, daß *deshalb* „die allgemeinen multilateralen Verträge und internationalen Organisationen als Organisationsformen einer sowohl räumlich als auch gegenständlich universalen Zusammenarbeit" allen Staaten zur Teilnahme offenstehen müßten[290].

Gegen diese Ableitung eines Teilnahmerechts ist jedoch folgendes einzuwenden:

Soweit eines der anderen in der friedlichen Koexistenz enthaltenen Prinzipien angesprochen ist (hier insbesondere: Zusammenarbeit), wird dessen Inhalt dadurch nicht irgendwie überhöht, sondern bleibt unverändert[291], so daß das Prinzip der Koexistenz in keiner Weise eine Sonderstellung erhält. Da außerdem nur das Prinzip der Gleichheit die Grundlage für ein Teilnahmerecht darstellt, taucht hier die Frage der Unteilbarkeit mehrerer Prinzipien im Schirmer'schen Sinne erst gar nicht auf.

Folglich ist festzustellen, daß aus dem Inhalt des Prinzips der friedlichen Koexistenz ein eigenes Teilnahmerecht aller Staaten nicht geltend gemacht werden kann, wohl aber aus anderen Prinzipien.

---

[285] *Kaljushnaja*, S. 67, bezieht sich dabei allerdings auf die Pancha Shila.

[286] *Tunkin*, Völkerrechtstheorie, S. 98.

[287] *Schirmer*, S. 133.

[288] *Schirmer*, S. 133.

[289] *Schirmer*, S. 134. Unklar ist, ob Schirmer die Unteilbarkeit der Völkerrechtsprinzipien und die des Prinzips der friedlichen Koexistenz als identisch oder voneinander unterschieden ansieht.

[290] *Schirmer*, S. 134. Er nimmt weiterhin an, daß aus dem Prinzip der friedlichen Koexistenz das „Gebot der Erhöhung der Rolle des Rechts in den zwischenstaatlichen Beziehungen" fließe, S. 136. Die hiermit angesprochene Bedeutung der allgemeinen multilateralen Verträge als universaler Rechtsquellen ist im nächsten Kapitel unter 2.8 zu behandeln.

[291] Dem entspricht auch die Einschätzung des Koexistenzprinzips bei *Bretton/Chaudet*, S. 44: „Au point de vue juridique, on peut dire que cette notion n'a rien de très original, dans la mesure où elle ne fait que reprendre un certain nombre de règles ou de principes préexistants ..."

2.8 Die allgemeinen multilateralen Verträge und die Kodifizierung des Völkerrechts

Um ein Teilnahmerecht aller Staaten an allgemeinen Konventionen zu begründen, ist häufig auch auf den besonderen Charakter dieser Verträge als Rechtsquellen Bezug genommen worden. Das ist teils unter gleichzeitiger Stützung auf eines der bereits behandelten Prinzipien erfolgt[292], so daß ein eigenständiges Teilnahmerecht nicht angenommen werden kann. Teils ist es auch unabhängig davon entwickelt worden, wie z. B. in dem auf der Wiener Vertragsrechts-Konferenz heftig umstrittenen Entwurf eines Art. 5 bis:

„Jeder Staat hat das Recht auf Teilnahme an einem multilateralen Vertrag, der Normen des allgemeinen Völkerrechts kodifiziert oder fortschrittlich weiterentwickelt . . .“[293].

Eine Aussage zu dem behaupteten Teilnahmerecht kann nur getroffen werden, wenn zunächst geklärt wird, was unter „Kodifikation und progressiver Entwicklung“ des allgemeinen Völkerrechts zu verstehen ist und in welchem Rahmen sie sich vollzieht.

2.8.1 Ausgangspunkt für die nach dem 2. Weltkrieg erfolgte Kodifizierung und Weiterentwicklung des Völkerrechts ist Art. 13, Abs. 1 lit. a) der UN-Charta. Danach veranlaßt die Generalversammlung Untersuchungen und gibt Empfehlungen ab, um „. . . die fortschreitende Entwicklung des Völkerrechts sowie seine Kodifizierung zu begünstigen“[294]. Dieses Ziel verwirklicht die Generalversammlung im wesentlichen durch die Völkerrechtskommission, die Ende des Jahres 1947 als Organ der Generalversamlung konstituiert wurde[295].

Im Statut der Völkerrechtskommission ist in Art. 15 eine Definition des Begriffs der Kodifikation versucht worden[296]: „Kodifikation des internationalen Rechts bedeutet die Präzisierung der Regeln des Völkerrechts und deren systematische Ordnung in den Bereichen, in denen bereits eine umfangreiche Staatenpraxis, Präzedenzfälle und Lehrmeinungen bestehen“[297]. Demgegenüber soll „fortschrittliche Weiterentwicklung des Völkerrechts“ die Vorbereitung von Konventionsentwürfen über Gegenstände bedeuten, die noch nicht völkerrechtlich geregelt

---

[292] *Tunkin*, Völkerrechtstheorie, S. 169.

[293] A/CONF. 39/C. 1/L 388 and Add. 1 (A/CONF. 39/11/Add. 2, S. 236).

[294] Ausführliche Erörterungen der mit einer Kodifikation verbundenen Probleme bei *Dhokalia*, The codification of public international law, und *Daudet*, Les conférences des Nations Unies pour la codification du droit international.

[295] A/RES/174 (II) vom 21. 11. 1947.

[296] Das Statut der ILC ist abgedruckt in: YBUN 1947/8, S. 211 - 213. — Eine umfassende Behandlung des Art. 15 des ILC-Statuts bei *Dhokalia*, S. 203 - 216.

[297] Text bei *Goodrich/Hambro/Simons*, S. 137.

sind oder bezüglich derer noch keine einheitliche Staatenpraxis vorliegt[298]. Diese Unterscheidung zwischen bloßer Kodifikation und Weiterentwicklung des Völkerrechts erscheint schon rein theoretisch wenig zwingend[299]. Auch die praktische Arbeit der Völkerrechtskommission hat hinreichend bewiesen, daß diese begriffliche Trennung künstlich ist und nicht aufrecht erhalten werden kann. Das liegt daran, daß zwar über weitgefaßte, grundlegende Prinzipien Einigkeit besteht, diese aber bei näherer Untersuchung auf ihren Inhalt hin einer Vielfalt von divergierenden Ansichten weichen muß[300]. Aus diesem Grunde darf unter Kodifizierung nicht eine bloße Präzisierung und Systematisierung bestehender völkerrechtlicher Regelungen verstanden werden. Jede kodifizierende Zusammenfassung eines auf einen bestimmten Sachbereich bezogenen Normenkomplexes bedeutet immer zugleich eine Weiterentwicklung dieser Normen[301]. Diese kann darin bestehen, daß ein Konflikt zwischen völkerrechtlichen Ansichten und der bezüglichen Praxis ausgetragen wird oder ein komplexer Bereich von künstlich aufgebauten Schwierigkeiten befreit und dadurch geklärt wird. Es kann sich auch um tatsächliche Unterschiede einzelstaatlicher Interessen und Ansprüche handeln, die aufgezeigt und einer vermittelnden Lösung zugeführt werden[302]. Im letzteren Falle überwiegt das Element der Fortentwicklung des Völkerrechts[303].

2.8.2 Die Kodifizierung und Fortentwicklung des Völkerrechts geschieht auf mehreren Ebenen und in unterschiedlichen Formen[304]. Außer

---

[298] *Goodrich/Hambro/Simons*, S. 137.

[299] Zweifel sind schon bei der Formulierung des Art. 15 ILC-Statut geäußert worden, vgl. *Goodrich/Hambro/Simons*, S. 139, und *Lauterpacht*, International law I, S. 450 - 453.

[300] *Holloway*, S. 616.

[301] *Thirlway*, S. 16 - 20; *Graefrath*, Die universale Kodifikation im gegenwärtigen Völkerrecht, S. 987; *Verdross*, AnnIDI 1961 II, S. 63.

[302] *Holloway*, S. 167; *Lauterpacht*, Codification and development of international law, AJIL 1955 (49), S. 29, 35.

[303] Bei der progressiven Entwicklung des Völkerrechts sind nicht allein die Faktoren zu beachten, die die augenblicklichen Interessenlagen der Staaten bedingen, sondern es müssen auch die absehbaren Veränderungen der Umstände und insbesondere das gemeinsame Interesse der Staatengemeinschaft, soweit ein solches zu erkennen ist, berücksichtigt werden (*Holloway*, S. 617). Nur dann ist es gerechtfertigt, von einer fortschrittlichen Weiterentwicklung des Völkerrechts zu sprechen, wenn die auf die Dauer erkennbaren Interessen aller Staaten zusammen und deren Einzelinteressen aufeinander abgestimmt und rechtlich festgehalten werden. Bei diesem Verständnis von völkerrechtlicher Kodifizierung durch allgemeine multilaterale Verträge erübrigt es sich, auf die von einigen Autoren auch in diesem Zusammenhang gemachte Unterscheidung von rechtsetzenden und rechtsgeschäftlichen Verträgen einzugehen. Selbst wenn diese Einteilung von Verträgen aus Systematisierungsgründen vorteilhaft sein sollte, so ist sie doch rechtstheoretisch kaum vertretbar, da alle allgemeinen multilateralen Verträge zugleich rechtsgeschäftlichen (Vereinbarung) und rechtsetzenden (Kodifikation) Charakter tragen. Vgl. dazu *Schirmer*, S. 163 bis 167; *Thirlway*, S. 27.

durch die Völkerrechtskommission[305] läßt die Generalversammlung Kodifikationsentwürfe in ad hoc eingesetzten Spezial-Komitees und in ihrem 6. (Rechts-)Komitee erarbeiten[306], um diese dann den Staaten zu unterbreiten oder als Deklarationen anzunehmen. In beiden Fällen wird jedoch das Völkerrecht nicht definitiv in einen qualitativ höheren Stand erhoben, sondern seine Weiterentwicklung wird dadurch lediglich vorbereitet.

Denn die Kodifikationsentwürfe der Völkerrechtskommission[307] müssen erst noch auf von den Staaten selbst oder von der Generalversammlung einberufenen zwischenstaatlichen Kodifikationskonferenzen von bevollmächtigten Staatenvertretern beraten und angenommen werden (Art. 23 ILC-Statut)[308].

Beruft die Generalversammlung jedoch keine Konferenz ein und nimmt einen Entwurf in Form einer Deklaration an, so kann sie diese als Entwurf einer Konvention den Mitgliedstaaten zur Unterzeichnung empfehlen[309].

Diese Verfahrensformen beruhen darauf, daß die Resolutionen der Generalversammlung, auch wenn sie als Deklarationen etikettiert sind, per se und grundsätzlich keinen verbindlichen Charakter haben, Art. 10 UNCh. Sie können mitunter aber als sehr starker moralischer oder politischer Appell aufgefaßt werden[310], der in bestimmten Fällen in der Wirkung einer Rechtsvereinbarung gleichkommen kann[311].

---

[304] Eine hier nicht einschlägige besondere Form völkerrechtlicher Normensetzung stellen die Konventionen und Vorschriften dar, die von einzelnen Sonderorganisationen der Vereinten Nationen, z. B. ILO und UNESCO, den Mitgliedstaaten zugeleitet werden, die sie dann nach einem bestimmten Verfahren annehmen müssen, damit sie wirksam werden können.

s. hierzu *Seidl-Hohenveldern*, Internationale Organisationen, Rz. 1552 (S. 208).

[305] Art. 16 - 23 ILC-Statut (Kodifizierungsverfahren der Kommission).

[306] Eine Übersicht über die verschiedenen Arten der Beteiligung am Kodifikationsprozeß geben *Goodrich/Hambro/Simons*, S. 136/7.

[307] Nachweis der gesamten Entwürfe der ILC bei *Goodrich/Hambro/Simons*, S. 140/1 und *Dhokalia*, S. 271 - 332.

[308] *Graefrath*, S. 987; *Dhokalia*, S. 230/1; *Lauterpacht*, International law I, S. 464/5.

[309] Die Weltraum-Deklaration vom 19. 12. 1966, A/RES/2222 (XXI) und die Deklaration über das Verbot von B-Waffen vom 16. 12. 1971, A/RES/2826 (XXVI) wurden am 21. 1. 1967 bzw. 10. 4. 1972 als Konventionen unterzeichnet.

[310] Statt vieler: *Holloway*, S. 599 - 603 mit weiteren Nachweisen; *Graefrath*, S. 992.

[311] Es sei an die überragende Bedeutung der Unabhängigkeits-Deklaration vom 14. 12. 1960 erinnert, A/RES/1514 (XV). — Die Rolle der UNO-Organe im internationalen Rechtserzeugungsprozeß charakterisiert R. *Higgins* dahin, daß deren Praxis zur Entwicklung von Völkergewohnheitsrecht beitragen *kann*, The United Nations and lawmaking: The political organs, PASIL 1970, S. 48.

2.8.3 Ein eigenständiges, sich nicht schon aus dem Gleichheitsprinzip ergebendes Teilnahmerecht in allen diesen Fällen der Kodifizierung von Völkerrecht würde voraussetzen, daß die Mitwirkung aller Staaten an der Kodifikation *erforderlich* ist. Einen wichtigen und vorab zu klärenden Aspekt stellt hierbei die Beziehung zwischen kodifiziertem Völkerrecht und Völkergewohnheitsrecht dar[312].

Nur wenn die Kodifikationen in summa dem Prozeß der gewohnheitsrechtlichen Bildung von Völkerrecht zumindest ebenbürtig sind, kann überhaupt die Frage nach einem etwaigen Mitwirkungserfordernis aller Staaten auftauchen, da sonst ja nicht einzusehen wäre, warum eine Notwendigkeit besteht, an solchen (in dieser Hypothese minderwertigen) Kodifikationsversuchen weitere Staaten als diejenigen zu beteiligen, die sich zu dieser Arbeit ohnehin zusammengefunden haben.

2.8.3.1 Ausgehend von dem Ziel einer Kodifikation, völkerrechtliche Normen in einem fortschrittlichen Sinne zu entwickeln, könnte man der Auffassung sein, diese Art der Entstehung von Völkerrecht auf vertraglichem Wege sei der herkömmlichen Völkerrechtsquelle des Gewohnheitsrechts überlegen, da sie für Klarheit und Gewißheit hinsichtlich der Existenz bestimmter völkerrechtlicher Regeln sorge, wozu das Völkergewohnheitsrecht nicht in der Lage sei. Dabei ist jedoch zu bedenken, daß die Aufnahme einer Norm in einen Kodex noch keineswegs deren Existenz als allgemein anerkannte Völkerrechtsnorm verbürgt. Vielmehr bedarf es dazu außer der Unterzeichnung durch die Teilnehmerstaaten üblicherweise noch einer bestimmten, in dem Vertrag festgelegten, Anzahl von Ratifikationen[313], um den Vertrag in Kraft treten zu lassen. Nach den bisherigen Erfahrungen der Praxis vergehen bis dahin oft mehrere Jahre[314]. Darüber hinaus ist der Vertrag dann auch nur für die ratifizierenden Staaten verbindlich, so daß seine Regeln *als Vertragsbestimmungen* keine *allgemeine* Gültigkeit haben[315]. Diese können sie nur

[312] Eine erschöpfende Behandlung dieser Frage würde die sorgfältige Definierung des Völkergewohnheitsrechts voraussetzen, die im Rahmen dieser Arbeit jedoch nicht erfolgen kann. Es sei insoweit auf die Werke von *Thirlway*, International customary law and codification, und *Zemanek*, Die Bedeutung der Kodifizierung des Völkerrechts für seine Anwendung, Festschrift Verdross, S. 566 - 581, verwiesen.

[313] Vgl. die Wiener Vertragsrechtskonvention Art. 84, Abs. 1 (35 Ratifikationen).

[314] Die Gründe dafür liegen teilweise in den umständlich geregelten innerstaatlichen Ratifizierungsverfahren, vielfach aber im politischen Bereich, zuweilen auch in einem Rückgang des ursprünglichen Interesses an dem Vertrag. Vgl. auch *Lachs* in seiner dissenting opinion, North Sea Continental Shelf, Judgment, ICJ Reports 1969, S. 226, und den IGH selbst, S. 42: „The reasons are speculative, but the fact remains" (par. 73).

[315] *Zemanek*, S. 588; das Erfordernis der Zustimmung eines Staates, ohne die er an Vertragsbestimmungen nicht gebunden werden kann, hat der IGH nochmals in seinem Gutachten zur Genocid-Konvention von 1951 betont, ICJ Reports 1951, S. 21. Hierdurch wird die Nützlichkeit oder gar Notwendigkeit einer *allgemeinen* Bindung (*Alvarez*, dissenting opinion, S. 52/3) weder in Abrede

erlangen, indem sie von den nicht ratifizierenden Staaten in sonstiger Weise anerkannt werden. Das aber stellt nur eine besondere Form der Schaffung von Völkergewohnheitsrecht dar[316]. Unabhängig von dem Bedeutungsgrad der opinio iuris kann festgestellt werden, daß sie jedenfalls durch zahlreiche Ratifikationen belegt wird[317], vielleicht auch schon allein durch die gemeinsame Ausarbeitung des Vertragstextes[318]. Die der opinio iuris entsprechende Staatenpraxis ist hinsichtlich der Vertragsparteien unschwer in deren Anwendung der Vertragsnormen zu erkennen. Was dagegen die Nichtmitglieder angeht, so wird man sagen können, daß allein die Existenz des Vertragswerks sie dazu anreizt, ihre Praxis dem Inhalt des Vertrages anzupassen[319]: womit sich die praktische Anwendung dieser Normen manifestieren würde.

Diese gemischt vertraglich-gewohnheitsrechtlichen Normen[320] zeigen durch diesen ihren Charakter das Verhältnis zwischen modernem kodifiziertem Völkerrecht und Völkergewohnheitsrecht an: Kodifikationsverträge helfen einerseits, unklares und überholtes Völkergewohnheitsrecht neu zu formulieren und für die Staaten attraktiver zu machen. Zugleich verstärken sie dadurch die Rolle des Völkergewohnheitsrechts im Normenbildungsprozeß[321].

Der wechselseitigen Abhängigkeit und Beeinflussung von Völkergewohnheitsrecht und allgemeinem Vertragsrecht ist in den neueren Konventionen und insbesondere in der Konvention über das Recht der Verträge Rechnung getragen. Nach der allgemein gültigen Bestimmung, daß ein Vertrag für einen dritten Staat ohne dessen Einverständnis keine

---

gestellt noch verhindert, da eine Bindung auch auf gewohnheitsrechtlichem Wege erfolgen kann (s. dazu weiter unten).

[316] IGH im Nordsee-Kontinentalschelf-Urteil, S. 41, par. 71, das jedoch einschränkt: „... this process is a perfectly possible one and does from time to time occur"; *Baxter*, Treaties and custom, RdC 1970 I (129), S. 73.

[317] *Thirlway*, S. 87 ff. (89).

[318] *Holloway*, S. 6; *Baxter*, S. 99.

[319] In diesem Sinne *Baxter*, S. 73, 31; *Tunkin*, Völkerrechtstheorie, S. 173, 168; *Zemanek*, S. 591; *Holloway*, S. 587.

[320] *Tunkin*, S. 173: eine gründliche Untersuchung dieses eigenartigen Mischverhältnisses hat *Zemanek* durchgeführt: im Falle einer überwiegenden Identität zwischen altem Gewohnheitsrecht und kodifiziertem Recht gelangt er über einen Umkehrschluß aus Art. 3 und 4 der Vertragsrechts-Konvention zu der Folgerung, daß beide Rechtsquellen nebeneinander gelten (S. 587/8); bei einer Veränderung der alten Norm durch die Kodifikation soll diese zwischen den Vertragspartnern und das Gewohnheitsrecht gegenüber dritten Staaten anwendbar sein (S. 590/1). Auch *Thirlway* spricht in seiner Darstellung von der „interaction of custom and codifying treaties", S. 80 - 94, läßt dabei aber ein eindeutiges Ergebnis nicht erkennen. An anderer Stelle bezeichnet er das kodifizierte Vertragsrecht als „lex specialis" (S. 95, 100).

[321] *D'Amato*, S. 104, der diese Wirkung des kodifizierten Völkerrechts anhand der internationalen Rechtsprechung, der Staatenpraxis (er bezieht auch die bilateralen Verträge hiermit ein), und des Schrifttums nachweist, S. 113 - 149.

Rechte und Verpflichtungen begründen kann, Art. 34, wird dort in Art. 38 festgelegt, daß gleichwohl eine Vertragsnorm einen dritten Staat als gewohnheitsrechtliche Regel binden könne, sofern sie als solche anerkannt sei[322]. Für das Verhältnis der Vertragsstaaten untereinander gilt ebenfalls Völkergewohnheitsrecht, falls die diesem entsprechenden Normen eines Vertrages aus bestimmten Gründen als solche nicht mehr anwendbar sind, Art. 43[323]. Überdies soll Völkergewohnheitsrecht zwischen den Vertragsstaaten in den Fällen weitergelten, die durch den Vertrag nicht geregelt sind[324].

2.8.3.2 Aus diesen Bemerkungen allein läßt sich noch kein endgültiges Urteil über die Bedeutung der Völkerrechtskodifikationen für ein Teilnahmerecht gewinnen. Diese kann sich erst nach einem Vergleich der hauptsächlichen mit einer Kodifikation verbundenen Vor- und Nachteile für die Entwicklung des Völkerrechts ergeben. Nur dann, wenn die Vorteile stark überwiegen, könnte die Anerkennung eines Teilnahmerechts sich empfehlen, da es die Wirkung solcher Kodifikationen zu steigern geeignet wäre.

Einer der Nachteile der Kodifizierung kann darin erblickt werden, daß durch die Zementierung von Normen die Anpassung an neue Verhältnisse erschwert wird[325]. Diese Gefahr ist jedoch durch die Verträge selbst sehr reduziert, da sie neuerdings Regeln für den Fall einer Vertragsänderung bereithalten[326].

Auch die hierzu in Widerspruch stehende, aber doch ebenfalls häufig zutreffende Klage, daß die Bestimmungen oft sehr weit und manchmal vieldeutig gefaßt werden[327], damit sie die Zustimmung der Staaten erreichen[328], spricht nicht speziell gegen die Kodifizierung. Denn vage und nicht eindeutig konkretisierbare Normen gibt es ebenso im gewohnheitsrechtlichen Bereich[329].

---

[322] *Baxter*, S. 31.

[323] *Baxter*, S. 32; *Wengler* I, S. 182. — Die genannten Bestimmungen sind abgedr. in A/CONF. 39/11/Add. 2, S. 294/5.

[324] Präambel der Vertragsrechtskonvention, S. 289; *Tunkin*, S. 165.

[325] *Seidl-Hohenveldern*, Völkerrecht, Rz. 339 (S. 91/2); *Baxter*, S. 97; *Lauterpacht*, International law I, S. 258/9.

[326] Vgl. die generelle Regelung in den Art. 39 - 41 der Konvention über das Recht der Verträge.

[327] *Lauterpacht*, Codification and development of international law, AJIL 1955 (49), S. 38.

[328] *Holloway*, S. 586; *Giraud*, Modification et terminaison des traités collectifs, AnnIDI 1961 I, S. 16: „... adopter le plus petit dénominateur."

[329] Einen weiteren Vorbehalt gegen die Kodifizierung des Völkerrechts macht *Lauterpacht*, International law I, S. 258, geltend, indem er die Kodifikationen zwar für nützlich, angesichts der Tätigkeit des Internationalen Gerichtshofs aber für entbehrlich hält. Er scheint dies mit dem Mißerfolg der Haager Kodifikationskonferenz von 1930 einerseits und der Entscheidungspflicht des IGH

Gegenüber diesen kaum ins Gewicht fallenden Nachteilen sind als Vorzüge der Kodifikationen zu nennen, daß sie das dem Völkergewohnheitsrecht überlegene Mittel sind, um die den heutigen technischen Erfordernissen und Bedürfnissen entsprechenden Regelungen zu schaffen (Weltraum-Vertrag, Meeresboden-Vertrag). Außerdem bieten sie den neuen Staaten Asiens und Afrikas Gelegenheit zu formeller Anerkennung des auf westlichem Gewohnheitsrecht beruhenden Völkerrechts[330].

Die wachsende Bedeutung der Kodifikation des Völkerrechts zeigt sich in der Zunahme der universalen Konventionen[331]. Ob hierdurch allerdings das Grundanliegen des Völkerrechts gefördert wird, mittelbar zur Friedenssicherung beizutragen, kann angesichts der noch in den Anfängen steckenden politwissenschaftlichen Methoden zur Ermittlung des Wertes des Völkerrechts als Friedensfaktor noch nicht festgestellt werden[332].

Insgesamt empfiehlt sich jedenfalls das in vertraglicher Form gefaßte allgemeine Völkerrecht insbesondere wegen seiner relativen Klarheit und Einheitlichkeit[333], durch die es in einem hohen Maße zur Rechtssicherheit beitragen kann[334].

2.8.4 Auf der mithin grundsätzlich positiv zu bewertenden Kodifizierung des Völkerrechts durch allgemeine multilaterale Verträge beruhen denn auch die Gründe, die zugunsten eines Teilnahmerechts und der Notwendigkeit einer allgemeinen Beteiligung genannt werden.

2.8.4.1 Die Begründung eines Teilnahmerechts allein unter Hinweis auf die universale Zielsetzung allgemeiner multilateraler Verträge[335] vermag dabei nicht zu befriedigen[336].

Das gilt auch für das Argument, bei Nichtbeteiligung einiger Staaten seien zwei Sorten von Rechtsregeln anwendbar und das sei höchst unwillkommen[337]. Denn es ist gar nicht zu verhindern, daß Völkergewohn-

---

auf der anderen Seite zu begründen. — s. dagegen *Thirlway*, der die Rolle des IGH bei der Entwicklung des Völkerrechts mit einem circulus vitiosus vergleicht, S. 34.

330 *Verdross*, AnnIDI II, S. 63; *Guggenheim* I, S. 327.

331 Nach *Tunkin* spielen die allgemeinen multilateralen Verträge heute schon die Hauptrolle im Prozeß der Bildung von Völkerrecht (A/CN. 4/SR 794, par. 47, YBILC 1965 I, S. 134). — Von einem „allmählichen Übergewicht" spricht *Verdroß*, S. 146.

332 *Kußbach*, Die Weiterentwicklung des Völkerrechts, ÖZA 1971, S. 67.

333 *Baxter*, S. 100; diese Vorteile sieht auch *Basdevant*, Les Méthodes de la Codification du Droit international public, AnnIDI 1947, S. 227, um aber sogleich hinzuzufügen: „Mais ce n'est ni une garantie suffisante ni une condition nécessaire de l'efficacité de ces règles."

334 Weitere Vorteile nennt *Zemanek*, S. 595/6.

335 *Graefrath*, S. 991; *ders.*, Stärkung und Weiterentwicklung des Völkerrechts im Rahmen der UNO, S. 179.

336 Vgl. unten 2.8.4.2, wo eine ähnliche Auffassung zu behandeln sein wird.

337 *Lachs*, A/CN. 4/SR 792, par. 8 (YBILC 1965 I, S. 118).

heitsrecht und allgemeines Vertragsrecht ständig nebeneinander bestehen[338]. Die Behauptung, die Kodifizierung des Völkerrechts sei ein Erfordernis der internationalen Gemeinschaft und verlange deshalb eine universelle Teilnahme[339], muß als zu vage bezeichnet werden.

Fraglich ist außerdem, ob das Völkerrecht in Vertragsform gegenüber dem Gewohnheitsrecht die lex specialis darstellt[340], die für alle Staaten verbindlich sein müsse. Denn Vertrags- und Gewohnheitsrecht sind stark miteinander verwoben und können inhaltlich kaum unterschieden werden[341].

Verglichen mit diesen Ausführungen erscheint die Überlegung als einigermaßen einleuchtend, daß die Verschiedenheit der Staaten und deren Interessen beachtet werden müssen, wenn die zu vereinbarenden Normen wirksam sein sollen[342], und daß deshalb die Zusammenarbeit aller Staaten bei der Bildung und Definierung objektiver Prinzipien notwendig sei[343]: Jedoch hängt die Wirksamkeit einer Kodifikation nicht von der Mitwirkung aller Staaten an der Kodifikationskonferenz ab, sondern von der freiwilligen Unterzeichnung und Ratifikation der Konvention.

2.8.4.2 Ausführlicher als die genannten Äußerungen sind die Erwägungen, die Schirmer zur Entwicklung eines Teilnahmerechts anstellt. So entfaltet er zum Beispiel als besonderes Element der friedlichen Koexistenz das Gebot zur Erhöhung der Rolle des Rechts[344]; diese erhöhte Rolle hänge im wesentlichen von der Möglichkeit aller Staaten ab, bei der Anpassung des Rechts an die neuen Bedingungen mitzuwirken — was nur im Wege des Abschlusses allgemeiner multilateraler Verträge geschehen könne[345]. — Von den Zweifeln an der Existenz dieses Gebotes abgesehen, scheint das Ergebnis mit der von Schirmer selbst aufgestellten Behauptung in Widerspruch zu stehen, daß alle neuen Staaten das bestehende Völkerrecht auch auf andere Weise als durch Mitwirkung als für sich verbindlich anerkennen können und müssen.

Speziell auf die Ausarbeitung völkerrechtlicher Regeln auf allgemeinen Staatenkonferenzen eingehend, bemerkt Schirmer, daß die Teilnahme eines Staates am Vertrage am ehesten erwartet werden könne,

---

[338] Vgl. oben 2.8.3.1.

[339] *Lauterpacht*, Codification and development of international law, AJIL 1955 (49), S. 38.

[340] *Rosenne*, United Nations treaty practice, RdC 1954 II (86), S. 371; *Thirlway*, S. 95/100.

[341] s. o. 2.8.3.1.

[342] *Holloway*, S. 586.

[343] *Lachs*, Le développement et les fonctions des traites multilateraux, RdC 1957 II (92), S. 331.

[344] *Schirmer*, S. 136 (vgl. oben 2.6.3 am Ende).

[345] *Schirmer*, S. 137.

wenn er vorher an der Ausarbeitung habe mitwirken können. Anschließend behauptet er, daß die Annahme des Vertragstextes auf der Konferenz durch 2/3-Mehrheit nur dann „voll gerechtfertigt" sei, wenn alle Staaten das Recht hätten, auf der Konferenz vertreten zu sein, denn nur dann spiegele sich das wirkliche internationale Kräfteverhältnis wider[346]. — Hiergegen stehen mehrere Bedenken: wird das internationale Kräfteverhältnis auch durch die afro-asiatischen Klein- und Kleinststaaten mitgeprägt oder nicht eher durch die großen und u. U. auch die mittleren Mächte? Wenn das internationale Kräfteverhältnis getreulich widergespiegelt sein muß, dann reicht es nicht aus, den Staaten nur die Möglichkeit der Teilnahme zu geben, sondern sie müßten zur Teilnahme verpflichtet sein. Wieso aber soll es überhaupt Voraussetzung einer allgemeinen Staatenkonferenz sein, daß auf ihr das internationale Kräfteverhältnis zum Ausdruck kommt?

Das hauptsächliche Argument Schirmers für eine universale Teilnahme besagt, daß die allgemeinen multilateralen Verträge die allgemeine Anerkennung ihres Inhaltes zum Ziele hätten und deshalb allen Staaten die Möglichkeit der Beteiligung zustehen müsse[347]: Die allgemeine Anerkennung ihres Inhalts ist sicher nicht das einzige und auch nicht das Hauptanliegen dieser Verträge. Mit der Gleichsetzung von Anerkennung und Beteiligungsmöglichkeit widerspricht Schirmer zudem seiner (unstreitig richtigen) Feststellung, wonach die Anerkennung ihrerseits durch Beteiligung „in dieser oder jener Form am Vereinbarungsprozeß" erfolgen könne[348], also nicht allein durch formelle Teilnahme.

Weiterhin versucht Schirmer, ein Teilnahmerecht aus der „Revision" gültigen Völkerrechts zu deduzieren, indem er die Modifizierung völkergewohnheitsrechtlicher Regeln durch allgemeine multilaterale Verträge mit einer echten Vertragsrevision vergleicht, an der alle Partner des alten Vertrages mitzuwirken berechtigt seien[349].

Dieser Vergleich hinkt jedoch, so daß er als Begründung eines Rechts auf Teilnahme nicht zu gebrauchen ist.

Das Revisionsmoment ließe sich aber hinsichtlich der Neufassung alter völkerrechtlicher Kodifikationsverträge aus der Zeit des Völkerbundes anführen. Hierbei taucht jedoch für die DDR das Problem der Staatensukzession auf. Dessen Lösung würde die Prüfung der Rechtslage Deutschlands bedingen[350]. Eine Auseinandersetzung damit ist aber nicht

---

346 *Schirmer*, S. 152.

347 *Schirmer*, S. 160/1.

348 *Schirmer*, S. 88, 90, 91.

349 *Schirmer*, S. 161.

350 Vgl. zur Rechtslage Deutschlands die umfassenden Erörterungen in der (noch nicht erschienenen) Kölner Dissertation von Volker *Schmidt*, Alleinvertretung und Auslandsschulden.

erforderlich, denn das Problem der Staatennachfolge in allgemeine multilaterale Verträge ist so umstritten[351], daß insofern der Rückgriff auf die *allgemeine* Teilnahmeregelung für solche Verträge gerechtfertigt sein dürfte[352].

Schließlich meint Schirmer, der Sinn jeder völkerrechtlichen Kodifikation bestehe darin, „für das kodifizierte Rechtsgebiet denselben Geltungsbereich" zu erreichen, den es vorher gehabt habe[353]; das erfordere ein Teilnahmerecht aller Staaten an den Kodifikationsverträgen[354]. Gegen ein derart begründetes Teilnahmerecht spricht aber der Umstand, daß die Wirkung neuer multilateraler Normen faktisch zunächst räumlich und subjektiv auf einen kleinen Kreis von Staaten beschränkt ist und alle Staaten außerdem die Möglichkeit haben, durch außervertragliche Anerkennung der Vertragsinhalte diese qua Völkergewohnheitsrecht als für sich verbindlich zu betrachten[355].

Selbst wenn es also Ziel eines „Code" sein sollte, denselben Adressatenkreis zu umfassen, den vor ihm das unkodifizierte Rechtsgebiet hatte, so kann dies auch ohne die formelle Teilnahme an der neuen Konvention geschehen.

2.8.5 Demnach besteht in keiner Hinsicht eine Notwendigkeit, aus dem Charakter der Kodifikationen als Rechtsquellen ein spezielles Recht auf Teilnahme aller Staaten herzuleiten[356].

2.9 Das Universalitätsprinzip und die Gleichberechtigung der Staaten

Aus der bisherigen Untersuchung der Völkerrechtsprinzipien und der multilateralen Konventionen als Rechtsquellen ergeben sich somit für das Prinzip der Universalität folgende Konsequenzen:

Soweit es aus der Kombination einiger oder aller relevanter Völkerrechtsprinzipien abgeleitet wird[357], kann dem nicht gefolgt werden.

[351] s. *O'Connell* I, S. 374 - 376.

[352] Dies ergibt sich aus einzelnen Stellungnahmen über die Teilnahme an den unter den Auspizien des Völkerbundes geschlossenen internationalen Verträgen, A/C. 6/SR 748 ff. (GAOR [XVII], S. 73 ff.

[353] *Schirmer*, S. 161; ähnlich *Verdroß*, A/CN. 4/SR 649, par. 68 (YBILC 1962 I, S. 131); SR 666, par. 121 (S. 247); A/CN. 4/SR 793, par. 34 (YBILC 1965 I, S. 123), der nunmehr aber ein Teilnahmerecht ausdrücklich verneint; *Tunkin*, ebendort, SR 794, par. 50 (S. 134).

[354] *Schirmer*, S. 161/2.

[355] Vgl. o. 2.8.3.1.

[356] Anderer Ansicht *Zourek*, A/CN. 4/SR 503, par. 52 (YBILC 1959 I, S. 111): Nach ihm ergibt sich ein Recht auf Teilnahme „... from the special nature of international law, which was a law as *between States*, based on their collective will". Zugleich stützt er das Teilnahmerecht aber auch auf das Prinzip der souveränen Gleichheit der Staaten.

[357] s. o. 2.1.3.3.2.

Denn außer dem Prinzip der souveränen Gleichheit erfordert keines der anderen Prinzipien eine universelle Anwendung. Zwar haben sie alle einen universalen Anspruch, dieser ist jedoch nicht aus den einzelnen Prinzipien selbst begründbar, sondern allein auf das Gleichberechtigungsprinzip zurückzuführen.

Daher wird die Rechtslage nur bedingt richtig wiedergegeben, wenn auf alle angeführten Prinzipien insgesamt verwiesen wird, um daraus das Prinzip der Universalität herzuleiten.

Vielmehr kommt als Grundlage des Universalitätsprinzips lediglich das Prinzip der souveränen Gleichheit in Betracht. Dessen Verwirklichung zeigt sich in der heutigen Zeit in dem Trend zur universalen Öffnung allgemeiner multilateraler Verträge[358] und ist u. a. auch in der fortschreitenden Erhöhung des Mitgliederbestandes der Vereinten Nationen zu erkennen. Der neuartige und in seinen Ausmaßen quasi-universale Anwendungsbereich des Gleichheitsprinzips war bislang unbekannt. Diese Entwicklung sollte aber nicht daran hindern und im Gegenteil Anlaß dazu sein, das alte völkerrechtliche Prinzip der Gleichheit an die Erfordernisse der sich ständig weiterentwickelnden und verändernden Lebensverhältnisse anzupassen und es in eine dementsprechende rechtliche Form zu bringen: das Universalitätsprinzip.

Das grundsätzliche und zeitlose Gebot des Prinzips der Gleichheit würde dadurch eine moderne Ausformung erhalten, indem es die Tendenzen zu einer tatsächlichen universalen Gestaltung aller zwischenstaatlichen Beziehungen widerspiegelt. Die „Modernisierung“ des Gleichheitsprinzips in dieser Weise kann auch bereits in der Völkerrechtswissenschaft nachgewiesen werden. Denn dort werden in diesem Zusammenhang anstelle der „Gleichheit“ zunehmend die Begriffe der Universalität und des Universalitätsprinzips verwendet. Aus diesem Grunde erscheint es nur als folgerichtig, ein inhaltlich dem Prinzip der Gleichberechtigung aller Staaten entsprechendes Universalitätsprinzip anzuerkennen[359].
Mit der Feststellung, daß das Universalitätsprinzip sich auf das Prinzip der souveränen Gleichheit gründet, ist zugleich das Verhältnis dieser beiden Prinzipien zueinander charakterisiert. Danach kann das Prinzip der Universalität gegenüber dem der souveränen Gleichheit nur als deklaratorisch aufzufassen sein.

---

[358] In den letzten Jahren ist — verglichen mit den ersten 20 Nachkriegsjahren — eine Häufung der allgemeinen Konventionen mit unbeschränkt offener Teilnahmeklausel festzustellen.

[359] *de Castro*, A/CONF. 39/C. 1/SR 89, par. 2 (A/CONF. 39/11/Add. 1, S. 236). — Weniger eindeutig ein in die 26. Generalversammlung der Vereinten Nationen eingebrachtes Memorandum der DDR, in dem es u. a. heißt: „... Einhaltung der Prinzipien der Charta der UNO, vor allem des Prinzips der souveränen Gleichheit der Staaten, woraus sich mit zwingender Notwendigkeit das Prinzip der Universalität der UNO ... ergibt“, AdG vom 26. 10. 1971, 16638.

Nach alledem ist festzuhalten, daß das in jeder Richtung vielzitierte Universalitätsprinzip als rechtlich verbindliches Prinzip des Völkerrechts existiert[360] und, da es sich aus dem Prinzip der souveränen Gleichheit herleitet, ebenso wie jenes einen (deklaratorischen) Rechtsgrund für die Berechtigung aller Staaten auf Teilnahme an allgemeinen multilateralen Verträgen darstellt.

2.10 Zusammenfassung

Nach Prüfung aller für ein Teilnahmerecht in Frage kommenden Völkerrechtsprinzipien, sowie der Rolle der allgemeinen multilateralen Verträge als Quelle allgemeinen vertraglichen Völkerrechts und des alle diese völkerrechtlichen Themenbereiche umfassenden Prinzips der Universalität kann zur rechtlichen Fundierung eines allgemeinen Teilnahmerechts folgendes gesagt werden:

Jedem Staat steht aus dem Gedanken der unbedingten rechtlichen Gleichberechtigung heraus ein unbeschränktes Recht auf Teilnahme an allen allgemeinen Staatenkonferenzen, multilateralen Verträgen und internationalen zwischen-staatlichen Organisationen zu. Die rechtliche Fixierung der Gleichberechtigung ist durch das in der UN-Charta verankerte Prinzip der souveränen Gleichheit geschehen.

Eine deklaratorische Bestätigung dieses Prinzips erfolgt durch das Prinzip der Universalität, das dem Inhalt des Gleichheitsprinzips in einer den neuzeitlichen Entwicklungen gemäßen Form Ausdruck verleiht.

Alle anderen völkerrechtlichen Prinzipien vermögen ein Teilnahmerecht an allgemeinen multilateralen Verträgen nicht zu begründen.

---

[360] Ohne weitere Begründung: *Nagendra Singh*, A/CN. 4/SR 1047, par. 41 (YBILC 1970 I, S. 26); *Khlestov* und *Sinha*, A/CONF. 39/SR 35, par. 6 und 16 (A/CONF. 39/11/Add. 1, S. 198 und 199); *Tunkin*, A/CN. 4/SR 503, par. 57 iVm SR 504, par. 17 (YBILC 1959 I, S. 111, 113).

3 Einwände gegen ein universelles Teilnahmerecht

Das universelle Teilnahmerecht aller Staaten wird von einigen Autoren aus verschiedenen Gründen bestritten.

Sie berufen sich dabei u. a. auf den Grundsatz der Vertragsfreiheit, auf „technische“ Schwierigkeiten aller Art, die angeblich bei einer Allbeteiligung auftauchen würden, sowie darauf, daß offene Verträge oder solche ohne Beitrittsklausel eine universale Teilnahme nicht zuließen. Häufig wird auch auf den mangelnden Staatscharakter des Teilnahmewilligen oder auf das Fehlen diplomatischer oder sonstiger Beziehungen mit ihm verwiesen. Dabei hat es den Anschein, daß den letztgenannten Gründen, die sämtlich mit dem Institut der Anerkennung zusammenhängen[1], eine vorrangige Bedeutung zukommt. Denn es sind gerade die von den westlichen Staaten mehrheitlich nicht anerkannten sozialistischen Staaten DDR, Nordkorea und Nordvietnam, die noch außerhalb der universalen Organisationen und Konventionen stehen, während alle anderen Staaten *prinzipiell* die Möglichkeit der Teilnahme haben — abgesehen von der BRD bzgl. der UNO selbst und Bangla Desh. An dieser grundsätzlichen Teilnahmemöglichkeit vermag die in Sonderfällen auftretende Problematik des evtl. Ausschlusses eines Staates (Spanien[2], Portugal, Republik Südafrika) nichts zu ändern. — Deshalb sollen im folgenden Abschnitt alle mit der Anerkennung verbundenen Probleme, soweit sie für die universelle Mitgliedschaft von Bedeutung sind, hinsichtlich ihres Einflusses auf das allg. Teilnahmerecht aller Staaten untersucht werden.

3.1 Das Problem der Anerkennung

Von besonderem Interesse sind die Fragen, ob

a) die Anerkennung Voraussetzung für die Teilnahme ist, und

b) welche Folgen es für die Anerkennung hat, wenn ein nicht allgemein anerkannter Staat an einem allgemeinen multilateralen Vertrag teil-

---

[1] *Lachs*, A/CN. 4/SR 792, par. 3 (YBILC 1965 I, S. 117): „real crux of the problem.“

[2] Eine detaillierte Kritik der Resolution A/RES 39 (I), aufgrund deren Spanien bis 1950 von allen internationalen Organisationen ferngehalten wurde, bei S. *Torres Bernárdez*, S. 176 ff. (207/8). — Ähnlichkeiten mit dem Spanien-Fall weist die heutige Lage Portugals (vgl. AdG vom 18. 11. 1971, 16684 F) und der Republik Südafrika betreffend Namibia insofern auf (Resolution 301 [1971] des Sicherheitsrats, AdG vom 16. 12. 1971, 16758 A/1), als beiden Staaten u. U. in bestimmten universalen Organisationen der Ausschluß droht.

nimmt. Die Konzentrierung auf diese Fragen folgt daraus, daß zuweilen entweder die Anerkennung als Voraussetzung einer Teilnahme hingestellt wird, oder eine Zulassung mit der Begründung verneint wird, die Teilnahme führe zur Anerkennung seitens der bisher nicht anerkennenden Staaten. Beide Fragenkomplexe bedingen ihrerseits die Definierung dessen, was unter Anerkennung zu verstehen ist.

3.1.1 Eine völkerrechtliche Erörterung dieser Fragen würde sich aber dann erübrigen, wenn das Institut der Anerkennung nicht dem völkerrechtlichen, sondern ausschließlich dem politischen Bereich angehörte, was nicht selten von den Vertretern der staatlichen Anerkennungsorgane behauptet wird — und durch die Existenz der jeweils unterschiedliche politische Strömungen anzeigenden (Nicht-)Anerkennungsdoktrinen (Tobar-, Stimson-, Estrada-Doktrin) belegt zu sein scheint[3]. Auf der anderen Seite scheint es Stimmen zu geben, die meinen, Anerkennung müsse etwas rein Völkerrechtliches sein[4]. Aber so wenig, wie der Ausdruck „politisch" auf eine einzige bestimmte Bedeutung reduziert werden kann, ist es möglich, das „Rechtliche" eindeutig zu definieren. Aus diesem Grunde ist es sinnlos, die Anerkennung entweder als rechtlich oder als politisch zu begreifen[5]. Sie setzt sich aus beiden Elementen zusammen, wobei deren Verhältnis zueinander wechseln kann; in dem einen Fall mag die rechtliche Bedeutung der Anerkennung von überwiegendem Interesse sein, während in einem anderen Zusammenhang der politische Charakter im Vordergrund steht. In der Staatenpraxis scheint die Anerkennung als politische Handhabe zu überwiegen[6], was jedoch deren völkerrechtliche Betrachtung nicht überflüssig macht.

3.1.2 Ein weiteres gewichtiges Bedenken gegen eine Prüfung des Verhältnisses von Teilnahmerecht und Anerkennung gründet sich auf den Stellenwert des Instituts der Anerkennung im System des Völkerrechts. Hiermit ist nicht nur die Tatsache angesprochen, daß schon reichlich viel über die Anerkennung geschrieben worden ist, und zwar Verwirrendes und Widersprüchliches[7]. Vielmehr wird auch in der Sache argumentiert,

---

[3] *Austin* (USA), S/1466 (SCOR [V], Suppl. 1, S. 19); *Higgins*, S. 42, Fn. 75.

[4] Wie ist es ansonsten zu verstehen, wenn *Schweisfurth*, Der internationale Vertrag ..., S. 244, schreibt, daß einige sowjetische Völkerrechtler die Verbindung zwischen Außenpolitik und Völkerrecht „unumwunden zu erkennen gegeben" hätten?

[5] *Verzijl* II, S. 578.

[6] *Bindschedler*, Die Anerkennung im Völkerrecht, AVR 1961/2 (9), S. 393. — Vgl. auch die diversen außenpolitischen Strömungen und Unsicherheiten in den verschiedenen Staaten hinsichtlich der Anerkennung des im Dezember 1971 neuentstandenen Staates Bangla Desh und der mißlungenen Staatswerdung Biafras.

[7] *Higgins*, S. 41 Fn. 68. — *Frenzke*, Die kommunistische Anerkennungslehre, S. 354/5. Der Autor behandelt in diesem soeben erschienenen Buch alle mit der Anerkennung zusammenhängenden Fragen in extenso und zugleich übersichtlich, so daß im folgenden ohne Bedenken auf die ausgewogenen Schilderungen

daß ein allgemeiner Trend die schwindende Bedeutung des Anerkennungskonzepts anzeige; dieser Trend werde genährt durch die ständig wachsende internationale Zusammenarbeit im Rahmen der Vereinten Nationen und in Form allgemeiner multilateraler Verträge, die ein Gebot und eine Folge des Zusammenrückens aller Nationen auf allen Gebieten ist[8]. Die Anerkennung sei nur noch im nationalen Bereich relevant (Immunität u. a.), während sie auf internationaler Ebene vergleichsweise unbedeutend sei[9]. — Diese Aussage ist von der Praxis bisher noch nicht bestätigt worden. Denn es ist an der Tatsache nicht vorbeizusehen, daß die Anerkennung im Gefolge der ideologischen Zweiteilung der Welt seit der Mitte des 20. Jahrhunderts einen großen Einfluß in der weltpolitischen Arena ausübt.

Daher erscheint es unumgänglich, die heutzutage geübten Formen der Nichtanerkennungspraxis daraufhin zu untersuchen, ob sie dem völkerrechtlichen Rahmen des Instituts der Anerkennung entsprechen. Daraus kann dann das Verhältnis zum allgemeinen Teilnahmerecht der Staaten bestimmt werden.

3.1.3 Bei dem Versuch, den rechtlichen Inhalt der Anerkennung von *Staaten* und nicht etwa Aufständischer oder der Regierung eines Staates zu bestimmen, ist darauf zu achten, alle über eine bloße Definition hinausgehenden Fragestellungen unberücksichtigt zu lassen (de iure-, de facto-Anerkennung, Rückwirkung, ausdrückliche und stillschweigende Anerkennung, Folgen der Anerkennung im innerstaatlichen Bereich, speziell für die Rechtsprechung, u. a. m.), da sie das ohnehin bunte Bild der Theorien zu undefinierbaren Farbklecksen verwandeln würden. Andererseits ist in Rechnung zu stellen, daß es einen bestimmten, ein für allemal feststehenden Inhalt der Anerkennung per se nicht gibt.

3.1.3.1 In der Völkerrechtsliteratur wird meistens vermieden, die Bedeutung einer Staatsanerkennung eindeutig zu definieren[10]. Dafür wird oft um so lieber und engagierter behauptet, die Anerkennung eines Staates sei entweder konstitutiv oder deklaratorisch. Nach gewissenhafter Prüfung aller dazu in den sozialistischen Staaten geäußerten Meinungen kommt Frenzke zu dem Résumé, daß die Wahrheit wahrscheinlich „weder bei dem einen noch auch bei dem anderen Extrem und auch nicht bei irgendeinem festen Punkt zwischen diesen Extremen“ liege[11], sondern

---

Frenzkes verwiesen werden kann. Deshalb braucht auch auf die früheren Aufsätze des Autors zu Anerkennungsfragen nicht mehr eingegangen zu werden.

[8] *Higgins*, S. 164; *Lachs*, Recognition and modern methods of international co-operation, BYBIL 1959 (XXXV), S. 259.

[9] *Higgins*, S. 165.

[10] *Frenzke*, S. 23.

[11] Eine Übersicht aller konstitutiven und deklaratorischen Theorien bei *Frenzke*, S. 60 - 119.

daß die Bedeutung der Anerkennung von Staaten je nach dem Einzelfall zu beurteilen sei[12].

Da hier nicht der Platz ist, alle Varianten der konstitutiven und deklaratorischen Theorien auszubreiten, die sich teils oberflächlich, teils eingehend mit dem Inhalt der Anerkennung beschäftigen, sollen nur einige Beispiele angeführt werden, die sich inhaltlich über die breite Skala der Meinungen erstrecken. Um dabei die Übersicht ein wenig zu erleichtern, werden diese Definitionen in vier Gruppen aufgeteilt, die folgende Theorien umfassen werden: die klar konstitutiven, die überwiegend konstitutiven mit deklaratorischen Elementen, die vornehmlich deklaratorischen mit konstitutiven Bestandteilen, und die unzweideutig deklaratorischen. Strikte Grenzen zwischen diesen Bereichen können nicht gezogen werden.

3.1.3.2 Nach den konstitutiven Theorien besteht das Wesen der Anerkennung eines Staates darin, daß sie einen Staat als Völkerrechtssubjekt (bzw. als Staat) *begründet*[13]. Der Bundesgerichtshof z. B. ist der Meinung, die Ausübung tatsächlicher Hoheitsgewalt bedeute „noch nicht ohne weiteres die Entstehung einer als neues Völkerrechtssubjekt zu behandelnden Organisationsform"; dazu bedürfe es in „irgendeiner Form der Anerkennung"[14].

Nicht ganz so absolut äußern sich Hudson und v. d. Heydte, die dem nichtanerkannten Staat keine Rechte einräumen, allerdings nur in bezug auf den nichtanerkennenden Staat[15]. Dieser Meinung ist auch Kelsen[16], der im übrigen die Anerkennung in einen rechtlichen und politischen Teil aufspaltet und als politisches Element die Erklärung der Bereitschaft zur Aufnahme von Beziehungen versteht[17]. Ähnlich differenziert sind auch die Ansichten östlicher Völkerrechtler[18].

Eine auffallende Variante in dieser Gruppe stellt die Auffassung Lauterpachts dar, die Anerkennung wirke zwar konstitutiv, jedoch seien die

[12] *Frenzke*, S. 354.

[13] Beide Termini sollten synonym verwandt werden, weil die Unterscheidung keine innere Berechtigung hat und als gekünstelt erscheint; anders *v. d. Heydte*, Einige Aspekte der Anerkennung im Völkerrecht, Festschrift Verdroß, S. 133 bis 137; *Menzel*, Anerkennung oder Nichtanerkennung der DDR, Politik, 1969, Heft 3/4, S. 89: es gehe nicht um die Staatlichkeit, sondern um die Völkerrechtssubjektivität der DDR (?).

[14] BGH NJW 1960, S. 1103 (1105). — Ob in der Zulassung zu den Vereinten Nationen eine derartige Anerkennung zu sehen ist, wird unter 3.1.5.2 zu zeigen sein.

[15] *Hudson*, Recognition and multipartite treaties, AJIL 1929 (23), S. 127; *v. d. Heydte*, S. 135; in diesem Sinne dürfte auch *Wright*, Some thoughts about recognition, AJIL 1950 (44), S. 550, zu verstehen sein.

[16] *Kelsen*, Recognition in international law-theoretical observations, AJIL 1941 (35), S. 606.

[17] *Kelsen*, S. 605.

[18] Übersicht bei *Frenzke*, S. 74 - 77.

Staaten bei Vorliegen aller Voraussetzungen der Staatlichkeit eines neuen Staatsgebildes *verpflichtet*, dieses anzuerkennen[19].

3.1.3.3 Etwas weniger Gewicht scheint Chen der konstitutiven Rolle der Anerkennung beizumessen, da diese den Neustaat nicht zum Völkerrechtssubjekt mache, sondern nur zur effektiven Durchführung schon bestehender völkerrechtlicher Rechte und Pflichten beitrage[20]. Demgegenüber geht es nach Verzijl nicht hauptsächlich um die Effektivität der Staatlichkeit eines neuen Gebildes, sondern um seine Bereitschaft und Fähigkeit, sich dem Standard der internationalen Gemeinschaft entsprechend zu verhalten. Das aber überwiege bei weitem die deklaratorische Bedeutung der Anerkennung[21].

Einen gänzlich anderen Aspekt in die Wirkung der Anerkennung bringen Verdroß, Seidl-Hohenveldern und Schirmer, indem sie den Anerkennungsakt zweiteilen in einen deklaratorischen, die Völkerrechtssubjektivität des neuen Staates feststellenden, und einen konstitutiven, die Bereitschaft zur Aufnahme völkerrechtlichen Verkehrs verbindlich ausdrückenden, Teil[22].

3.1.3.4 Diese Zweiteilung kehrt wieder bei einer anderen Gruppe von Autoren, die die Erklärung der Bereitschaft zur Aufnahme von Beziehungen jedoch nicht als verbindlich und mithin die Anerkennung als überwiegend deklaratorisch ansehen[23]. So schreibt Feldmann, daß die Anerkennung — neben der Feststellung des Entstehens eines neuen Völkerrechtssubjekts — auf die Errichtung gegenseitiger Beziehungen abziele[24]; ein Staat könne nicht auf sich allein gestellt existieren[25], deshalb helfe die Anerkennung, seine internationale Position zu stabilisieren und seine Grundrechte, die er unabhängig von der Anerkennung besitze, in Anspruch zu nehmen[26].

---

19 *Lauterpacht*, Recognition in international law, S. 26 - 37.

20 *Chen*, S. 50 - 54 (53).

21 *Verzijl* II, S. 589.

22 *Verdroß*, Völkerrecht, S. 244; *Schirmer*, S. 215; *Seidl-Hohenveldern*, Völkerrecht, Rz. 472/3 (S. 122) und 478 (S. 123): hier werden nur die diplomatischen Beziehungen und nicht der völkerrechtliche Verkehr insgesamt erwähnt. — Allein auf den zweiten Gesichtspunkt hat *Eustathiades* abgestellt, A/CONF. 38/C. 1/SR 102, par. 40, A/CONF. 39/11/Add. 1, S. 328).

23 *Maresca*, S. 513; *Herzog*, Zum Inhalt des Instituts der Anerkennung im gegenwärtigen Völkerrecht, S. 973, 977.

24 *Feldmann*, Recognition of states and governments in present-day international law, S. 205. Feldmann ist der führende sowjetische Anerkennungsexperte.

25 *Feldmann*, S. 211.

26 *Feldmann*, S. 207; *Berber* I, S. 229: „... nur insoweit kann man die Anerkennung als ‚konstitutiv' bezeichnen." — Eine übersichtliche Zusammenfassung der im östlichen Schrifttum vertretenen Meinungen, die zwischen den beiden Polen „konstitutiv" und „deklaratorisch" anzusiedeln sind, gibt *Frenzke*, S. 96 - 110.

Die Unabhängigkeit der Völkerrechtssubjektivität eines neuen Staates von der Anerkennung unterstreicht auch Holloway[27]. Die Nichtanerkennung berühre ausschließlich die gegenseitigen (über die Grundnormen des Völkerrechts hinausgehenden — G. C.) Rechte und Pflichten; der Altstaat sei zur Aufnahme direkter Beziehungen nicht verpflichtet[28].

3.1.3.5 Ohne ausdrücklichen Hinweis auf etwaige konstitutive Elemente erläutert Charles de Visscher den deklaratorischen Charakter der Anerkennung in der Weise, daß dadurch objektiv die Existenz als Völkerrechtssubjekt und subjektiv die Vereinbarkeit der Bedingungen, unter denen sich der neue Staat konstituiert habe, mit den Rechten und Interessen des anerkennenden Staates festgestellt werde[29]. Da de Visscher den subjektiven Teil als der politischen Sphäre zugehörig ansieht, erschöpft sich nach seiner Auffassung die rechtliche Relevanz der Anerkennung in dem genannten deklaratorischen Teilaspekt.

Dieser erhält in der Definition des Institut de Droit International von 1936 eine herausragende Bedeutung:

"La Reconnaissance d'un Etat nouveau est l'acte libre par lequel un ou plusieurs Etats constatent l'existence sur un territoire déterminé d'une société humaine politiquement organisée, indépendante de tout autre Etat existant, capable d'observer les prescriptions du droit international et manifestent en conséquence leur volonté de la considérer comme membre de la Communauté internationale.

La reconnaissance a un effet déclaratif.

L'existence de l'Etat nouveau avec tous les effets juridiques qui s'attachent à cette etistence n'est pas affectée par le refus de reconnaissance d'un ou plusieurs Etats[30]."

Zahlreiche Modifikationen dieser Definition existieren in der kommunistischen Theorie der Anerkennung[31].

3.1.3.6 Die hier genannten Definitionsbeispiele stellen nur einen kleinen, aber repräsentativen Teil der über 40 von Frenzke nachgewiesenen Definitionen dar[32], die im Osten wie im Westen etwa gleichermaßen vertreten werden[33]. Als Hauptaspekt dieser Definitionen haben sich die Völkerrechtssubjektivität und die Aufnahme völkerrechtlicher Beziehungen herausgestellt. Deren Verhältnis zueinander ist nunmehr zu prüfen, um den Inhalt der Staaten-Anerkennung zu konkretisieren.

---

[27] *Holloway*, S. 3.
[28] *Holloway*, S. 571.
[29] Ch. *de Visscher*, S. 255.
[30] AnnIDI 1936, II, S. 300/1 (Art. 1).
[31] *Frenzke*, S. 62 - 74, 24 - 27.
[32] *Frenzke*, S. 46.
[33] *Frenzke*, S. 118.

3.1.3.6.1 Bei der Abwägung dieser Gesichtspunkte soll auch die Staatenpraxis berücksichtigt werden, die jedoch keine wertfreie Manifestation eines allgemeingültigen Anerkennungskonzepts darzustellen vermag[34]. Denn sie ist ihrerseits jeweils durch eine bestimmte außenpolitische Richtung des anerkennenden Staates geprägt[35].

Daraus ist freilich nicht zu schließen, daß die Praxis nicht zu berücksichtigen sei: denn das Institut der Anerkennung ist keine Erfindung der Völkerrechtswissenschaft, sondern ursprünglich das Produkt nationalpolitischer Überlegungen und damit ein Instrument der Außenpolitik. Diese ist daher bei dem Versuch einer Fixierung des völkerrechtlichen Gehalts der Anerkennung unbedingt mitzubeachten. Die hiermit angedeutete wechselseitige Beeinflussung politischer und rechtlicher Elemente macht eine eindeutige Erfassung des Inhalts der Anerkennung schwer, wenn nicht gar unmöglich.

3.1.3.6.2 Der von den „reinen" Konstitutivisten behauptete Effekt, die Anerkennung schaffe ein neues Völkerrechtssubjekt mit Rechten und Pflichten, läßt sich in der Wirklichkeit nur unvollkommen nachweisen: einerseits war Biafra von 5 afrikanischen Staaten anerkannt und wurde trotzdem von den anderen Staaten quasi als rechtlos behandelt. Andererseits verdankte Panama seine Entstehung offenbar der Anerkennung durch die Vereinigten Staaten, woraufhin es von Kolumbien geduldet und von dem überwiegenden Teil der anderen Staaten als völkerrechtlich ihnen gleichwertiges Subjekt angesehen wurde. In diesen Beispielen tritt die Ambivalenz der konstitutiven Anerkennungstheorie deutlich zutage. Denn obschon hier die Wirkung der Anerkennung allein von der Macht des anerkennenden Staates abhängig war, kann das Ergebnis dennoch auch rechtlich begründet werden. Es bräuchte nur behauptet zu werden, daß Panama alle staatskonstituierenden Elemente besessen habe und erst daraufhin von den Vereinigten Staaten anerkannt worden sei, während es Biafra an einer effektiven Staatsmacht gefehlt habe, weshalb es auch überwiegend nicht als Staat, d. h. Rechtssubjekt behandelt worden sei — was augenscheinlich durch die Unmengen geflossenen Blutes nachdrücklich hat dokumentiert werden sollen.

Dieses Exempel einer bewußten Nichtanerkennungs-Politik läßt es geradezu als ein zwingendes Erfordernis erscheinen, ein Staatswesen jedenfalls insoweit als Völkerrechtssubjekt zu betrachten, als es alle die es schützenden „Grundrechte" des Völkerrechts genießen darf. Da die Völkerrechtssubjektivität eines Staates aber nicht objektiv verifizierbar

[34] *O'Connell* I, S. 130/1: „For every ounce of practice the constitutivist can put in the scales, the declaratory theorist can add his ounce. And in any event the practice is usually ambiguously expressed."

[35] ... was nicht besagen soll, daß völkerrechtliche Überlegungen nicht angestellt würden.

ist und es überdies an einer Instanz fehlt, die diese Verifikation vorzunehmen in der Lage wäre, sollte im Zweifel jedem Staatsgebilde, dessen Status noch ungewiß ist, die Völkerrechtssubjektivität mit allen daraus fließenden Rechten — und Verpflichtungen — zuerkannt werden. Das wiederum würde bedeuten, daß jeder Staat völkerrechtliche Rechte und Pflichten für sich beanspruchen darf, auch wenn er nicht anerkannt ist. Wollte man dieses Ergebnis dadurch herbeiführen, daß man allen Staaten die Pflicht zu einer diesbezüglichen konstituierenden Anerkennungshandlung auferlegte, so ließe sich dagegen schon der praktische Grund anführen, daß dies ein viel zu umständliches und zeit- (und möglicherweise leben-) raubendes Verfahren sei. Daher ist es — wenn auch bloß im Sinne einer praktizierten Menschlichkeit[36] und Achtung vor dem Leben — unter völkerrechtlichem Blickwinkel das Beste, ein staatliches Gebilde unabhängig von dessen Anerkennung als Völkerrechtssubjekt zu betrachten, das an allen sich aus den völkerrechtlichen Grundprinzipien ergebenden Rechten und Pflichten vollwertig beteiligt ist.

Aus diesen Gründen ist daher die konstitutive Theorie abzulehnen und die deklaratorische zu befürworten. Diese Auffassung findet sich in der Literatur manchmal unter dem bloßen Hinweis darauf, daß die Völkerrechtsprinzipien per se für alle Staaten Gültigkeit besäßen[37]. Das ist zwar im Ergebnis richtig, aber nicht ohne weiteres einleuchtend, da weder erläutert wird, was ein Staat ist, noch der Versuch unternommen wird, das theoretisch postulierte Ergebnis mit der Anerkennungspraxis der Staaten in einen Bezug zu bringen.

3.1.3.6.3 Gegenüber der so äußerst wichtigen Frage, ob Völkerrechtssubjektivität mit oder ohne Anerkennung vorliegt, erscheint der weitere, mit einer Anerkennung verbundene Komplex der völkerrechtlichen Beziehungen vergleichsweise unbedeutend.

Zu seiner Lösung empfiehlt es sich, das diesbezügliche konkrete Verhalten der Staaten zu berücksichtigen. Demnach ist zu prüfen, ob der Anerkennende mit der Anerkennung rechtlich verbindlich erklärt, er wolle völkerrechtliche oder gar diplomatische Beziehungen mit dem anerkannten Staate aufnehmen. Vermutlich wird man in den staatlichen Archiven der Länder aber lange suchen müssen, um einen Fall ausfindig zu machen, in dem der anerkennende Staat späterhin die Aufnahme wie auch immer gearteter völkerrechtlicher Beziehungen zu dem anerkannten Staat verweigert und dieser sich auf die Verbindlichkeit der in der Anerkennung liegenden Zusage zur Aufnahme von Beziehungen berufen hätte. Wegen fehlender praktischer Relevanz und mangels eines ent-

[36] Hierzu *Lauterpacht*, S. 52/3.

[37] So die Rumänen *Stanescu* und *Duculescu* sowie der Jugoslawe *Jovanovic*. die *Frenzke*, S. 71/2, zitiert, und deren Gedankengängen er sich selbst auch anzuschließen scheint (S. 73). s. auch Frenzke, S. 25 - 27.

sprechenden Rechtssatzes ist darum die Frage der Verbindlichkeit zu verneinen, zumal auch die von den Staaten abgegebenen Anerkennungserklärungen häufig nicht den geringsten Hinweis auf eine einseitig festgelegte Verpflichtung zur Herstellung zwischenstaatlicher Beziehungen enthalten[38].

Das heißt aber noch nicht, daß der Anerkennungsakt ausschließlich die Völkerrechtssubjektivität des Anerkennungsobjekts feststellt und für die Aufnahme von Beziehungen ohne jede rechtliche Bedeutung ist. Schließlich ist nicht zu übersehen, daß zwischen Anerkennung und der Aufnahme bilateraler Verbindungen in der Praxis ein starker faktischer Zusammenhang besteht[39]. Das diesbezügliche in der Anerkennung liegende Element ist deshalb dahingehend zu interpretieren, daß dadurch die grundsätzliche Bereitschaft des anerkennenden Staates zur Aufnahme spezifischer Beziehungen mit dem anerkannten Staat zum Ausdruck komme. Diese Erklärung kann aber nur dann als Bestandteil der Anerkennung aufgefaßt werden, wenn sie zugleich als rechtlich erheblich[40] zu qualifizieren ist. Rechtserheblichkeit ist nicht unbedingt mit rechtlicher Verpflichtung gleichzusetzen, sondern ist schon dann gegeben, wenn ein Sachverhalt irgendwie einen Bezug zu einer rechtlich relevanten Materie aufweist. Das ist hier der Fall, da die Anerkennung sich nicht nur auf die Völkerrechtssubjektivität bezieht, sondern gleichfalls auf Entwicklung und Ausbau der bilateralen Beziehungen, die sich zweifelsohne auf einer rechtlichen Basis abspielen (Diplomaten- und Konsularrecht). Die Anerkennung enthält also die Bestätigung einer rechtserheblichen Situation, nämlich der Bereitschaft zur Aufnahme enger, rechtlich zu regelnder Kontakte, und ist somit eine typische deklaratorische Willensäußerung.

Diese Auslegung stellt klar, daß der anerkennende Staat nicht verpflichtet ist, mit dem anerkannten Staat diplomatisch oder auf anderer Ebene zu verkehren. Außerdem beinhaltet sie zugleich eine gewisse deklaratorische Widerspiegelung der durch die Staatenpraxis manifestierten Bedeutung der Anerkennung für die Verbesserung des Verhältnisses der Anerkennungspartner zueinander.

3.1.3.6.4 Nach alledem ist unter der Anerkennung von Staaten folgendes zu verstehen:

Durch die Anerkennung eines Staates wird deklaratorisch festgestellt, daß

---

[38] Vgl. z. B. *Frenzke*, S. 41/2; *Whiteman* II, S. 133 - 142; *Charvin*, La Republique Démocratique Allemande et le droit international général, RGDIP 1971, S. 1034.

[39] *Frenzke*, S. 47.

[40] *Frenzke*, S. 43.

1. der anerkannte Staat Völkerrechtssubjekt ist mit allen sich für ein Völkerrechtssubjekt aus den völkerrechtlichen Prinzipien ergebenden Rechten und Pflichten, und

2. der anerkennende Staat bereit ist, den Kreis dieser grundsätzlichen Rechte und Pflichten durch die Aufnahme loser oder enger Beziehungen zu erweitern und damit dem anerkannten Staat die Teilnahme an internationalen Aktivitäten zu erleichtern und zu fördern — was im übrigen im Einklang mit dem völkerrechtlichen Prinzip der Zusammenarbeit steht.

3.1.4 Wenn der Inhalt der Anerkennung in dieser Weise verstanden wird, ist es um so mehr fraglich, ob die Nichtanerkennungspraxis einiger Staaten überhaupt einen rechtlichen Einfluß auf die Teilnahme an allgemeinen multilateralen Verträgen ausüben kann.

3.1.4.1 Die Anerkennung bzw. das Vorhandensein diplomatischer Beziehungen ist wiederholt als *Voraussetzung* einer Teilnahme beansprucht worden[41] — seitens der Sowjetunion hinsichtlich der Aufnahme Jordaniens, Irlands und Portugals in die Vereinten Nationen[42], und seitens der Westmächte in Bezug auf die DDR, Nordvietnam und Nordkorea. Indes folgt aus der rein *deklaratorischen* Natur der Anerkennung, daß sie gar nicht sachliche Voraussetzung für die Teilnahme sein kann. Diese stellt vielmehr nur eine Form des praktischen Gebrauchs der mit der Völkerrechtssubjektivität eines jeden Staates gekoppelten Grundrechte dar. Zu diesen Rechten gehört aber auch das Recht auf Gleichbehandlung, so daß den nichtanerkannten Staaten durch die nichtanerkennenden Staaten die Beteiligung an den allgemeinen multilateralen Verträgen nicht verwehrt werden darf[43]. Eine rechtliche Festlegung dieses Gedankens stellt Art. 74 der Vertragsrechts-Konvention von 1969 dar, wenn auch dort nur bestimmt wird, daß das Fehlen diplomatischer Beziehungen einen Vertragsabschluß nicht hindert[44].

---

[41] *Menzel*, S. 80; *Rumpf*, Wiener Konvention: Vertrag der Verträge, AußPol 1971, S. 586.

[42] SCOR, 1st year, 2nd series, Suppl. No. 4: der jeweilige Ablehnungsgrund war das Fehlen diplomatischer Beziehungen (Jordanien: S. 70, Irland: S. 72, Portugal: S. 74); SCOR, 2nd year, Special Suppl. No. 3 — nunmehr wurden seitens der SU neben dem o. a. Grund außerdem Bedenken hinsichtlich der Unabhängigkeit (Jordanien: S. 14) und des Verhaltens im 2. Weltkrieg vorgebracht (Irland: S. 15, Portugal: S. 16/7); S/1466, S. 21; *Caty*, S. 205; *Green*, Membership in the United Nations, CLP 1949, S. 271, 273; *Klein*, Die Mitgliedschaft in den Vereinten Nationen, AVR 1948/9, S. 159, 177.

[43] *Lachs*, La reconnaissance et les problèmes de la coopération internationale dans les traités, S. 420; *Feldmann*, Recognition of states and governments ..., S. 215; *Schirmer*, S. 206, 208; *Peck*, S. 177; *Nagy*, The admission of non-recognized states into international organisations, S. 136.

[44] A/CONF. 39/11/Add. 2, S. 299.

Hierfür lassen sich zusätzlich die folgenden, mehr formellen Gründe anführen, deren erster einem Memorandum des Generalsekretärs der Vereinten Nationen aus dem Jahre 1950 entstammt. Danach sind Anerkennung und Teilnahme rechtlich völlig getrennte Bereiche, die sich gegenseitig nicht beeinflussen[45], da die Anerkennung immer ein einseitiger Akt ist, während die Zulassung eines Staates eine kollektive Entscheidung darstellt. Weiterhin ist zugunsten der Unabhängigkeit von Anerkennung und Teilnahme darauf hinzuweisen, daß keine internationale Organisation und keine allgemeine Konvention die Anerkennung als Zulassungsvoraussetzung erwähnt[46].

Für den Bereich der internationalen Organisationen vertritt eine bestimmte Gruppe von Autoren (Anhänger der konstitutiven Theorie) die Meinung, daß die Einzelstaaten mit der Zustimmung zur Teilnahmeklausel ihr Anerkennungsprivileg auf die Organisation übertragen hätten[47] und folglich nicht mehr zur Einwendung der Nichtanerkennung befugt seien. — Alle genannten Ansichten finden in der Praxis eine große[48], wenn auch nicht lückenlose Stütze.

3.1.4.2 Wenn demnach einzelne Staaten aus dem Grunde von der Teilnahme an allgemeinen multilateralen Verträgen abgehalten werden, weil sie von einigen anderen Staaten nicht anerkannt sind, so scheint es, daß dabei mehr politische als rechtliche Erwägungen Platz greifen[49], und daß die Zulassung eines Staates ein Spiel der Majoritäten und nicht die Anwendung rechtlicher Prinzipien darstelle[50]. Diese Aussage Pintos trifft unmittelbar auf die internationalen Organisationen zu, die heute ausnahmslos[51] mehrheitliche Entscheidungen für die Zulassung verlangen. Sie kann aber ebenso auf alle Konventionen bezogen werden, die mit der Wiener Formel die Mitgliedschaft in den Vereinten Nationen oder in

---

[45] S/1466 (SCOR [V] Suppl. 1, S. 19, 20); so auch *Tunkin*, A/CN. 4/SR 667, par. 21 (YBILC 1962 I, S. 249); *Köck*, Der Beitritt zu völkerrechtlichen Verträgen, ÖZöR 1970 (20), S. 262; *Feldmann*, The recognition of states and membership of international organisations, SovYBIL 1961, S. 64; *Graefrath*, Das Recht der DDR auf Mitgliedschaft in den UN, DAP 1966, S. 669.

[46] *Nagy*, S. 130/1, 135; *ders.*, La reconnaissance de l'Etat dans le droit international contemporain, S. 119; *Kohl*, Zur Frage des Beitritts ..., Časopis pro mezinárodní právo 1959, S. 337; *Feinberg*, L'admission de nouveaux membres ..., S. 335/6; *Erdmann*, S. 147; *Feldmann*, S. 210; *Caty*, S. 205.

[47] *Kelsen*, The law of the United Nations, S. 79; *ders.*, Recognition in international law, AJIL 1941 (35), S. 614; *ders.*, Principles of international law, S. 398.

[48] Der Jemen und Burma beispielsweise wurden einstimmig in die Vereinten Nationen aufgenommen, obwohl sie nur von wenigen Staaten anerkannt waren.

[49] *Bot*, S. 139, 184.

[50] *Pinto*, Le statut international de la République Démocratique Allemande, JDI 1959 (86), S. 424.

[51] Anders noch die frühen Weltpostverträge nach dem 2. Weltkrieg.

einer ihrer Sonderorganisationen voraussetzen — wodurch eine indirekte Beziehung zur Nichtanerkennungspolitik einiger Staaten hergestellt wird.

Nichtanerkennung darf aber in keinem Falle, wie gezeigt, zur Fernhaltung mißliebiger Staaten von internationalen Organisationen und Konventionen geltend gemacht werden[52]. Ein effektiv existierender Staat mit einer effektiv arbeitenden Regierung, der in der Lage ist, die mit einer Mitgliedschaft verbundenen Pflichten zu erfüllen, sollte auch aufgrund dieser Tatsache nicht daran gehindert werden, an der im Rahmen allgemeiner multilateraler Verträge sich vollziehenden internationalen Zusammenarbeit teilzunehmen[53].

Aus alledem folgt, daß das Verhalten der Staaten, die einem von ihnen nicht anerkannten Staat die Teilnahme an allgemeinen internationalen Verträgen jeder Art allein aufgrund der Nichtanerkennung unmöglich machen, als völkerrechtswidrig anzusehen ist[54].

3.1.5 Bisweilen wird von den Gegnern der Zulassung bestimmter Staaten vorgebracht, die Nichtzulassung sei nicht nur aus Gründen der Nichtanerkennung gerechtfertigt, sondern sie ergebe sich außerdem aus folgender Überlegung. Die Zulassung des unerwünschten Bewerbers impliziere dessen Anerkennung auch seitens der ihn vorher nicht anerkennenden Staaten. Diese könnten den Anerkennungseffekt nur vermeiden, wenn sie von der Ratifizierung des bzgl. Vertrages absähen. Es sei aber unfair, sie hierzu zu zwingen, da sie doch an der Ausarbeitung des Vertrages teilgenommen hätten[55].

3.1.5.1 Als Autor der stillschweigenden Anerkennung kann neben dem nationalen Staat, individuell oder kollektiv, auch ein internationales Organ in Frage kommen. Noch hat eine solche Anerkennung aber nur Wirkung gegenüber diesem Organ selbst[56]. Mit der durch einen Staat ausgesprochenen Anerkennung eines anderen Staates ist sie deshalb nicht vergleichbar. Ansätze in dieser Richtung zeigen sich jedoch in der allgemein zu beobachtenden Entwicklung, daß die Staaten immer enger und umfassender in den diversen Bereichen zusammenarbeiten und sich dazu auf der multilateralen Ebene universeller Institutionen bedienen, deren Organe sie der Zweckmäßigkeit halber mit immer neuen Rechten und Fähigkeiten ausstatten. Hierzu kann, mit einigem Vorbehalt, auch der Akt der Anerkennung gezählt werden, der, wenn auch letztlich immer noch von den Staaten selbst ausgeübt, im Aufnahmeverfahren interna-

[52] Ohne weitere Begründung *Klein*, S. 154; *Pinto*, S. 392, 420, 422; *Charpentier*, S. 62, 323; Ch. *de Visscher*, S. 257.

[53] *Bot*, S. 139, 185.

[54] Vgl. dazu *Frenzke*, S. 305 - 350, insbesondere S. 330.

[55] *Yokota*, A/CN. 4/SR 503, par. 47/8 (YBILC 1959 I, S. 110).

[56] *Seidl-Hohenveldern*, Völkerrecht, Rz. 480, S. 123.

tionaler Organisationen doch schon gewisse organschaftliche Züge angenommen zu haben scheint[57]. Als symptomatisch für diese Tendenz wird häufig der Vorschlag Norwegens auf der Konferenz von San Francisco zitiert, wonach die Vereinten Nationen selbst zur kollektiven Anerkennung von Regierungen und Staaten befähigt sein sollten[58]. Er hat sich allerdings bis heute noch nicht zu einem allgemeingültigen Völkerrechtssatz entwickelt[59].

Für den Fall, daß die Anerkennung von Staaten nicht mehr ausschließlich deren Ermessensbereich zuzuordnen, sondern mit Bindungswirkung auch für diese Staaten mehr und mehr als auf internationale Organe übertragen anzusehen wäre, würde dies auch Rückwirkungen auf den Inhalt der Anerkennung zeitigen müssen. An der wesentlichen Bedeutung der Anerkennung als deklaratorischer Konstatierung der Völkerrechtssubjektivität eines um Aufnahme anstehenden Bewerbers würde sich aber nichts ändern.

Indes kann heute noch nicht davon gesprochen werden, daß sich die Anerkennung endgültig in der angedeuteten Richtung entwickelt hätte[60], so daß vorerst allenfalls ein Trend zur kollektiven, vom Willen der Einzelstaaten nicht mehr direkt abhängigen Anerkennung angenommen werden kann. Jedenfalls wird von dem Instrument der Nichtanerkennung noch Gebrauch gemacht, zwar in engem Rahmen, dafür aber intensiv. Möglicherweise handelt es sich dabei schon um eine als Ausnahme zu qualifizierende Erscheinung[61], die mit der in naher Zukunft zu erwartenden Lockerung der Spannung zwischen Ost und West ihre Relevanz einbüßt und den Weg zu der oben beschriebenen organschaftlichen Kollektivierung des Anerkennungsaktes freigibt.

3.1.5.2 Solange dies jedoch nicht erwiesen ist, bleibt zu prüfen, ob die Teilnahme eines nicht-anerkannten Staates an allgemeinen multilateralen Verträgen die individuelle Anerkennung durch alle Staaten impliziert, die diesen Staat vorher nicht anerkannt hatten. Mit dieser Fragestellung verbindet sich notwendigerweise und inzidenter die Untersuchung, ob die gegenseitig nicht-anerkannten Staaten befugt sind, trotz

---

[57] So schon *Schücking/Wehberg*, S. 268; vgl. auch *Lauterpacht*, Recognition, S. 67 - 69; *Rosenne*, Recognition of states by the United Nations, BYBIL 1959, S. 439; *Kelsen*, s. o. 3.1.4.1; *Han*, S. 45/6.

[58] Vgl. *O'Connell* I, S. 157; UNCIO Doc. 2, G/7 (n), Bd. 3, S. 366/7.

[59] *Aufricht*, Principles and practices of recognition by international organisations, AJIL 1949 (43), S. 691.
Anderer Meinung *Schwenk*, S. 19, 20, nach dem die kollektive der individuellen Anerkennung sogar vorgehen, S. 52, und über den Rahmen der Vereinten Nationen hinaus auch im Verkehr der Staaten untereinander Wirkung haben soll, S. 56.

[60] *Zivier*, S. 121.

[61] Beachte jedoch die neuen Komplikationen bei der Zulassung Bangla Deshs in die UNO (s. 4.3).

des sie umgreifenden Vertragsbandes die sich aus dem Vertrag ergebenden Beziehungen in ihrem Verhältnis zueinander zu negieren. Die aufzuzeigenden Lösungswege orientieren sich an der hier vertretenen Anerkennungskonzeption:

Die durch einen Staat ausgesprochene Anerkennung deklariert die ohnehin aufgrund allgemeinen Völkerrechts bestehende Pflicht zur Respektierung der vollen Völkerrechtssubjektivität des anerkannten Staates und bringt darüber hinaus in deklaratorischer Form die Bereitschaft zur Entwicklung des gegenseitigen Verhältnisses zum Ausdruck[62].

Aus dieser Definition folgt zwangsläufig, daß hier kein Unterschied zu machen ist zwischen der vollen und der bloß partiellen Anerkennung für den Bereich eines allgemeinen multilateralen Vertrages[63]. Desgleichen sind die vielen Wertungsmaßstäbe und Differenzierungsgründe, die zur Lösung der gestellten Frage in allen möglichen Varianten vorgeschlagen werden, hier nicht von großem Nutzen. Um die soeben aufgestellte Behauptung bestätigen zu können, sind zunächst die Differenzierungsaspekte, die zumeist paarweise auftreten, zu nennen — und anschließend auf ihre Brauchbarkeit hin zu untersuchen.

Unterschieden wird zwischen allgemeinen Staatenkonferenzen, Konventionen, der UNO und deren Sonderorganisationen, zwischen offenen Verträgen mit und ohne Zulassungsverfahren, zwischen pro- und contra-Stimmabgabe, zwischen politischen und unpolitischen Verträgen[64], zwischen Unterzeichnung und Beitritt, zwischen der Geltendmachung und der Nichtausübung eines Anerkennungsvorbehalts, sowie anderen funktionalen Gesichtspunkten, die hier jedoch keiner weiteren Vertiefung bedürfen[65]. Diese Variablen werden in höchst diversen Konstellationen einmal zum Beweise dieser (deklaratorischen), einmal zur Bekräftigung jener (konstitutiven) Theorie herangezogen[66]. Schließlich sind noch diejenigen Autoren zu erwähnen, die ohne Differenzierung den Anerkennungseffekt entweder rundweg bejahen[67] oder verneinen[68], letztere

---

[62] Vgl. o. 3.1.3.6.4.

[63] Anders *Ress* für die UN-Sonderorganisationen, Einige völkerrechtliche und staatsrechtliche Konsequenzen der Mitgliedschaft von BRD und DDR in den Vereinten Nationen und ihren Sonderorganisationen, Der Staat 1972, Heft 1, S. 33.

[64] Hierauf stellt insbesondere B. J. *Meissner* ab, S. 39 - 50.

[65] Vgl. dzau *Chen*, S. 201 - 216; *Frowein*, S. 117 - 142; *Erdmann*, S. 85 - 88, 95, 148 - 151; *Caty*, S. 196, 206 - 209; *Dahm* I, S. 143/4; *Charpentier*, S. 61, 255, 330/1; *Lauterpacht*, S. 372, 374, 380, 403.

[66] *Frenzke*, S. 25/6, 257 - 286; eine gute Übersicht auch bei *Alexy*, Die Beteiligung an multilateralen Konferenzen, Verträgen und internationalen Organisationen als Frage der indirekten Anerkennung von Staaten, ZaöRV 1966 (26), S. 495 - 555.

[67] *Bindschedler*, Die Anerkennung im Völkerrecht, AVR 1961/2, S. 382; *Scelle*, L'admission des nouveaux Membres de la Société des Nations par l'Assemblée de Genève, RGDIP 1921, S. 128; *ders.*, Quelques réflexions sur le droit des peuples . . ., S. 389; *Schücking/Wehberg*, S. 269.

zuweilen unter Berufung auf die Praxis (arabische Staaten — Israel), die jedoch der (Rechts-)Logik widerspreche[69]. Nach Ansicht dieser Völkerrechtler wird durch die Zulassung eines Staates lediglich dessen Staatscharakter mit Wirkung gegenüber der Organisation festgestellt[70].

3.1.5.3 Das äußere Erscheinungsbild der allgemeinen multilateralen Verträge als Konventionen, Organisationen oder (deren Vorbereitung betreffenden) Konferenzen legt es nahe, die Prüfung der Wirkungen der Teilnahme auf die Anerkennung entsprechend dieser Untergliederung vorzunehmen.

Hinsichtlich der allgemeinen Staatenkonferenzen kann dabei der Einfachheit halber auf die nahezu einhellige Ansicht verwiesen werden, daß die Teilnahme an einer multilateralen Konferenz in keinem Falle eine Anerkennung zur Folge habe[71].

Was hingegen die internationalen Verträge und Organisationen angeht, so läßt sich der einzelstaatliche Anerkennungswille bzw. dessen Fehlen mit keinem der o. a. Kriterien hinreichend deutlich bestimmen. Sowohl unbeschränkt wie auch beschränkt-offene Verträge und Organisationen bezeugen anhand der Beitrittsklausel lediglich, daß alle an der Errichtung der Vertragsbestimmungen beteiligten Vertragspartner z. Z. der Entstehung des Vertrages mit dem von ihnen ausgearbeiteten Teilnahme- und Aufnahmemodus einverstanden waren. Über den Willen, die Völkerrechtssubjektivität eines späteren Bewerbers zu bestätigen, vermögen sie deshalb konkret nichts auszusagen.

Diese mangelnde Konkretisierung deutet zugleich an, daß es auch nicht darauf ankommen kann, ob der nichtanerkannte Staat die Teilnahmeklausel mitbestimmt und den Vertrag mitunterzeichnet hat, oder ob er ihm erst später beitritt. Denn bei der Schaffung eines multilateralen völkerrechtlichen Vertrages geht es allen daran Mitwirkenden in erster Linie um die spezifische Materie, die durch den Vertrag geregelt werden

---

[68] S/1466 (S. 22); *Peck*, S. 176; *Rose*, S. 86, schreibt lediglich, daß die Anerkennung nicht Voraussetzung für die Aufnahme sei, und also auch in der Zustimmung zur Aufnahme keine Anerkennung liege. *Patel*, S. 103, in bezug auf die Vereinten Nationen: „... implied recognition is unwarranted by law"; etwas zurückhaltend meinte die Bundesregierung in der Antwort auf eine Große Anfrage der CDU/CSU-Fraktion, die gleichzeitige Mitgliedschaft habe nicht ohne weiteres die völkerrechtliche Anerkennung zur Folge, Bulletin vom 23. 11. 1971, Nr. 171, S. 1808, während sie anläßlich der Unterzeichnung des Meeresbodenvertrages am 8. 6. 1971 erklärte, daß damit keine Anerkennung der DDR verbunden sei (AdG vom 8. 6. 1971, 16321 A).

[69] *Zellweger*, Anerkennung und Nichtanerkennung neuer Staaten, Schw JBIR 1967 (24), S. 12/3; *Seidl-Hohenveldern*, Völkerrecht, Rz. 481, S. 123.

[70] *Seidl-Hohenveldern*, Rz. 480, S. 123; ihm folgend (betr. die UNO) *Ress*, S. 36; *Han*, Die Aufnahme von Mitgliedern in die UNO, VN 1966, S. 123; *Balekjian*, S. 161, 163.

[71] *Alexy*, S. 500 - 511; anders *Herder/Wünsche*, Die Deutsche Demokratische Republik ist anerkannt!, StuR 1959 (8), S. 931.

soll. Ihr Interesse an dem Kreis der potentiellen Vertragspartner tritt dahinter zurück und ist nur insoweit von Bedeutung, als der mit dem Vertrag verfolgte Zweck überhaupt die Teilnahme einer mehr oder minder großen Anzahl von Staaten verlangt.

Auch die Unterscheidung zwischen politischen und unpolitischen, technischen, humanitären Verträgen trägt nicht dazu bei, die durch die Teilnahme eines Staates etwa erfolgte Anerkennung nachzuweisen. Das hat seinen Grund in dem weiten Umfang der Anerkennung. Zwar besitzt die Anerkennung einen hohen politischen Koeffizienten, doch bezieht sie sich auf die Völkerrechtssubjektivität des anzuerkennenden Staates. Diese ist aber keinesfalls auf politische Aspekte der Staatlichkeit beschränkt, sondern umfaßt alle die mit einem Staatswesen verbundenen mannigfachen zwischenstaatlichen Beziehungen und Willensäußerungen. Hierzu sind z. B. die internationalen Anstrengungen zur Verbesserung der Welternährungslage und die Bemühungen um eine allen Menschen dienende Ausnutzung der Atomkraft ebenso zu zählen wie die Versuche, die durch die Eskalation des Gleichgewichts des Schreckens hervorgerufenen Gefahren in langwierigen Entspannungsverhandlungen langsam abzubauen. Folglich erscheint es als ausgeschlossen, die Wirkung der Anerkennung auf den durch einen bestimmten Vertrag geregelten Teilbereich zu beschränken. Ob durch die Beteiligung eines Staates dessen Anerkennung erfolgt, kann deshalb nicht von dem politischen oder nicht-politischen Charakter des betreffenden Vertrages abhängen — ungeachtet der Schwierigkeit, diese Unterscheidung überhaupt zu treffen.

Hingegen scheint der Gesichtspunkt des pro- und contra-Stimmens bei der Aufnahme eines Bewerbers geeignet zu sein, den Anerkennungswillen jedes der abstimmenden Staaten mit einiger Sicherheit zu bestimmen. Denn die im Rahmen des Aufnahmeverfahrens erfolgende Stimmabgabe bezieht sich konkret auf den die Teilnahme beantragenden Staat. Sofern die Zulassung den Staatscharakter des Bewerbers voraussetzt[72], bedeutet eine Nein-Stimme also, daß entweder die Voraussetzungen der Staatlichkeit oder (falls vorhanden) eines der sonstigen Teilnahmeerfordernisse für nicht gegeben angesehen werden: in jedem Falle heißt das, daß der die Zulassung ablehnende Staat nicht bereit ist, die Völkerrechtssubjektivität des Bewerbers zu konstatieren — und diesen mithin anzuerkennen. Stimmt dagegen der nicht-anerkennende Staat mit „pro", so votiert er damit implizite für die Völkerrechtssubjektivität des Bewerbers[73]. Wenn in der Ja-Stimme außerdem die Erklärung der Bereitschaft zu sehen ist, die Beziehungen zu dem neuen

---

[72] Das ist bei einigen der Sonderorganisationen nicht der Fall, z. B. bei UPU und ITU.

[73] Nach *Verdroß*, S. 248/9, liegt darin bereits eine Anerkennung.

Teilnehmer zu verstärken, so ist die positive Stimmabgabe als Anerkennung zu werten. — Die Befürwortung der Teilnahme eines Bewerbers kann lediglich als Bestätigung seiner völkerrechtlichen Existenz gemeint sein. Es dürfte aber im Sinne einer am Normalfall orientierten Auslegung liegen, die Stimmabgabe für einen Bewerber im Zweifel nicht nur als deklaratorische Bestätigung der Völkerrechtssubjektivität, sondern auch der grundsätzlichen Bereitschaft zur Aufnahme zweiseitiger völkerrechtlicher Beziehungen und damit als Anerkennung zu betrachten[74]. Hierbei kann es dann auch keine Rolle spielen, ob der Bewerber tatsächlich zugelassen wird oder nicht. Will der nicht-anerkennende Staat mit seiner Stimme ausschließlich die Staatlichkeit des Bewerbers bestätigen, so sollte er, um alle Zweifel auszuschließen, einen entsprechenden Anerkennungs-Vorbehalt anbringen[75].

3.1.5.4 Aus dem Gesagten lassen sich noch keine Rückschlüsse auf die sich aus dem Vertrag selbst ergebenden Rechte und Pflichten zwischen gegenseitig nicht anerkannten Staaten ziehen. Jedoch besagt insoweit die Vertragswirklichkeit, daß diese Rechte und Pflichten oftmals suspendiert sind[76], weil die nichtanerkennenden Staaten es als Nötigung empfinden würden, wenn sie mit den von ihnen nicht anerkannten Staaten auf der gegenständlichen vertraglichen Basis verkehren müßten[77]. Anders ist es nur im Bereich internationaler Organisationen, die zur Erlangung einer ausreichenden Effektivität eines weitgehend reibungslosen innerorganisatorischen Geschäftsablaufs bedürfen. So kann ein nichtanerkennender Staat z. B. nicht ausschließen, daß der von ihm nicht anerkannte Staat in einen Ausschuß gewählt wird, in dem dessen Stimme den Ausschlag geben kann.

Von diesem Sonderfall abgesehen entspricht es aber dem geltenden Völkerrecht, daß die gemeinsame Beteiligung sich nicht anerkennender Staaten an allgemeinen multilateralen Verträgen nicht die Pflicht zur gegenseitigen Beachtung der Vertragsbestimmungen beinhaltet und nicht automatisch vertragliche Beziehungen zwischen ihnen schafft[78]. Zugunsten dieses Rechtszustandes kann angeführt werden, daß die nichtanerkennenden Staaten dann eher bereit seien, mit dem nicht-anerkannten Staat *freiwillig* zur Erreichung des Vertragszwecks zusammenzu-

---

[74] *Seidl-Hohenveldern*, Rechtsbeziehungen zwischen internationalen Organisationen und den einzelnen Staaten, AVR 1953/4 (4), S. 39/40; ohne Begründung: *Charpentier*, Pratique française du droit international public, AFDI 1962, S. 1023.

[75] Vgl. zur Zulässigkeit von Vorbehalten die Regelung der Art. 19 - 23 der Vertragsrechts-Konvention; *Bot*, S. 132 - 134.

[76] *Bot*, S. 254.

[77] *Higgins*, S. 143.

[78] BGH, NJW 1960, S. 1105; Erklärung der Bundesregierung zum Atomteststopabkommen (Bulletin 1963, S. 1289 — s. auch 1.1.3.4.2) und zum Meeresbodenvertrag (AdG 16321 A); *Higgins*, S. 143.

arbeiten[79]. Deshalb erscheint es auch als zulässig, den Effekt von Anerkennungsvorbehalten über die deklaratorische Wirkung der Anerkennung hinaus auf die vertraglichen Beziehungen auszudehnen[80]. Hierdurch würde lediglich, wie bei anderen sachbezogenen Vorbehalten auch, die Verwirklichung des Vertragsinhalts zwischen den nichtanerkannten Staaten gewissermaßen suspendiert, während die raison d'être des Vertrags im Verhältnis der dritten Vertragsparteien zueinander durchaus gewahrt bliebe.

Es darf dabei aber nicht übersehen werden, daß prinzipiell alle Staaten zu Ziel und Zweck solcher Verträge beizutragen und diese durch ihr Verhalten nicht zu behindern haben[81]. Daher wäre es de lege ferenda zu begrüßen, wenn jeder Staat jedem anderen Staate gegenüber zur Beachtung aller vertraglichen Bestimmungen verpflichtet würde[82].

3.1.6 Hiermit ist die Untersuchung aller wichtigen Fragen, die mit der Teilnahme und dem Institut der Anerkennung verbunden sind, abgeschlossen.

Die Bedeutung der Anerkennung für das Teilnahmerecht aller Staaten an allgemeinen multilateralen Verträgen ist demnach wie folgt zusammenzufassen:

Die Anerkennung ist in keinem Falle völkerrechtliche Voraussetzung der Teilnahme[83].

Auch führt die Teilnahme allein nicht zur stillschweigenden Anerkennung. Diese ist nur dann als erfolgt anzusehen, wenn der nicht-anerkennende Staat die Teilnahme des von ihm nicht anerkannten Staates befürwortet hat[84].

---

[79] *Bot*, S. 184, 254.

[80] *Alexy* nimmt hiervon jedoch die internationalen Organisationen aus, S. 580; so auch *Ress*, S. 39. Entsprechend der tatsächlich geübten Praxis (s. o. 3.1.5.4) kann man noch weitergehen und den Ausschluß von Beziehungen auch im Rahmen internationaler Organisationen insoweit für erlaubt halten, als nicht unmittelbar innerorganisatorische Fragen betroffen sind.

[81] In diesem Sinne *Guggenheim*, La pratique suisse — Qualification des rapports entre Etats dans le cadre des traités multilatéraux, SchwJBIR 1963 (20), S. 81. — Unter dem Stichwort „Anerkennung für die Zwecke der Organisation" auch *Aufricht*, S. 680; ähnlich *Wright*, Recognition, intervention and ideologies, IndYBIAff 1958 (7), S. 91. — *Nagy*, The admission ..., S. 139 - 144; *ders.*, La reconnaissance de l'Etat ..., S. 119; *Kelsen*, Recognition in international law, S. 614 (= Principles of ..., S. 398/9).

[82] Diese Forderung wird bereits als lex lata aufgefaßt von *Kelsen*, Recent trends in the law of the UN, S. 947 Fn. 4, und *v. Perfall*, S. 144; *Wolff*, S. 167, geht dabei jedoch von einer bloß partiellen Völkerrechtssubjektivität aus, S. 172; *Schwarzenberger*, S. 64/5; *Zivier* spricht von einer „gewissen Rechtsposition", S. 121.

[83] s. o. 3.1.4.2.

[84] Vgl. 3.1.5.3.

Die Teilnahme gegenseitig nicht-anerkannter Staaten bedingt nach dem heute gültigen Völkerrecht im Regelfalle noch nicht die Entstehung vertraglicher Beziehungen zwischen diesen Staaten. Allerdings sollte im Zuge der Fortentwicklung des Völkerrechts eine Regel angestrebt werden, die die allseitige und umfassende Geltung der Bestimmungen eines allgemeinen multilateralen Vertrages generell festlegt.

Somit dürfen weder das Recht aller Staaten auf universale Teilnahme noch das Ziel aller allgemeinen multilateralen Verträge durch das Institut der Anerkennung und die Politik der Nichtanerkennung in irgendeiner Weise beeinträchtigt werden. Das z. Zt. von einigen Staaten noch geübte gegenteilige Verhalten ist daher als völkerrechtswidrig anzusehen.

3.2 Allgemeine Teilnahme und der Grundsatz der Vertragsfreiheit

Neben der Anerkennung soll auch die Vertragsfreiheit ein Hinderungsgrund für die uneingeschränkte Teilnahme aller Staaten an allgemeinen multilateralen Verträgen sein.

Anders als die Anerkennung steht der Grundsatz der Vertragsfreiheit in einem direkten rechtlichen Zusammenhang mit dem allgemeinen Teilnahmerecht. Während dessen Gegner vortragen, das Prinzip der Vertragsfreiheit gehe dem Recht auf Teilnahme vor, behaupten dessen Befürworter das gerade Gegenteil und zitieren dabei häufig das Universalitätsprinzip, das vor dem Prinzip der Vertragsfreiheit den Vorrang genieße.

Dabei sei darauf hingewiesen, daß in diesem Punkte, wie in allen anderen Fragen bisher, die völkerrechtliche Diskussion teilweise sehr an politische Erwägungen angelehnt ist[85]. Aus dieser knappen Darstellung des Streitstandes geht hervor, daß die Existenz des Grundsatzes der Vertragsfreiheit selbst von keiner Seite angezweifelt wird, doch hat sich damit eine Begriffserklärung noch nicht erübrigt.

3.2.1 Unter dem Begriff der Vertragsfreiheit kann mehrerlei verstanden werden, nämlich die Freiheit zum Abschluß des Vertrages, die freie Wahl des Vertragspartners, die Freiheit in der Gestaltung des Vertragsinhalts[86], sowie die Freiheit der Vertragsaufhebung[87]. Die beiden

---

[85] *Rumpf*, Wiener Konvention ..., S. 586; *Jaenicke*, Die Aufnahme neuer Mitglieder in die Vereinten Nationen, ZaöRV 1950/1 (13), S. 379. Dies wird auch durch die im Committee of the Whole der Wiener Vertragsrechts-Konferenz geführten Streitgespräche bewiesen, wie die nächsten Abschnitte zeigen werden.

[86] *Schirmer*, S. 144.

[87] Diesen zusätzlichen Gesichtspunkt erwähnt *Schaumann* in Anlehnung an die im Privatrecht geltende Bedeutung der Vertragsfreiheit, S. 145.

letzten Alternativen sind hier ohne Belang. Auch das Verhältnis der Freiheit der Wahl der Vertragspartner zur Abschlußfreiheit ist hier nicht abschließend zu klären. Sofern beide als ein- und dasselbe angesehen werden[88], ist das jedenfalls insofern richtig, als jeder Vertragsabschluß die Berührung mit einem oder mehreren Teilnehmern bedingt.

Inwieweit nun den an dem Vertrag Beteiligten eine Wahl hinsichtlich des Kreises der Teilnehmer zusteht, dürfte von der jeweiligen Art des Vertrages abhängen. So ist bei einem zweiseitigen Vertrag regelmäßig davon auszugehen, daß beide Kontrahenten auf freiwilliger Basis im Rahmen des Vertrages miteinander verkehren. Wenn sie machtmäßig keine allzu großen Unterschiede aufweisen, kann jede der beiden Parteien relativ frei darüber entscheiden, ob sie gerade mit diesem Partner kontraktieren will oder nicht (anders kann die Situation z. B. bei einem Friedensvertrag zu beurteilen sein).

Bei einem mehrseitigen Vertrag sind nicht allein zwei gegebenenfalls unterschiedliche Interessenlagen aufeinander abzustimmen, sondern es fließen viele zielgerichtete Vorstellungen zusammen, die nach einem vertraglich festzuhaltenden Ausgleich streben. Dabei sollten alle konkurrierenden und divergierenden Interessen eine gewisse Berücksichtigung finden, so daß eine optimale Regelung erreicht werden kann. Unter diesem Aspekt sind deshalb auch die Gründe für und wider eine Beschränkung der Anzahl der Vertragspartner im Namen der Vertragsfreiheit zu untersuchen.

3.2.2 Eines der die Vertragsfreiheit bei multilateralen Verträgen propagierenden Argumente stützt sich auf den Grundsatz „pacta sunt servanda". Dieses Prinzip lautet in vollständiger Lesart „pacta sunt servanda intra gentes intra quas signita", woraus geschlossen wird, daß es sich nicht auf alle Mitglieder der Staatengemeinschaft erstrecke[89]. Wenn auch an der Richtigkeit dieses Satzes nicht zu zweifeln ist, so ist es doch fraglich, ob er hier einschlägig ist. Denn er befaßt sich lediglich mit den Vertragspflichten und nicht mit der Teilnahmefrage.

Unter dem Deckmantel der Vertragsfreiheit wird oft behauptet, die Teilnahme an einem multilateralen Vertrag stehe nur den an der Ausarbeitung und Unterzeichnung des Vertrages Beteiligten zu, die insofern bereits die Wahl ihrer Vertragspartner vorgenommen hätten[90]. Hierdurch wird aber der Vorrang der Vertragsfeiheit nur behauptet und nicht begründet und außerdem das Problem der Teilnahmeberechtigung nur auf den Konferenzzeitpunkt vorverlegt, nicht aber in der Sache gelöst.

---

[88] *Köck*, Der Beitritt ..., S. 250.
[89] *Maresca*, A/CONF. 39/C. 1/SR 88, par. 13 (A/CONF. 39/11/Add. 1, S. 231).
[90] *Maresca*, par. 14; *Tsuruoka*, ebendort, SR 90, par. 25 (S. 245); *Yrjölä*, ebendort par. 29; *Cadieux*, A/CN. 4/SR 793, par. 10 (YBILC 1965 I, S. 121); *Fitzmaurice*, A/CN. 4/SR 504, par. 3 (YBILC 1959 I, S. 112).

Eine ähnliche Problemverschiebung ist bei denjenigen zu beobachten, die die Gefahr beschwören, jedes die Staatskriterien erfüllende Gebilde könne sich selbst als Staat bezeichnen und somit gegen den Willen der Mehrheit der Staaten an multilateralen Verträgen teilnehmen, wenn diese nicht ihre Partner aussuchen dürften[91]. Dabei wird jedoch außer Acht gelassen, daß die Vertragsfreiheit *jedem* Staate gleichermaßen zusteht. Deshalb wäre der Hinweis auf die entgegenstehende angebliche Mehrheit der Staaten nur dann gerechtfertigt, wenn zugleich begründet würde, wieso dies den Vorrang vor dem Interesse der anderen Staaten an einer universalen Teilnahme haben soll.

Vereinzelt wird in die Diskussion über die freie Vertragspartnerwahl auch das sich in den allgemeinen multilateralen Verträgen manifestierende Interesse der Staatengemeinschaft miteinbezogen. Aufgrund dieses allgemeinen Interesses „könne" in einer sehr begrenzten Anzahl von Fällen der intuitus personae zugunsten einer Allbeteiligung mißachtet werden[92]. Damit wird jedoch im Ergebnis an der uneingeschränkten Freiheit der Vertragspartnerwahl festgehalten[93].

Die Ansicht von der primären Geltung der Vertragsfreiheit gegenüber dem Teilnahmerecht scheint nicht nur durch die Vielzahl der Beitrittsklauseln bestätigt zu werden, in denen die ursprünglichen Parteien ihr Zustimmungserfordernis aufgestellt haben[94], sondern in verallgemeinerter Form auch in dem Bericht der Völkerrechtskommission über ihre 14. Session an die Generalversammlung der Vereinten Nationen[95]. Dort heißt es in Art. 8 Abs. 1, daß jeder Staat Partner eines allgemeinen multilateralen Vertrages werden könne, *wenn nicht* der Vertrag selbst *eine andere Bestimmung* enthalte. Art. 9 Abs. 1 lit. a bekräftigt die Zulässigkeit einer Teilnahmeklausel, indem er für die nachträgliche Öffnung eines allgemeinen Vertrages die Zustimmung von 2/3 der ursprünglichen Vertragsmitglieder vorsieht, womit freilich nur das heute in der Praxis überwiegende Mehrheitserfordernis reflektiert werden sollte[96].

Der Inhalt dieser Artikel wird theoretisch damit begründet, daß sich weder in der Praxis[97] noch de lege lata[98] eine Rechtfertigung für die Be-

---

[91] *Groepper*, A/CONF. 39/C. 1/SR 88, par. 44 (A/CONF. 39/11/Add. 1, S. 234); hierauf scheint auch *Köck*, S. 253, seine Ablehnung eines allgemeinen Teilnahmerechts zu stützen.

[92] *Mosconi*, S. 310.

[93] Darauf läuft die Argumentation *Mosconis* hinaus, wenn er schreibt (S. 311): „La scelta che essi operano è quindi in sostanza, o almeno è suscettibile di divenire, una scelta di carattere politico ed è perciò agevole comprendere come essi siano restii a rinunciare o a porre delle limitazioni di portata generale a quella libertà che il diritto internazionale comune garantisce loro al riguardo."

[94] Harvard-Entwurf, S. 826/7; *McNair*, S. 151.

[95] A/5209, YBILC 1962 II, S. 157.

[96] Ebendort, S. 167 - 169.

schränkung der Wahlfreiheit finde, die im übrigen eine Folgeerscheinung der Staatssouveränität und der Gleichheit unabhängiger Staaten sei[99]. Hinsichtlich der angesprochenen Praxis ist jedoch an die Existenz von Verträgen mit der All-Staaten-Klausel zu erinnern[100], um zu zeigen, daß in der Praxis durchaus Regelungen anzutreffen sind, die eine Beschränkung der Wahlfreiheit beinhalten.

Eine Lösung dieses „besonders speziellen Problems“[101] der Wahlfreiheit, das sich aus dem speziellen Charakter der allgemeinen multilateralen Verträge ergibt[102], ist demnach nur durch eine Auseinandersetzung mit den beiden genannten Prinzipien zu erreichen.

3.2.3 Einerseits folgt aus dem Prinzip der Souveränität[103] positiv, daß alle souveränen Staaten in der Gestaltung ihrer auswärtigen Beziehungen frei sind. Hieraus läßt sich auch die Freiheit in der Wahl der Partner, mit denen ein Staat verkehren will, begründen.

Gegen die absolute Wahlfreiheit spricht jedoch, daß aus dem Prinzip der souveränen Gleichheit alle Staaten in gleicher Weise zur Teilnahme an allen multilateralen Formen des zwischenstaatlichen Verkehrs berechtigt sind.

Somit steht der Grundgedanke der Gleichberechtigung der Staaten mit dem Prinzip der Vertragsfreiheit in Widerspruch[104].

Diese Gegensätzlichkeit wird rechtlich aufgelöst, wenn das Prinzip der souveränen Gleichheit als ius cogens[105] dem Grundsatz der Vertragsfreiheit vorgeht.

---

[97] *Groepper*, S. 234; *Tsuruoka*, S. 245; vgl. auch den Kommentar zum Harvard-Entwurf des Vertragsrechts von 1935, AJIL 1935, Suppl. S. 830; *Ago*, A/CN. 4/SR 504, par. 21 (YBILC 1959 I, S. 113), erinnert an die „bestehenden Realitäten“; *Fitzmaurice*, par. 4, S. 112.

[98] *Tsuruoka*, A/CN. 4/SR 792, par. 12 (YBILC 1965 I, S. 119); *Alfaro*, A/CN. 4/SR 503, par. 1 (YBILC 1959 I, S. 106).

[99] *Tsuruoka*, S. 119; hierauf scheint sich auch stillschweigend die Meinung einiger Vertreter im Special Committee zu stützen, wo diese Frage im Zusammenhang mit dem Prinzip der souveränen Gleichheit angeschnitten wurde, vgl. Report 1966, S. 80.

[100] Vgl. o. 1.1.4.4.1.

[101] *Ago*, A/CN. 4/SR 667, par. 17 (YBILC 1962 I, S. 249).

[102] *Warioba*, A/CONF. 39/C. 1/SR 90, par. 15 (A/CONF. 39/11/Add. 1, S. 244).

[103] Das sehr weit gefaßte Prinzip der Souveränität ist nicht mit dem Prinzip der souveränen Gleichheit zu verwechseln: hierzu weiter unten.

[104] *de Castro*, A/CONF. 39/C. 1/SR 89, par. 2 (A/CONF. 39/11/6 Add. 1, S. 236); *Schaumann*, S. 145, will die tatsächliche Ungleichheit der Staaten durch das Gegengewicht der rechtlichen Gleichheit überwinden, „die sich als Beschränkung der Vertragsfreiheit auswirken muß“: die praktische Umsetzung dieses Gedankens mittels allgemeiner Rechtsgrundsätze nimmt Schaumann aber nur puncto Vertrags*inhalt* vor (S. 146 - 148).

[105] *Tunkin*, A/CN. 4/SR 667, par. 22 (YBILC 1962 I, S. 250). Im selben Zusammenhang betont Tunkin in überspitzter Form, daß die Staaten, die gegen ihren Willen nicht zu Vertragsbeziehungen gezwungen werden wollten, die Freiheit

Ius cogens kann nur unter Beachtung der in Art. 53 der Vertragsrechts-Konvention bestimmten Erfordernisse[106] nachgewiesen werden. Indes könnte selbst bei Führung dieses Nachweises noch nicht auf den Vorrang des Prinzips der souveränen Gleichheit gegenüber demjenigen der Vertragsfreiheit geschlossen werden, da auch letzteres zwingendes Recht sein kann. Eine langwierige Prüfung des ohnehin noch mit vielen Unwägbarkeiten behafteten Instituts des ius cogens ist hier aber entbehrlich, da sich die Entscheidung des Konflikts zwischen beiden Prinzipien aus deren Inhalt selbst ergibt.

Als der Ansatz einer Inhaltsbestimmung ist die bloße Behauptung zu werten, daß die allen Staaten zustehende Freiheit der Wahl der Vertragspartner nicht von einem Teil der Staaten im Namen der Vertragsfreiheit beeinträchtigt werden dürfe[107]; außerdem könne die Wahlfreiheit nicht absolute Geltung beanspruchen[108]. Diese Forderung erscheint logisch, da in der Tat nicht ersichtlich ist, weshalb bei der Wahl der Vertragskontrahenten der einen Gruppe von Staaten der Vorrang vor dem Willen anderer Staaten gebühren sollte. Dennoch vermag diese Argumentation allein noch keine Rechtfertigung ihres Ergebnisses abzugeben.

Die völkerrechtliche Begründung scheint vielmehr in folgendem zu liegen: Das Konzept der Vertragsfreiheit, wie es heute noch von einem Teil der westlichen Staaten vertreten wird, beruht letztlich auf der Auffassung von der Souveränität als absoluter Machtfülle. Während früher die weniger mächtigen Staaten nach Belieben von den Verträgen der Großen ferngehalten werden konnten, stößt sich die Ausübung einer so konzipierten Vertragsfreiheit heute an der Idee der universellen Teilnahme aller Staaten an den Verträgen und Organisationen, die für die gesamte Staatenwelt von Interesse sind[109].

Die Unvereinbarkeit von Vertragsfreiheit und Alleinbeteiligung ist ausschließlich, so daß Kompromißformeln insoweit nicht eingreifen können. Die Richtung des Lösungsweges wird durch den unleugbaren Trend angezeigt, die immer zahlreicheren Fragen und Probleme allgemeinen Interesses in universalen Formen zu regeln. Dies ist eine geschichtliche Entwicklung, die offenbar keinen anderen Verlauf hat nehmen wollen und können. Ihr zugrunde liegt das Anwachsen der technologischen und

besäßen, außerhalb des Vertrages zu bleiben: dieses Argument ist nämlich in seinem Kern nicht mit dem Universalitätsprinzip vereinbar. — *Schirmer*, S. 145/7.

106 A/CONF. 39/11/Add. 2, S. 296.

107 *Schirmer*, S. 146; *Görner/Süß*, Universalität..., S. 1033; *Khlestov*, A/CONF. 39/C. 1/SR 90, par. 51 (A/CONF. 39/11/Add. 1, S. 248); *Wyzner*, ebenda, SR 88, par. 8 (S. 230); *Tunkin*, A/CN. 4/SR 794, par. 51 (YBILC 1965 I, S. 134).

108 *Tunkin*, par. 53, S. 134.

109 *Schirmer*, S. 143/4. Nach *Lukashuk* wird die Vertragsfreiheit durch die allgemeinen Prinzipien des Völkerrechts beschränkt, S. 286, 295.

ökonomischen Interdependenz der Staaten. Diese hat zur Zunahme der zwischenstaatlichen Beziehungen jeder Art geführt, die ihrerseits eine rechtliche Regelung erforderten. Ein großer Prozentsatz der Regelungen ist objektiv universal, sofern die Interessen der gesamten Staatengemeinschaft betroffen sind.

Um auch einen universalen subjektiven Wirkungsgrad erreichen zu können, müssen diese Vereinbarungen, seien sie Konventionen oder konstituierende Verträge internationaler Organisationen, allen Staaten zur Beteiligung offenstehen. Diese durch das Gleichheitsprinzip bedingte Notwendigkeit hat, wenn auch mit einigem zeitlichen Abstand, ihren speziellen Niederschlag in dem Prinzip der Universalität gefunden. Das Universalitätsprinzip geht somit als lex posterior dem Prinzip der Vertragsfreiheit (lex prior) vor. Letzteres muß deshalb in seiner absoluten Geltung eingeschränkt und der Bedeutung der universalen Verträge angepaßt werden[110]. Diese Anpassung erfolgt in verschiedenen Richtungen.

3.2.4 Dazu gehört einmal, daß auch die Organe internationaler Organisationen ebenso wie die Staaten selbst davon absehen müssen, die Einladungen zu allgemeinen Staatenkonferenzen am Prinzip der absoluten Vertragsfreiheit, d. h. der willkürlichen Fernhaltung einzelner Staaten, auszurichten[111]. Die Unaufrichtigkeit der Wahlfreiheitsidee gerade in diesem Bereich wird deutlich, wenn man sich fragt, ob alle von einem internationalen Organ zu einer Konferenz einberufenen Staaten sich auch gegenseitig als zukünftige Vertragspartner ausgesucht hätten (arabische Staten/Israel!)[112].

Als weitere Konsequenz einer relativierten Vertragsfreiheit stellt sich die Einräumung der Möglichkeit dar, der Beteiligung eines unerwünschten Staates in Form eines Vorbehaltes zu widersprechen[113] — mit der Folge, daß zwischen Vorbehaltsstaat und nicht-anerkanntem Staat keine über ein durch den Vertrag selbst bedingtes Minimum hinausgehen-

---

[110] *Scelle*, A/CN. 4/SR 503, par. 8, 9 (YBILC 1959 I, S. 107), im Rahmen der Behandlung des Art. 24 Abs. 2 des Vertragsentwurfs von *Fitzmaurice* (A/CN. 4/101), der das Unterzeichnungsrecht den Konferenzstaaten vorbehielt und das Recht auf Beitritt von der Zustimmung der Unterzeichnerstaaten abhängig machte (YBILC 1956 II, S. 112); *Görner/Süß*, S. 1033. — Treffend hat *Holloway*, S. 101, diese Konsequenz dargestellt: „Secondly, the rule on the right of States having participated in the drawing and adoption of the treaty to pronounce on the participation of other states fails to reconcile the traditional rule with the changed circumstances by not drawing the logical consequences.“ Im übrigen macht Holloway auf das Mißverhältnis zwischen der Berufung auf Rechtspositionen und der fehlenden Bereitschaft zur Anerkennung entspr. Verpflichtungen aufmerksam (S. 33, 94).

[111] *Schirmer*, S. 148.

[112] *Warioba*, par. 16, S. 244.

[113] *Bartoš*, A/CN. 4/SR 649, par. 57 (YBILC 1962 I, S. 130); vgl. auch Art. 9 Abs. 4 des ILC-Entwurfs von 1962, S. 168.

den Beziehungen zu entstehen brauchen[114]. Nicht betroffen von einer Neu-Konzipierung der Vertragsfreiheit und speziell der Freiheit der Partnerwahl ist jedoch die Möglichkeit der Vertragsparteien, einen multilateralen Vertrag mit einer Teilnahmeklausel zu versehen[115]. Nur sollte diese im Sinne der angestrebten und erstrebenswerten Universalität des Vertrags ihrem Inhalt nach allen Staaten die Teilnahme gestatten[116] und keinen Staat aus nicht gerechtfertigten[117] Gründen ausschließen. Wird der Antrag eines Staates um Mitgliedschaft in dieser Weise gewürdigt, so erscheint die Einfügung von Teilnahmeklauseln in allgemeine Verträge als völkerrechtlich unbedenklich.

3.2.5 Nach dem Gesagten ist das Prinzip der Vertragsfreiheit, das im Völkerrecht grundsätzlich anerkannt wird, in seiner absoluten Form nicht mehr anzuwenden und inhaltlich dem Universalitätsprinzip anzupassen. Es darf also der Ausübung des universellen Teilnahmerechts aller Staaten nicht mehr entgegengehalten werden[118]. Die Einschränkung der Vertragsfreiheit ändert nichts an der völkerrechtlichen Zulässigkeit von Teilnahmeklauseln. Diese müssen jedoch der außerordentlichen Bedeutung des auf der Gleichberechtigung aller Staaten gegründeten Universalitätsprinzips entsprechen und grundsätzlich die Möglichkeit der Teilnahme aller Staaten offenhalten.

3.3 Die Bedeutung der Teilnahmeklauseln

Das tun sie am ehesten, wenn sie die Teilnahme allen Staaten tatsächlich offenhalten. Dem Postulat einer universalen Teilnahmemöglichkeit können die Staaten aber auch dadurch nachkommen, indem sie entweder gar keine Teilnahmebestimmung vorsehen, oder die Teilnahme zwar grundsätzlich gestatten, jedoch von der Erfüllung gewisser Voraussetzungen abhängig machen.

Diese drei Arten der Bestimmung der Teilnahme an allgemeinen multilateralen Verträgen werfen jede für sich einige spezifische Fragen auf,

---

[114] Die Zulässigkeit eines derartigen Vorbehaltes bedarf jedoch einer besonders sorgfältigen Prüfung, wenn der Vertrag eine Jurisdiktionsbestimmung oder Regeln de lege ferenda enthält: auf diese Schwierigkeit hat *Waldock* in seinem Vertragsrechtsentwurf hingewiesen, A/CN. 4/144, Art. 13, Kommentar par. 8 (YBILC 1962 II, S. 56).

[115] Vgl. den o. a. (3.2.2) Art. 8 Abs. 1 des Berichts der ILC.

[116] *Ustor*, A/CN. 4/SR 1045, par. 12 (YBILC 1970 I, S. 13), anläßlich der Beratung des Art. 51 des Entwurfs über „Relations between States and international organisations". — s. unten 3.3.3.1.

[117] *Ustor*, SR 1047, par. 16 (S. 23): „unreasonable".

[118] *Bot*, S. 250: „... should become subordinate to the desirability of free accession to those treaties whose global observance is of importance as they seek to regulate technical, humanitarian, and similar aspects of international intercourse, regardless of political considerations."

denen hier nachgegangen sei. Dabei wird sich ergeben, das als „Aufhänger“ oft die nachträgliche Teilnahme in Form des Beitritts dient. Die Erörterungen gelten dennoch im Ergebnis ebenso für die ursprüngliche Teilnahme durch Unterzeichnung des Vertrages.

3.3.1 Hinsichtlich der Teilnahmeklauseln der offenen Verträge ist zunächst zu klären, ob sie den Staaten ein Recht auf Teilnahme gewähren. Das wird von mehreren Autoren bejaht[119], wobei einige von ihnen die Klausel als Vertrag zugunsten Dritter ansehen[120].

3.3.1.1 Ob dieses Rechtsinstitut hier heranzuziehen ist, kann dahinstehen[121]. Jedenfalls ergibt sich aus einem anderen Grunde, daß die Teilnahmeklausel eines offenen Vertrages ein Recht auf Teilnahme gewährt: sie ist der deklaratorische Ausdruck des Prinzips der souveränen Gleichheit und des diesen Grundsatz näher spezifizierenden Universalitätsprinzips, deren Inhalt es eben ist, allen Staaten eine allgemeine Berechtigung zur Teilnahme zu verleihen.

3.3.1.2 Gleichwohl wird auch vorgebracht, die ursprünglichen Vertragsteilnehmer seien berechtigt, einvernehmlich entweder diese Klausel abzuändern[122], solange der Beitritt nicht erfolgt sei[123], oder sie nur auf einzelne Staaten nicht anzuwenden[124]. Für den Fall, daß sich die Parteien des Vertrags über eine Abänderung der Klausel nicht einigen können, solle (trotz der weiterhin gültigen All-Staaten-Klausel des Vertrages — G. C.) die Zulassung eines Bewerbers unterbleiben, da die erforderliche allgemeine Zustimmung aller Staaten tatsächlich nicht vorhanden sei[125]. Diese Schlußfolgerung steht mit der unbeschränkten Teil-

---

[119] *Verdroß*, S. 184; *Peck*, S. 169 (unter Berufung auf Verdroß); *Lachs*, Le développement . . ., S. 293 Fn. 1.

[120] Hierbei wird ein bereits existenter Vertrag vorausgesetzt, so daß sich diese Ansicht nur auf die nachträgliche Teilnahme (Beitritt) bezieht. — *Verdroß*, S. 146; *Kohl*, Zur Frage des Beitritts . . ., S. 333; *Mosler*, Die Aufnahme in internationale Organisationen, ZaöRV 1958 (19), S. 294.

[121] Es dürfte auch nicht von ungefähr kommen, daß bei der Behandlung des Komplexes der Verträge zugunsten Dritter im Rahmen des Rechts der Verträge die Frage der Mitgliedschaftsklausel nicht aufgetreten ist (vgl. den Bericht der Völkerrechtskommission über ihre 18. Session, Kommentar zu Art. 32 des Vertragsrechtsentwurfs, GAOR (XXI), Suppl. 9, S. 58 - 60 = A/6301/Rev. 1).

[122] *Verdroß*, S. 146; *Lachs*, S. 293; *Seidl-Hohenveldern*, Völkerrecht, Rz. 227 (S. 66). Eine indirekte Unterstützung erfährt diese Ansicht durch *Kohl*, S. 333 und *Kelsen*, General principles . . ., S. 480, die nur die einseitige Abänderbarkeit für unzulässig halten. — Dabei spielt es keine entscheidende Rolle, ob der Beitritt eines Staates einen neuen Vertrag oder eher eine Unterwerfung unter die in dem Vertrag aufgestellte Regelung darstellt (s. hierzu Kelsen, S. 480).

[123] *Dahm* III, S. 87.

[124] *Menzel*, Völkerrecht, S. 252/3.

[125] Vgl. den im vorigen Kapitel erwähnten Harvard-Entwurf, S. 832 (dem auch *Köck*, S. 258, folgt), dessen Kommentator es nichts auszumachen schien, wenige Sätze vorher zu schreiben: „. . . the consent of the parties has already been given once and for all in the accession clause itself . . .“

nahmebestimmung jedoch in offenem Widerspruch, da ja die Klausel selbst eben die allgemeine Zustimmung zur Aufnahme weiterer Staaten ausdrückt. — Im übrigen wird die freie Abänderbarkeit der Klausel in keinem Falle ausdrücklich begründet. Sie scheint aber auf das Prinzip der Vertragsfreiheit gestützt zu sein. Die damit zusammenhängende Freiheit der Wahl der Vertragsteilnehmer soll offenbar nicht nur ein einziges Mal getroffen werden können, sondern auch späterhin zum Zwecke der Änderung des früher gewählten Teilnehmerkreises. Gegen diese Annahme spricht aber der den neuen Erfordernissen des zwischenstaatlichen Verkehrs angeglichene Inhalt der Vertragsfreiheit[126]: danach darf sich kein Staat auf das Prinzip der Vertragsfreiheit berufen, um die Mitarbeit einzelner oder einer Gruppe von Staaten an der Lösung weltweiter Probleme zu verhindern.

Aus diesem Grunde ist es völkerrechtlich nicht zulässig, die Teilnahmeklausel eines offenen multilateralen Vertrages im Sinne einer weitergehenden Beschränkung des potentiellen Mitgliederkreises als oben dargelegt[127] abzuändern[128]. Sie darf also insbesondere dann geändert werden, wenn sich der Zweck des Vertrages erledigt oder aus irgendwelchen Gründen auf eine nicht-universale Materie reduziert hat.

3.3.2 Weniger pointiert sind die unterschiedlichen Anschauungen über die Teilnahmemöglichkeit an einem allgemeinen multilateralen Vertrag, der *keine* Teilnahmebestimmung aufzuweisen hat. Da es in einem solchen Falle keinen eindeutig erkennbaren Willen der Vertragspartner gibt, ist hier der Platz für das Eingreifen von Vermutungen jeder Art. Trotzdem sollen nur die wesentlichen Kriterien angedeutet werden, da in der Praxis allgemeine internationale Verträge ohne irgendeine den Kreis der Teilnehmer bestimmende Regelung nicht existieren, und mithin diese Frage nur von bedingtem akademischen Interesse ist.

3.3.2.1 Dennoch werden Verträge genannt — wie z. B. der Waffenstillstandsvertrag in dem von dem Ständigen Internationalen Gerichtshof entschiedenen Fall der Certain German Interests in Polish Upper Silesia[129] — die keine Beitrittsklausel enthalten. Daraus die Vermutung herzuleiten, daß die ursprünglichen Vertragspartner keine weiteren Staaten haben teilnehmen lassen wollen[130], mag für nicht-multilaterale Verträge (wie den genannten) durchaus zutreffen. Auf allgemeine multilaterale Verträge dürfte sie aber nicht anwendbar sein.

---

[126] s. o. 3.2.3.2.

[127] 3.2.4 am Ende.

[128] *Guggenheim* I, S. 162, vertrat diese Ansicht bereits in der 1. Auflage seines Traité von 1948 (S. 75).

[129] PCIJ, Series A, 16. 7., S. 27 - 29.

[130] Vgl. den Harvard-Entwurf, S. 827/8.

Zur Aufrechterhaltung der genannten Vermutung scheint vor allem das folgende Argument völkerrechtlich gänzlich unbrauchbar zu sein: die Teilnahmebestimmungen multilateraler Verträge bedürften grundsätzlich einer 2/3-Mehrheit der den Vertrag vorbereitenden und abschließenden Konferenzteilnehmer. Diese Mehrheit könne durch 1/3 + 1 der übrigen Stimmen verhindert werden: auf diese Weise hätte es die Minorität in der Macht, die Vertragspartnerwünsche der Mehrheit zu unterminieren. Das aber könne nur durch die o. a. Vermutung verhindert werden[131].

Auch die Vermutung, bei universalen Verträgen unpolitischen Charakters hätten die Parteien dem späteren Beitritt weiterer Staaten nichts in den Weg legen wollen[132], birgt noch ein zu starkes negatives Element in sich, als daß sie eine unangreifbare rechtliche Fundierung eines ungefährdeten Teilnahmerechts bedeutete. Die Aussage schließlich, bei Fehlen einer Teilnahmeklausel könne „an und für sich" auf nichts geschlossen werden, und deshalb handele es sich dabei nicht um eine Rechts-, sondern um eine Tatfrage[133], scheint die Bedeutung der Universalität als Rechtsprinzip zu wenig zu berücksichtigen.

3.3.2.2 Obgleich auch in der Völkerrechtskommission die obige restriktive Vermutung vertreten wurde[134], so nahm die Mehrheit der Kommission doch den Standpunkt ein, daß bei Fehlen einer ausdrücklichen Teilnahmebestimmung die Vermutung für ein Teilnahmerecht aller Staaten spreche[135] — was demzufolge auch in Art. 8 Abs. 1 ihres Entwurfs[136] festgehalten wurde:

„Im Falle eines allgemeinen multilateralen Vertrages *kann jeder Staat Vertragspartei werden*, wenn nicht durch den Vertrag selbst oder durch feststehende Regeln einer internationalen Organisation etwas anderes vorgesehen ist"[137]. Nur die in dieser Formulierung zum Ausdruck kommende Vermutung einer allgemeinen Teilnahmemöglichkeit entspricht dem Inhalt von Gleichberechtigungs- und Universalitätsprinzip.

Zu widerlegen ist die Vermutung zugunsten eines unbeschränkten Rechts auf Teilnahme nur bei Eintritt außerordentlicher Umstände, die den allgemeinen Inhalt des Vertrages verändern[138].

---

[131] Tsuruoka, A/CN. 4/SR 792, par. 20 (YBILC 1965 I, S. 119, 120); *Cadieux*, ebendort, SR 793, par. 8 (S. 121).

[132] *Dahm* III, S. 88.

[133] *Köck*, S. 266/7.

[134] YBILC 1962 II, S. 168/9 (Ziff. 4 des Kommentars zu Art. 8 und 9 des Vertragsrechtsentwurfs).

[135] ILC, Ziff. 3 (S. 168) und Ziff. 5 (S. 169) des Kommentars.

[136] Der Nachsatz dieses Artikels ist zugleich Beleg für die Zulässigkeit von Teilnahmeklauseln überhaupt, vgl. o. 3.2.2.

[137] S. 167/8. — Etwas zurückhaltender formuliert *Lachs*, S. 292: „Il semble que l'absence d'une clause formelle d'accession n'établit pas encore que le traité soit fermé."

[138] Vgl. 3.3.1.3.

3.3.3 Von erheblich größerer Bedeutung als die Fälle einer „offenen" oder fehlenden Teilnahmebestimmung sind für Praxis und Theorie diejenigen Klauseln der allgemeinen multilateralen Verträge, die die Teilnahme aller Staaten von gewissen Voraussetzungen abhängig machen:

Bei der Prüfung der Vereinbarkeit derartiger Bestimmungen mit dem Universalitätsgebot ist zwischen den internationalen Organisationen und den allgemeinen Konventionen, die einen rechtserheblichen Gegenstand kodifizieren, zu unterscheiden. Denn anders als die Mitgliedschaft in einer Konvention, aufgrund deren die Parteien lediglich per Vertragsbestimmungen und nur in deren Rahmen miteinander verbunden sind, verlangt die gemeinsame Teilnahme an einer internationalen Organisation laufende Kontakte und Zusammenarbeit zwischen den in der Organisation vertretenen Staaten. Hieraus ist zu erklären, weshalb die Zulassung zu einer internationalen Organisation regelmäßig durch strengere Bestimmungen[139] bedingt wird als bei einem bloßen Vertrage.

Ob mit der Erfüllung der Teilnahmevoraussetzungen dem Bewerber ein Recht auf Beitritt zusteht, mag bejaht werden[140], dürfte aber zu bezweifeln sein, soweit die Zustimmung bestimmter internationaler Organe notwendig ist[141]. Denn die in einer Stimmabgabe liegenden politischen Imponderabilien können kaum jeweils völlig beiseite geschoben und zu Elementen eines Rechtsanspruchs verdichtet werden. Deshalb hat jeder Bewerber nur einen Anspruch darauf, daß sich die über seine Zulassung entscheidenden Mitglieder bei der Abstimmung ausschließlich von mit dem Gleichheits- und Universalitätsprinzip vereinbaren Erwägungen leiten lassen.

Dies gilt für Organisationen, aber auch für unter den Auspizien der Vereinten Nationen zustandegekommene Konventionen, da dort die gemeinhin benutzte Wiener Formel u. a. die Einladung durch die Generalversammlung der Vereinten Nationen vorsieht, also eine entsprechende Willensbildung in der Generalversammlung voraussetzt.

---

139 ... seien es bestimmte Bedingungen (Art. 4 UNCh, Art. 3 WMO) oder auch nur das Erfordernis einer Abstimmung seitens der Organisation (Art. 1 Abs. 4 ILO, Art. 6 WHO).

140 Dazu hat der IGH hinsichtlich der Genocid-Konvention ausgeführt: „Dès l'ouverture de la Convention sur le génocide à la signature, tout Membre des Nations Unies et tout Etat non membre auquel l'Assemblée Générale *avait* adressé une invitation à la signature avaient le *droit d'être partie* à la Convention", ICJ Reports 1951, S. 28.

141 *Seidl-Hohenveldern*, Internationale Organisation, Rz. 508 (S. 53), verneint ein „einklagbares" Recht: demnach scheint er einen Aufnahmeanspruch zwar grundsätzlich zu bejahen, aber mangels einer Klageinstanz für nicht durchsetzbar zu halten. — *Soder*, S. 120/1, bejaht einen Anspruch auf Aufnahme in die Vereinten Nationen „aus den Gesamtbestimmungen der Charta", nicht aber aus Art. 4 UNCh selbst. Dazu *Mosler*, S. 294. — Einen Rechtsanspruch unmittelbar aus Art. 4 nehmen dagegen *Schirmer*, S. 104, 110, und *Rose*, S. 99, an.

3.3.3.1 Die prinzipielle Zulässigkeit beschränkender Klauseln wird für den Bereich internationaler Organisationen allgemein anerkannt[142]. Sie wird entweder als für die Erreichung der Ziele der Organisation unumgänglich[143] oder als zur Natur einer jeden Organisation gehörig hingestellt, da diese ansonsten von Anfang an zur Unwirksamkeit verdammt sei[144]. Wenn es bei den allgemeinen internationalen Organisationen aber auf die größtmögliche Mitwirkung aller Staaten ankommt, dann darf die Klausel nur die Mindestbedingung einer aktiven Mitarbeit der Mitglieder verlangen[145].

Jedenfalls erscheint es als erforderlich, einen unqualifizierten Bewerber nicht in den Kreis der innerhalb einer Organisation in verschiedenen Organen zusammenarbeitenden Staaten miteinzubeziehen, um deren ohnehin schon mühsame Arbeit nicht noch zusätzlich zu erschweren[146]. Deshalb kann auch kaum davon gesprochen werden, schon das Abstimmungserfordernis allein beinhalte eine gewisse diskriminatorische Färbung[147] oder sei gar völkerrechtlich nicht mehr zu rechtfertigen[148]. Zwar ist es möglich, Mitglieder einer internationalen Organisation, die deren Zusammenhalt und Wirken gefährden, auszuschließen oder mit sonstwie vorgesehenen Sanktionen zu belegen[149]. Diese Maßnahmen können aber von vornherein vermieden werden, indem man den die Mitgliedschaft beantragenden Staat erst gar nicht aufnimmt (sofern er da schon als Störfaktor erkannt wird). Die Abstimmung über die Zulassung eines Staates zu einer internationalen Organisation hat sich aber strikt an den Zielen der Organisation auszurichten[150]. Gleichwohl

---

[142] Anders *Schermers*, S. 16: „Universality, on the other hand, excludes the possibility of imposing conditions for admission to membership." Er beruft sich dabei auf *McDougal/Goodman*, Chinese participation in the United Nations: the legal imperatives of a negotiated solution, AJIL 1966 (60), S. 682/3. Das ist indes unverständlich, da diese Autoren die Aufstellung besonderer Zulassungsvoraussetzungen aus dem „principle of responsibility", das ein Komplement des Universalitätsprinzips sei (S. 683), gerade bejahen, S. 685. — Undefinierbar ist die Stellungnahme *Roses*, der die Klauseln der Sonderorganisationen einerseits als „heute noch ... gültige Konkretisierung des Universalitätsprinzips", zum anderen als „Hemmnis für die weltweite internationale Zusammenarbeit" (S. 23) und drittens als „nicht völlig den gegenwärtigen Erfordernissen ... entsprechen(d)" bezeichnet (S. 24).

[143] *Hsueh*, S. 14.

[144] *Soder*, S. 60.

[145] *Soder*, S. 60, 64.

[146] *McDougal/Goodman*, S. 683, begründen dieses Erfordernis aus den Prinzipien der „flexibility and stability" der Organisation.

[147] *Schirmer*, S. 23/4.

[148] *Schirmer*, S. 227, der jedoch — ohne Begründung — die UNO hiervon ausnimmt, für die seiner Meinung nach ein Aufnahmeverfahren „aufgrund der politischen Bedeutung der UNO ... unbedingt erforderlich" ist, S. 104.

[149] Dies führt *Schirmer* als Begründung dafür an, weshalb es eines formellen Aufnahmeverfahrens nicht bedürfe, S. 227/8.

[150] Anders *Bornemann*, der auch alle Erwägungen politischer Art für zulässig erachtet, „die sich einer rechtlichen Einordnung entziehen", S. 140/1.

ist die Teilnahme nicht erzwingbar, wie sich aus dem Gutachten des Internationalen Gerichtshofs von 1948 zur Frage der Zulassung neuer Staaten in die UNO ergibt[151]. Dennoch wird die Abstimmung in der Organisation regelmäßig zur Erweiterung des Teilnehmerkreises führen. Nur in krassen Fällen eines nachweislichen Nichtvorliegens der von dem Bewerber verlangten Qualifikationen sollte die Zulassung nicht erfolgen.

Die Nützlichkeit einer die Teilnahme beschränkenden Klausel scheint jedoch nicht immer in dem beschriebenen Sinne interpretiert zu werden. Vielmehr erproben einige Staaten die Brauchbarkeit der Teilnahmeklausel der UNO und deren Sonderorganisationen zu dem Zwecke, ihnen unangenehme Staaten von der offiziellen Mitgliedschaft und Mitarbeit fernzuhalten, indem sie ständig gegen deren Aufnahmeanträge stimmen[152]. Dieser diskriminatorische Gebrauch der Teilnahmebestimungen universaler internationaler Organisationen ist völkerrechtlich in keiner Weise zu rechtfertigen. Denn er mißachtet den bei der Abstimmung anzulegenden Maßstab[153] und widerspricht darüber hinaus der Intention dieser Organisationen, Probleme der gesamten Menschheit in einer alle Staaten berücksichtigenden und optimal befriedigenden Weise lösen zu helfen.

Von dieser Zielsetzung dürfen erst recht nicht die geteilten Staaten ausgenommen werden. Das ist jedoch einmal unter Hinweis auf die Resolution 918 (X) der Generalversammlung der Vereinten Nationen versucht worden[154], allerdings ohne jeden Grund[155], da diese Resolution nur die Bitte an den Sicherheitsrat enthielt, die Bewerbungen aller jener 18 Staaten, „about which no problem of unification arises", im Sinne einer möglichst großen Mitgliedschaft in den UN zu behandeln[156].

Sofern außerdem vorgeschlagen wird, zunächst die politische Problematik der geteilten Staaten zu klären und diese erst nach der Wiederher-

---

[151] ICJ Reports 1948, S. 57 (62/3). Selbst bei Nichtbeachtung der in Art. 4 Abs. 1 UNCh aufgestellten Erfordernisse durch eines der Mitglieder des Sicherheitsrates wäre die Generalversammlung nicht befugt, unter Übergehung des Sicherheitsrates selbständig die Zulassungsfrage zu entscheiden (weiteres Gutachten des IGH von 1950, ICJ Reports, S. 4).

[152] Vgl. o. 1.1.4.4.2.

[153] Damit ist das Universalitätsprinzip gemeint. — *Schermers* sieht den theoretisch idealen Maßstab in der „rule of essentiality": danach sei z. B. die Verweigerung der Mitgliedschaft in der WMO nicht zu rechtfertigen, S.38.

[154] YBUN 1956, S. 110 - 113. — Auch *Czempiel*, Die Vereinten Nationen und die Nichtmitglieder, PVS 1968 (9), S. 59/60, sieht die Resolution 918 (X) als einen Hinderungsgrund für die Aufnahme der geteilten Staaten an.

[155] *Graefrath*, Das Recht der DDR auf Mitgliedschaft in den UN, DAP 1966, S. 671.

[156] GAOR (X), Suppl. 19, S. 8 (= A/3116).

stellung ihrer Einheit in die Vereinten Nationen aufzunehmen[157], so ist das nicht nur unrealistisch[158], sondern auch vom rechtlichen Standpunkt her nicht vertretbar, da ihnen der grundsätzliche Anspruch auf Zulassung „hier und heute" zusteht.

Deshalb sind auch die augenblicklichen Bemühungen der Bundesrepublik, vor der Aufnahme der beiden deutschen Staaten eine vertragliche Basis mit der DDR herzustellen[159], aus pragmatisch-politischen Gesichtspunkten (Vermeidung der „querelles allemandes" in den Organisationen) sicher nicht von der Hand zu weisen, völkerrechtlich aber kaum begründbar. — Ebensowenig können das Wiedervereinigungsgebot der Präambel des Grundgesetzes und die Verantwortung der 4 Mächte „für Deutschland als Ganzes" die Teilnahme der deutschen Staaten in der UNO rechtlich hindern[160]. Die 4 Mächte mögen zwar behaupten, daß die Frage der UN-Mitgliedschaft zu ihren Rechten gehört[161], doch kann dies ein Recht zum Beitritt, das auf dem Universalitätsprinzip beruht, nicht in Frage stellen[162]. Somit gilt für die Beteiligung geteilter Staaten kein Sonderregime — was im übrigen durch die gemeinsame Teilnahme an einigen universalen Konventionen bestätigt wird.

3.3.3.2 Auch bei diesen ist die Einfügung beschränkender Teilnahmebestimmungen ebenfalls grundsätzlich unbedenklich[163].

---

[157] *Han*, Die Aufnahme von Mitgliedern in die UNO, VN 1966, S. 127.

[158] Auch die jüngsten Verständigungsbestrebungen der beiden koreanischen Staaten rechtfertigen keine andere Beurteilung. Falls eine Wiedervereinigung dieses Landes überhaupt möglich ist, so scheint sie jedenfalls noch in weiter Ferne zu liegen. (*Sommer*, Konfrontation plus Dialog, „Die Zeit" vom 14. 7. 1972, Nr. 28, S. 3).

[159] Vgl. hierzu den 20. der Kasseler Punkte (AdG vom 21. 5. 1970, 15488) sowie die Ausführungen des Bundesaußenministers *Scheel* (Bulletin vom 28. 10. 1970, Nr. 147, S. 1547) und des Bundesministers für besondere Aufgaben *Ehmke* (Bulletin, S. 1545).

[160] *v. Münch*, Zur Frage einer gleichzeitigen Aufnahme von Bundesrepublik und DDR in die UNO, ZRP 1970, S. 61, scheint Bedenken hinsichtlich der Vereinbarkeit eines „Gebots zu nationaler Einheit" mit der UNO-Mitgliedschaft zu hegen; s. dazu aber die Entscheidung des Bundesverfassungsgerichts zum Verbot der KPD, BVerfGE 5, S. 128, wonach das Wiedervereinigungsgebot die Organe der BRD nicht zu *bestimmten* Handlungen verpflichte und diese frei über den politisch richtigen und zweckmäßigen Weg zur Wiedervereinigung entscheiden dürften. — Überdies beweist die Geschichte der UNO, daß die Mitgliedschaft in den Vereinten Nationen die spätere Vereinigung zu einem gemeinsamen Staatsverband nicht ausschließt.

[161] s. hierzu *Wengler*, Der Moskauer Vertrag und das Völkerrecht, JZ 1970, S. 637, und Bundeskanzler *Brandt*, Bulletin 1971, S. 1751/2.

[162] Im Ergebnis auch *Hacker*, Zur Aufnahme Deutschlands in die Vereinten Nationen, VN 1970, S. 123 m. w. N. — *Ress*, Einige völkerrechtliche und staatsrechtliche Konsequenzen der Mitgliedschaft ..., S. 43 - 45. — s. im übrigen, für den Bereich der BRD, Art. 3 Abs. 2 Satz 2 des Generalvertrags: „Die Drei Mächte werden zu gegebener Zeit Anträge der Bundesrepublik unterstützen, die Mitgliedschaft in solchen Organisationen zu erlangen."

[163] s. o. 3.2.4 am Ende. — Eine eigenartige Verbindung stellt *Ress*, S. 29, zwischen der Wiener Klausel und den Sonderorganisationen her: „... durchaus

Sie muß nur im Sinne des allein dem Vertragsinhalt entsprechenden Universalitätsprinzips formuliert und gehandhabt werden und darf nicht von einigen wenigen als Mittel zur Fernhaltung unliebsamer Aspiranten verwendet werden[164].

Die Einhaltung dieser Erfordernisse ist nunmehr anhand der in universalen Konventionen fast ausschließlich verwendeten Wiener Formel zu überprüfen[165]. In ihr wird als Teilnahmebedingung genannt: die Mitgliedschaft in der UNO oder in einer der Sonderorganisationen oder in der Internationalen Atomenergie-Agentur oder am Statut des Internationalen Gerichtshofs[166].

Um die Berechtigung dieser Vorschaltklausel haben seit Kriegsende anläßlich fast jeder Ausarbeitung einer allgemeinen Konvention heftige Debatten stattgefunden, die immer zugleich auch die auf der Wiener Formel beruhende *Praxis* betrafen. Deshalb wird im folgenden sowohl die Rechtmäßigkeit der Formel selbst als auch die der ihr entsprechenden Praxis zu beurteilen sein. Die Diskussion hierüber wurde zuletzt in besonders ausgeprägter Form auf der 2. Session der Wiener Vertragsrechtskonferenz von 1969 geführt. Als Schlußklauseln des Konventionsentwurfs waren dort neben der Wiener Formel die All-Staaten-Klausel und eine zwischen diesen beiden Regelungen vermittelnde Formel[167] vorgeschlagen worden.

3.3.3.2.1 Dabei wurden im wesentlichen folgende Argumente zugunsten der Wiener Formel und der sich auf sie stützenden Praxis vorgebracht:

Durch die Abhängigmachung der Teilnahme an einer universalen Konvention von der Mitgliedschaft in den Vereinten Nationen oder einer Sonderorganisation werde der Staatscharakter eines Bewerbers eindeutig festgestellt[168]. Hierdurch werde außerdem der Depositar eines allgemei-

---

möglich ..., daß eine Sonderorganisation... die DDR aufnimmt, obwohl für sie die Voraussetzungen der Wiener Formel nicht vorliegen." Das ist insofern nicht ganz verständlich, als für die Zulassung zu den Organisationen jeweils eine *Abstimmung* erforderlich ist und die Wiener Formel hier gar nicht paßt. Deren Voraussetzungen brauchen bei einer Aufnahme in eine Sonderorganisation also überhaupt nicht vorzuliegen.

164 Auch hier bleibt die Auffassung von *Rose* unklar, denn die Verträge „bestätigen das Universalitätsprinzip, wenngleich die darin enthaltenen Bestimmungen für den Beitritt diesem Prinzip z. T. direkt widersprechen ...", S. 24.

165 Zur Entwicklung dieser Teilnahmeklausel vgl. oben 1.2.1.

166 Der Einfachheit halber seien im folgenden die hier nicht einschlägige Mitgliedschaft am IGH-Statut nicht weiter aufgeführt und die gesondert genannte Internationale Atomenergie-Agentur mit zu den Sonderorganisationen gezählt. Auf den Streit, ob dies rechtlich erlaubt ist, braucht dabei nicht eingegangen zu werden.

167 Hierzu weiter unten.

168 Auf die Vertreter dieser Meinung wird in dem oben mehrfach erwähnten Report der Völkerrechtskommission hingewiesen, S. 169, Ziff. 4.

nen multilateralen Vertrages der mitunter diffizilen Entscheidung enthoben, die Staats-Qualität eines Antragstellers nachzuprüfen[169]. Es sei im übrigen gar nicht die Aufgabe des Depositars, eine so politische Frage wie die der Beteiligungsfähigkeit eines staatlichen Gebildes zu entscheiden. Dafür sei in erster Linie die Generalversammlung der Vereinten Nationen als das bedeutendste gemeinsame politische Organ aller Staaten zuständig[170]. Die Teilnahme stelle überhaupt ein politisches Problem dar, für dessen Lösung ausschließlich politische Gremien in Betracht kämen[171]. Darüber hinaus sei die Wiener Formel selbst universal genug[172], während sich die großzügige universale Einladungsformel (All-Staaten-Klausel) keineswegs als besonders dienlich erwiesen habe, wie aus der Beteiligung am Moskauer (Atomteststop-)Vertrag zu ersehen sei[173]. Außerdem wird darauf hingewiesen, daß es jedem Staate unbenommen sei, mit den Partnern seiner Wahl einen inhaltlich mit dem allgemeinen Vertrag übereinstimmenden neuen Vertrag abzuschließen[174]. Die Wiener Formel beabsichtige nicht im geringsten den Ausschluß von Staaten, sondern nur derjenigen Gebilde, deren Staatlichkeit zweifelhaft sei, weil deren Einwohner das Selbstbestimmungsrecht nicht hätten ausüben können[175]. Die All-Staaten-Formel sei bisher nur aus „sehr speziellen und außerordentlichen" Gründen angewandt worden[176]. Schließlich habe die bisherige Praxis der Vereinten Nationen zu gewohnheitsrechtlichen Regeln geführt,

---

[169] ILC-Report, S. 169. — Auf die für den Generalsekretär der Vereinten Nationen als Depositar vieler allgemeiner multilateraler Verträge in diesem Zusammenhang auftauchenden Schwierigkeiten hat nachdrücklich der Legal Counsel des Generalsekretärs aufmerksam gemacht, s. UNJur YB 1966, S. 239/240.

[170] So ein weiteres Statement des Legal Counsel, S. 240 Fn. 5; *Tsuruoka*, A/CONF. 39/C. 1/SR 90, par. 27 (A/CONF. 39/11/Add. 1, S. 245).

[171] *Ago*, A/CN. 4/SR 794, par. 42 (YBILC 1965 I, S. 133).

[172] *Fleischhauer*, Die Wiener Vertragsrechtskonferenz, JIR 1971 (15), S. 213, 239. — *Wendelen* (Belgien), im 6. Komitee der Generalversammlung, in bezug auf den Einladungsvorschlag für Nichtmitglieder zur Genocid-Konvention, der u. a. die aktive Mitarbeit in einer der Sonderorganisationen der Vereinten Nationen voraussetzte (A/C. 6/SR 208, par. 44, GAOR [IV], 6. Comm., S. 453). Das zweite Erfordernis dieses Vorschlags bestand darin, daß das Verlangen der Nichtmitglieder zur Förderung der internationalen Zusammenarbeit augenscheinlich sein müsse. Während einige Komitee-Mitglieder die Mitgliedschaft in den Sonderorganisationen als entsprechenden Beweis dafür werteten (*Renouf*, par. 36, S. 452, der auch schon auf die Belastung des Generalsekretärs durch eine All-Staaten-Klausel hinwies, par. 38), hielten andere die Mitgliedschaft in den Vereinten Nationen selbst für einen geeigneteren Nachweis (*Chaumont*, par. 21/2, S. 451, und *Koretsky*, par. 61, 64, S. 454). — Gar seltsam mutet in diesem Zusammenhang im Nachhinein das von *Fitzmaurice* gegen die Aufstellung einer verbindlichen Liste der einzuladenden Staaten vorgebrachte Bedenken an, dafür sei die Zeit zu knapp (par. 68, S. 455).

[173] *Tsuruoka*, A/CN. 4/SR 792, par. 16 (YBILC 1965 I, S. 119).

[174] *Tsuruoka*, par. 17.

[175] *Briggs*, ebenda, SR 791, par. 76 (S. 116).

[176] *Groepper*, A/CONF. 39/C. 1/SR 88, par. 47 (A/CONF. 39/11/Add. 1, S. 234).

von der abzuweichen die (Vertragsrechts-G. C.) Konferenz keinen Grund habe, da sie die bestehenden Regeln anzuwenden und nicht abzuändern habe[177].

Auch gegenüber der auf der Vertragsrechtskonferenz von Indien und Ghana vorgeschlagenen Kompromißformel ist die Wiener Formel befürwortet worden. Die Kompromißformel erfaßte neben den in der Wiener Formel angesprochenen Staaten alle Mitglieder des Moskauer Atomteststopabkommens und des Weltraumvertrages[178]. Trotzdem wurde der Wiener Formel der Vorzug gegeben, weil nicht erwartet werden könne, daß sich ein Staat erst einem dieser beiden Verträge anschließen müsse, bevor er in der Lage sei, der Vertragsrechts-Konvention beizutreten[179]. Überdies sei die in diesen Verträgen enthaltene Regelung der Einsetzung von 3 Depositaren prinzipiell nicht wünschenswert[180].

3.3.3.2.2 Inwieweit diese Bedenken begründet sind, soll ein Vergleich mit den entsprechenden Gegenargumenten zeigen.

Die letztgenannten, gegen den ghanaisch-indischen Vermittlungsvorschlag gerichteten Äußerungen treffen aus zwei Gründen nicht zu. Weder ist die Mitgliedschaft in einem der dort bezeichneten beiden Verträge vorausgesetzt, noch ist einzusehen, weshalb die Wahl mehrerer Depositare für die Entscheidung der Beitrittsfrage von negativer Bedeutung sein soll[181].

Was den Komplex der Feststellung der Staatlichkeit und die damit für den Depositar eines Vertrages verbundenen Unsicherheiten angeht, so ist zu bemerken, daß es gar nicht die Aufgabe des Depositars ist, die Mitglieder eines Vertrages zu bestimmen, sondern Sache der Staaten selbst[182].

Wenn dann aber die Notwendigkeit der Entscheidung durch die Vereinten Nationen oder eine der Sonderorganisationen damit begründet wird, daß die Frage der Mitgliedschaft eine politische Angelegenheit sei, die mit der durch eine Konvention geregelten Materie nichts zu tun habe, so kann dem entgegengehalten werden:

---

177 *Hubert*, ebenda, SR 102, par. 10 (S. 324).

178 A/CONF. 39/C. 1/L. 394 (A/CONF. 39/11/Add. 2, S. 254).

179 *Pinto*, ebenda, SR 104, par. 8, 10 (Add. 1, S. 339): hiermit hat der Vertreter Ceylons unzweideutig auf die Volksrepublik China angespielt.

180 *Blix*, ebenda, par. 14; *Fleischhauer*, S. 239, bezeichnet diesen Vorschlag, nach seiner Auffassung folgerichtig, als „wenig glücklich". — In gleicher oder leicht abgeänderter Form sind alle diese Argumente zusammen von *Schwebel* vorgetragen worden, AJIL 1964 (58), S. 455 - 457.

181 Ob die Aufteilung der Depositarstellen „prinzipiell nicht wünschenswert" ist, wird unter 4.1 zu erörtern sein.

182 *Tunkin*, A/CONF. 4/SR 794, par. 57 (YBILC 1965 I, S. 134/35). Deshalb ist es auch widersprüchlich, einerseits die Schwierigkeiten für den Depositar zu betonen und auf der anderen Seite auf die Generalversammlung als das entscheidende Organ zu verweisen.

Einerseits werden auch in Verträgen „technischen“ Charakters immer politische Probleme mitentschieden[183], und zum anderen stellen gerade die Sonderorganisationen keineswegs die politischen Gremien par excellence dar.

Im übrigen ist daran zu erinnern, daß politische Fragen nicht nur unter rein politischen Gesichtspunkten zu beantworten sind, sondern auch die Beachtung völkerrechtlicher Grundsätze und Regeln verlangen[184]: also auch die Berücksichtigung des Gleichheits- und des Universalitätsprinzips.

Darum kann auch diesem „politischen“ Argument zugunsten der Wiener Formel nichts abgewonnen werden[185]. Die Fragwürdigkeit des Hinweises der Verfechter der Wiener Formel auf die politischen Implikationen, die durch die All-Staaten-Klausel angeblich nicht gelöst werden könnten, wird besonders deutlich, wenn man sich folgendes vergegenwärtigt: die politischen Schwierigkeiten werden von denen, die sich auf sie berufen, erst dadurch geschaffen, daß sie die Mitgliedschaftsbewerber an der Erfüllung der Voraussetzungen der Wiener Formel hindern[186] — indem sie diese weder in die Vereinten Nationen noch in die Sonderorganisationen aufnehmen[187].

Hieraus ergibt sich auch die Antwort auf die Behauptung der Völkerrechtsgemäßheit der von der Wiener Formel geprägten Aufnahmepraxis. Diese stellt zwar unzweifelhaft eine Gewohnheit dar, aber kein Recht. Das zeigt sich darin, daß sich die Anwendung der Wiener Formel bisher ausschließlich gegen einige sozialistische Staaten richtete, deren Teilnahme von der Bundesrepublik Deutschland und den Westmächten nicht erwünscht war[188]. Sie unterliegt somit einer gegen den Gleichheitsgrundsatz verstoßenden Handhabung einzelner Staaten[189].

Aus dieser völkerrechtswidrigen Aufnahme*praxis* kann aber nicht ohne weiteres auf die Völkerrechtswidrigkeit der Wiener Formel selbst geschlossen werden, zumal sich die aufgeführten Gegenargumente im

---

[183] Dies sind die aufgrund einer nationalstaatlichen Politik entstandenen einzelstaatlichen Interessen, die den Interessen der anderen Staaten zuwiderlaufen und mit diesen koordiniert werden müssen.

[184] *Tunkin*, par. 60 (S. 135).

[185] *Schirmer*, Die Universalität allgemeiner Staatenkonferenzen, DAP 1964, S. 464, 466; *Kohl*, S. 345.

[186] *Amberg/Harhammer*, Zur Wiederanwendung von Konventionen durch die DDR, DAP 1959, S. 765, erklären von daher auch den häufigen Gebrauch von Wiederanwendungserklärungen seitens der DDR.

[187] *Haas/Whiting*, Dynamics of international relations, S. 455.

[188] Ob sie auch gegen den neuentstandenen Staat Bangla Desh angewendet werden wird, kann z. Z. noch nicht abgesehen werden. — Zur UN-Mitgliedschaft Bangla Deshs s. 4.3 am Ende.

[189] *Bolz*, Die Universalität als Voraussetzung und Ziel der Vereinten Nationen, DAP 1964, S. 1141.

Grunde nicht auf die Elemente der Wiener Klausel beziehen, sondern auf deren praktische Anwendung. Die Klausel selbst nämlich sieht u. a. immerhin vor, daß die Generalversammlung der Vereinten Nationen Einladungen zur Teilnahme an *alle* Staaten aussprechen kann. Sie ist also inhaltlich durchaus universal. Darüber hinaus hat ihr Bezug auf die Mitgliedschaft in den Vereinten Nationen den Vorteil, daß nicht vor jeder Einladung zu einer Kodifikationskonferenz oder zur Unterzeichnung einer Konvention der Staatscharakter der Teilnahmebewerber gesondert festgestellt werden muß. Ihr Nachteil liegt jedoch darin, daß sie universalitätsfeindlich angewandt werden *kann*. Das wiederum rührt daher, daß die Einladung weiterer Staaten von der vorherigen Abstimmung in der Generalversammlung abhängig gemacht ist, wodurch sich die Mitgliedstaaten also eine gewisse formelle Entscheidungsfreiheit vorbehalten haben. Aus der Entstehungsgeschichte der Wiener Formel ergibt sich, daß sie sogar zu diesem Zwecke geschaffen worden war[190]. Somit unterscheidet sich die Wiener Formel nicht von dem Abstimmungserfordernis der internationalen Organisationen, auf das sie u. a. Bezug nimmt. Soweit sie in Form der Einladungsermächtigung eine eigene Abstimmung ermöglicht, so muß auch diese, wie bei den Organisationen, an dem Ziel der Universalität orientiert sein, d. h. sie darf nur in begründeten Ausnahmefällen zur Ablehnung des Bewerbers führen[191].

Wenn aber die Wiener Formel lediglich die faktische Möglichkeit eines Mißbrauchs vorsieht, während sie inhaltlich dem Universalitätsprinzip nicht widerspricht, dann kann sie auch nicht als unrechtmäßig bezeichnet werden[192]. Es wäre jedoch zweckmäßig und an der Zeit, sie in der Weise abzuändern, daß die universelle Mitgliedschaft an den allgemeinen Konventionen nicht mehr so leicht wie bisher hintertrieben werden kann.

3.3.3.3 Das Manko der Wiener Formel wird von einigen damit entschuldigt, daß die Konferenzen gegenüber dem internationalen Organ, das sie zur Ausarbeitung und Regelung einer bestimmten Materie einberufen hat, zur Ausweitung des Teilnehmerkreises nicht befugt seien[193].

---

[190] s. o. 1.2.1 (c).

[191] s. 3.2.4 und 3.3.3.

[192] Anders *Schirmer*, S. 229: Die Sperrklauseln „verletzen völkerrechtliche Prinzipien vom Charakter eines ius cogens ...". Offenbar setzt Schirmer also die Klauseln selbst mit deren praktischer Anwendung gleich. Seine Argumentation überzeugt auch aus einem weiteren Grunde nicht: denn er nimmt keineswegs, wie es bei einem Verstoß gegen ius cogens konsequent wäre und wie außerdem in Art. 53 der Vertragsrechts-Konvention festgelegt ist, die Nichtigkeit des gesamten Vertrages an, sondern er bemerkt lediglich, daß diese Folge „hier nicht gerechtfertigt" sei, ohne dafür eine Begründung anzugeben (S. 230 Fn. 15).

[193] Vgl. die Nachweise bei *Rosenne*, United Nations treaty practice, RdC 1954 II (86), S. 320/1, und den kurzen Hinweis von *El-Erian*, A/CN. 4/SR 649, par. 51 (YBILC 1962 I, S. 129).

Dieser Einwand findet jedoch schon in der Praxis keine Bestätigung. So sind beispielsweise auf der San Francisco-Konferenz von 1945 von den Konferenzteilnehmern nachträglich weitere Staaten eingeladen worden (Dänemark, Argentinien)[194].

Auch völkerrechtstheoretisch sprechen viele Gründe eher für die Auffassung, daß die von einer internationalen Organisation einberufene Staatenkonferenz gleich einer von den Staaten selbst veranstalteten Konferenz in der Wahl ihrer Mitglieder völlig frei ist[195]. Denn jede internationale Konferenz ist traditioneller- und unangefochtenerweise „maîtresse de son règlement intérieur", woraus sich ebenso ihre Eigenschaft als „maîtresse des invitations" herleiten läßt[196].

Wenn bei den Kodifikationskonferenzen unter den Auspizien der Vereinten Nationen diese Fähigkeit *jeder* Konferenz nicht zum Tragen gekommen ist, so rührt das, um es mit Daudet vorsichtig zu formulieren, allein aus politischen Beweggründen her[197].

3.3.3.4 Die hier aufgezeigten Gedanken zur völkerrechtlichen Zulässigkeit der Klauseln, die die Teilnahme an internationalen Organisationen und allgemeinen Konventionen beschränken, haben zu dem folgenden Ergebnis geführt: Universelle internationale Organisationen dürfen die Teilnahme von bestimmten Voraussetzungen abhängig machen. Über deren Erfüllung durch den Bewerberstaat wird im Regelfalle durch Abstimmung entschieden. Dabei ist die universale Zielrichtung der Organisation, die die Mitgliedschaft aller Staaten verlangt, im Auge zu behalten.

Ebenso sind Mitgliedschaftsklauseln in allgemeinen Konventionen grundsätzlich zulässig. Auch die in der Nachkriegszeit entwickelte Wiener Formel ist als solche völkerrechtlich zu rechtfertigen. Praktisch wird sie jedoch zur Diskriminierung der DDR, Nordvietnams und Nordkoreas mißbraucht. Die einer Mitgliedschaft vorgeschaltete Abstimmung in einer internationalen Organisation ermöglicht es in diesem Fall dem von den West-Alliierten geführten Block, aufgrund der derzeitigen Macht- und Stimmenverhältnisse die für die Zulassung der genannten Staaten erforderliche Mehrheit (noch) zu verhindern[198].

Wenn auch Teilnahmeklauseln bei universalen Organisationen und Konventionen prinzipiell zulässig sind, so ist bei der Beurteilung des Aufnahmeantrags eines Bewerbers nicht nur die universelle Zielsetzung all-

---

194 *Daudet*, S. 51; weitere Beispiele bei *Rosenne*, S. 320/1.

195 *Schirmer* leitet dies aus der Souveränität der Staaten ab, S. 224.

196 *Daudet*, S. 196.

197 *Daudet*, S. 196.

198 *Uljanova*, Recognition of states and governments and participation in multilateral treaties, SovYBIL 1961, S. 321.

gemeiner multilateraler Verträge zu berücksichtigen, sondern insbesondere auch zu bedenken, daß eine etwaige Nichtzulassung nicht nur die Staaten selbst, sondern mehr noch deren Bürger benachteiligen kann[199].

[199] *Bot*, S. 249, 140. — Diese Gefahr ist speziell bei multilateralen Vereinbarungen gegeben, durch die Bürger- und Menschenrechte geschützt werden sollen.

4 Fragen der Verwirklichung des Teilnahmerechts

Haben sich somit die verschiedenen gegen ein allgemeines Teilnahmerecht erhobenen Bedenken substantieller (Anerkennung, Vertragsfreiheit) und formeller Art (Teilnahmeklauseln) als unbegründet erwiesen, so sind abschließend diejenigen Institutionen und Möglichkeiten aufzuzeigen, die der Überwindung der völkerrechtswidrigen Aufnahmepraxis und einer raschen und effektiven Verwirklichung des Rechts auf Teilnahme förderlich sind. Dazu gehört einmal die Einrichtung des Beobachters. Eine bedeutende Rolle in der Ausübung des Teilnahmerechts kommt außerdem dem Depositar allgemeiner multilateraler Verträge zu.

4.1 Die Funktion des Depositars

Was dessen Funktion und Aufgabenbereich betrifft, so bestehen darüber im wesentlichen keine Meinungsverschiedenheiten[1]. Dennoch hat das Verhalten einiger Depositar-Staaten in den vergangenen Jahren insofern zu Unstimmigkeiten geführt, als die Beitrittserklärungen der sozialistischen Teil-Staaten nicht angenommen oder den Vertragsparteien nicht notifiziert worden sind[2]. Dabei wurde als Begründung auf den angeblich nicht vorhandenen Staatscharakter dieser Staaten verwiesen. Ob sich die Depositare hierauf berufen durften, hängt von dem Umfang ihrer Rechte und Pflichten ab. Diese ergeben sich jeweils aus den Vertragsbestimmungen selbst[3], aus denen sich inzwischen folgender Grundsatz herauskristallisiert hat: die Aufgaben des Depositars sind ausschließlich administrativer und technischer Natur[4]. Sie implizieren weder die Entscheidung politischer noch materiell-juristischer Fragen[5]. Demnach hat der Depositar lediglich „anzunehmen, zu bestätigen und weiterzuleiten“[6].

[1] s. hierzu die Diskussion über alle mit der Depositarfunktion zusammenhängenden Fragen in der Völkerrechtskommission, A/CN. 4/SR 658 (YBILC 1962 II, S. 187 - 192).

[2] Vgl. o. 1.2.2.

[3] *Rosenne*, S. 421; *Tunkin*, A/CN. 4/SR 658, par. 65 (YBILC 1962 II, S. 192); Art. 77 Abs. 1 der Vertragsrechts-Konvention.

[4] *Dehaussy*, Le dépositaire de traités, RGDIP 1952, S. 502; *Schirmer*, S. 247 bis 249; *Kohl*, Zur Frage des Beitritts, S. 335.

[5] *Kohl*, S. 335/6; *Guggenheim*, La pratique Suisse (1962), SchwJBIR 1963 (XX), S. 82; *Amberg/Harhammer*, S. 767.

[6] *Dehaussy*, S. 503.

Diese Pflichten treffen jeden Depositar gleichermaßen, sei es ein Staat oder — wie in den meisten Fällen — der Generalsekretär der Vereinten Nationen. Hierbei spielt es keine Rolle, wie die Stellung des Depositars rechtlich zu qualifizieren ist, ob als Auftragsverhältnis[7] oder als bloße Mittlerposition. Die grundsätzliche Funktion des Depositars hat Art. 76 Abs. 2 Satz 1 der Vertragsrechtskonvention wie folgt umschrieben:

„Die Aufgaben des Depositars eines Vertrages sind ihrer Natur nach international. Der Depositar ist verpflichtet, sie unparteiisch wahrzunehmen."

Aus alledem folgt hinsichtlich der Beitrittserklärung eines Staates, daß der Depositar weder berechtigt noch verpflichtet ist, die Staatsqualität des Bewerbers nachzuprüfen[8]. Insbesondere ist es ihm untersagt, die Erklärung aus dem Grunde nicht anzunehmen oder zu notifizieren, weil er den beitrittswilligen Staat selbst nicht anerkennt[9]. Dazu wäre er nur berechtigt, wenn er von allen Vertragspartnern als zentrales Anerkennungsorgan eingesetzt wäre, was jedoch keineswegs der Fall ist[10]. Vielmehr ist der Depositar dazu verpflichtet, die an ihn gerichtete Beitrittserklärung an die Vertragsstaaten weiterzuleiten[11], wobei er sich auch jeder rechtlichen Stellungnahme zur Wirksamkeit dieser Erklärung zu enthalten hat[12].— Kommt er jedoch diesen seinen Verpflichtungen nicht nach, so muß im Interesse des Vertragszieles und im Sinne des Prinzips der Gleichbehandlung der von dem Depositar abgelehnte Staat als berechtigt angesehen werden, sich nunmehr direkt an die Vertragsstaaten selbst zu wenden[13].

Die genannten Erörterungen gelten in gleicher Weise für den Fall, daß ein Vertrag nicht nur einen, sondern mehrere Staaten als Depositar vorsieht. Denn ein grundsätzlicher Unterschied zu der Einsetzung nur eines Depositars wird dadurch nicht errichtet. Das ist sowohl in Art. 76 Abs. 1 Satz 2 der Vertragsrechtskonvention als auch durch die seit dem Teststopabkommen von 1963 geübte Praxis des „Pluri-Depositar-Systems" bestätigt. Dieses System bezweckt, den mit einem Beitrittsgesuch bisher not-

[7] *Kohl*, S. 335; *Schirmer*, S. 247/8.

[8] Statement des Legal Counsel des Generalsekretärs der Vereinten Nationen, betreffend die Rolle des Generalsekretärs als Depositar vieler multilateraler Verträge, UNJurYB 1966, S. 239, 240 Fn. 5. — Anderer Meinung *Schwelb*, The Nuclear Test Ban Treaty and international law, AJIL 1964 (58), S. 651/2, der sich dabei speziell auf die Aufgaben der 3 Depositare des Teststopabkommens bezieht.

[9] *Guggenheim*, S. 83; *Tunkin*, par. 65, S. 192; *Kohl*, S. 336; *Schirmer*, S. 250/1; *Peck*, S. 169.

[10] *Bot*, S. 177.

[11] *Guggenheim*, S. 82.

[12] *Czempiel*, Some considerations regarding the function of the depositary, ZaöRV 1967 (27), S. 537; *Schirmer*, S. 254.

[13] *Schirmer*, S. 256/7; *Kohl*, S. 339/340.

wendig verbundenen Kontakt zwischen Depositarstaat und dem von ihm nicht anerkannten Staat zu vermeiden, und stellt somit ein geeignetes Mittel dar, die durch den Kalten Krieg gezeichnete Depositarpraxis einiger Westmächte zu überwinden[14]. Damit erweckt es aber den Eindruck, als sei ein Einzel-Depositarstaat entgegen den rechtlichen Bestimmungen doch berechtigt, den Beitritt von ihm nicht anerkannter Staaten durch sein Verhalten zu verhindern[15].

Außerdem muß der Nachteil in Kauf genommen werden, daß die Tätigkeit mehrerer Depositare zu Kompetenz-Schwierigkeiten führen kann[16].

Aus diesen Gründen erscheint es angebracht, die Einsetzung mehrerer Depositare nur solange vorzunehmen, wie die ihr zugrundeliegenden politischen Verhältnisse noch andauern.

Insgesamt läßt sich jedoch feststellen, daß in den beiden heute gebräuchlichen Varianten der Delegierung von Depositaraufgaben für *jeden* Depositar die Verpflichtung besteht, Beitrittserklärungen von Nicht-Vertragsstaaten unverzüglich und ohne jede materielle Prüfung anzunehmen oder ggf. den Mitgliedstaaten des Vertrags zu notifizieren.

Nur so wird der Verwirklichung des universalen Teilnahmerechts an allgemeinen multilateralen Verträgen und damit der Prinzipien der Gleichheit und der Universalität in angemessener Weise Rechnung getragen.

4.2 Der Beobachter

Während demnach die ordnungsgemäße Erfüllung der Depositarpflichten der Durchsetzung der Teilnahme an den universalen Konventionen dient, kann zur vorläufigen Beseitigung der Beteiligungsschwierigkeiten an den internationalen Organisationen und allgemeinen Staatenkonferenzen die Institution des Beobachters herangezogen werden.

Durch diese Einrichtung wird den Nichtmitgliedstaaten die Möglichkeit gegeben, entweder ad hoc den Verlauf von Konferenzen und die Behandlung von Einzelfragen durch internationale Gremien zu verfolgen oder die Arbeit internationaler Organisationen permanent zu beobachten. Der Inhalt ihrer Befugnisse ist in beiden Fällen im wesentlichen gleich. So darf der Beobachter grundsätzlich — wie die Mitgliedstaaten — an allen Sitzungen und Beratungen teilnehmen und sich umfassend informieren. Er ist jedoch nicht befugt, an Abstimmungen teilzunehmen[17].

---

[14] *Rosenne*, More on the depositary of international treaties, AJIL 1970 (64), S. 843.

[15] *Bot*, S. 180.

[16] *Schwelb*, S. 652.

[17] *Steppuhn*, Der Beobachter bei internationalen Gremien, AVR 1959/60 (8), S. 263, 271/2; *Mower*, Observer countries: Quasi members of the United Nations,

Wenn auch über den sich ständig erweiternden Wirkungsbereich des staatlichen Beobachters allgemeines Einvernehmen besteht, so gibt es andererseits über die Rechtsgrundlagen dieses Status noch erhebliche Zweifel[18]. Das gilt sowohl für die Vereinten Nationen wie auch die Sonderorganisationen. Soweit rechtliche Fixierungen überhaupt vorgenommen wurden[19], erhielten sie eine unzweideutige Stoßrichtung gegen die sozialistischen geteilten Staaten. Dies sei nun anhand der von der UNO getroffenen Regelung der Beobachter-Frage dargelegt. Da weder in der UN-Charta noch im Headquarters Agreement noch in sonstigen Abmachungen die Stellung des Beobachters geregelt war, blieb die Einrichtung von Beobachterstellen lange Jahre hindurch allein dem Ermessen der Vereinigten Staaten als Sitzstaat der UNO überlassen[20]. Dieser quasirechtlose Zustand währte bis zum Jahre 1962, als das Sekretariat der Vereinten Nationen in einer „Opinion" festlegte, nur diejenigen Staaten als Beobachter zuzulassen, „die Vollmitglied einer oder mehrerer Sonderorganisationen und von den Mitgliedern der Vereinten Nationen allgemein anerkannt sind"[21]. Zur Auslegung des Begriffs „allgemein anerkannt" kann auf eine Erklärung des Generalsekretärs Hammarskjöld aus dem Jahre 1960 zurückgegriffen werden, in der er es als sein Prinzip bezeichnet hatte, Beobachter nur von denjenigen Ländern „anzunehmen", die von der Mehrheit der Mitglieder anerkannt seien[22]. Weniger dogmatisch zeigte sich sein Nachfolger U Thant, der von 1964 - 1966 mehrmals vorgeschlagen hatte, *allen* Nichtmitgliedstaaten die Möglichkeit zur Entsendung von Beobachtern einzuräumen[23]. Hierdurch stellte er die bis dahin geübte Praxis zumindest in Frage[24]. Die beiden Zulassungsvoraussetzungen der Mitgliedschaft in einer Sonderorganisation und der allge-

IO 1966 (20), S. 267; *Czempiel,* Die Vereinten Nationen und die Nichtmitglieder, PVS 1968 (9), S. 74/5, der jedoch aus dem fehlenden Abstimmungsrecht auf einen Informationsmangel des Beobachters schließt.

[18] Zweifel ganz besonderer Art meldet *Bornemann* an, S. 125, der die Erweiterung des Aufgabenbereichs des Beobachters als Grund dafür ansieht, dieser Teilnahmeform eine rechtliche Bedeutung überhaupt abzusprechen. — Die ebenfalls noch nicht geklärte Frage des diplomatischen Status des Beobachters braucht in diesem Zusammenhang nicht erörtert zu werden.

[19] Zur Regelung dieses Problems bei der UNESCO s. *Virally/Gerbet/Salmon/Ghébali,* S. 350. — Weitere Bestimmungen finden sich bei einigen Sonderorganisationen, die jedoch für andere als staatliche Beobachter gelten. Vgl. hierzu *Bornemann,* S. 143.

[20] *Caty,* S. 210; *Czempiel,* S. 65 - 70, schildert ausführlich die rechtliche Entwicklung der Beobachter-Institution.

[21] UNJurYB 1962, Provisional Edition, Fascicle 2, S. 236/7: nach *Czempiel,* S. 71; *Mower,* S. 275 Fn. 25; *Leichter,* Deutsche Belange in der UNO berührt, VN 1965, S. 12; *Pawelka,* S. 130.

[22] *Czempiel,* S. 71; *Mower,* S. 273.

[23] A/5801/Add. 1, GAOR (XIX), Suppl. 1 A, S. 11; *Mower,* S. 277; *Czempiel,* S. 78/9.

[24] *Pawelka,* S. 132.

meinen Anerkennung sind aber nicht nur völkerrechtlich fraglich, sondern sogar unzulässig. Hinsichtlich der Anerkennung ergibt sich das aus den obigen Ausführungen[25]: wenn danach die Anerkennung schon nicht als Voraussetzung für die Vollmitgliedschaft anzusehen ist, dann kann sie um so weniger Vorbedingung für die Zulassung eines Beobachters sein. Was hingegen das Erfordernis der Mitgliedschaft in einer Sonderorganisation angeht, so ist nicht ersichtlich, aus welchem rechtlichen Gesichtspunkt heraus dies für den Beobachterstatus von Bedeutung sein sollte[26], es sei denn, als Nachweis der Qualifikation als Staat — ein Argument, das schon oben widerlegt wurde[27].

Da die aus den Teilungen hervorgegangenen sozialistischen Staaten in keiner der Sonderorganisationen zugelassen wurden, sind sie weder dort noch in der UNO selbst durch einen ständigen Beobachter vertreten, während die westlich orientierten geteilten Staaten sämtlich einen Beobachterposten in den Vereinten Nationen zugeteilt erhalten haben[28].

Eine Klärung dieser nicht dem Völkerrecht entsprechenden Sach- und Rechtslage deutet sich in der Behandlung der Beobachter-Frage durch die Völkerrechtskommission im Rahmen des Komplexes der „Beziehungen zwischen Staaten und internationalen Organisationen" an[29]. Dort heißt es in Art. 51 des Entwurfs von 1970:

„Nichtmitgliedstaaten sind befugt („may establish"), eine ständige Beobachtermission bei einer Organisation zu errichten, um die Durchführung der in Art. 52 festgelegten Funktionen zu ermöglichen[30]."

Als Hauptfunktion nennt Art. 52 die Gewährleistung der „notwendigen (Ver-)Bindung zwischen Sendestaat und Organisation".

Aus dem Wortlaut des Art. 51 selbst („may establish") ist nicht unbedingt auf ein Recht zur Entsendung von Beobachtern zu schließen[31]. Eine derartige Berechtigung ergibt sich jedoch aus den Prinzipien der Gleichheit und der Universalität, so wie sie hier interpretiert worden sind[32]. Denn wenn diese Grundsätze ein allgemeines Recht auf *Teilnahme* aller Staaten begründen, dann sind die Staaten ebenso berechtigt, statt der Teilnahme in Form der Vollmitgliedschaft auch den weniger effektiven Status als Beobachter zu erlangen[33]. Allerdings kann auch hier der Organisation

[25] s. o. 3.1.4.3.

[26] *Schirmer*, S. 235, leitet die Unwirksamkeit dieser Voraussetzung daraus ab, daß die Charta „*alle* Nichtmitgliedstaaten einander gleichstellt".

[27] Vgl. 3.3.3.2.2.

[28] *Mower*, S. 266/7.

[29] Jetzt: „Verträge zwischen Staaten und internationalen Organisationen."

[30] YBILC 1970 I, S. 9 (SR 1044, par. 24).

[31] *Reuter*, A/CN. 4/SR 1044, par. 30, ebenda, S. 10.

[32] s. o. 2.3 und 2.9.

[33] So im Ergebnis *Ustor*, SR 1045, par. 11 (S. 13) und par. 18 (S. 14). — Verneinend *Ago*, ebendort, par. 21 (S. 14); *Nagendra Singh*, SR 1047, par. 41

nicht das Recht abgesprochen werden, bestimmte *Verfahrens*regelungen zu treffen, die im Ergebnis aber dem Ziel der Universalität entsprechen müssen[34].

Diese Erörterungen führen zu dem Schluß, daß keine universale Organisation oder allgemeine Staatenkonferenz irgendeinem Staat die Aufnahme eines ad hoc- oder ständigen Beobachters verweigern darf. Die Nichtzulassung der sozialistischen, geteilten Staaten als Beobachter in den Vereinten Nationen und den Sonderorganisationen stellt daher neben der Nichtzulassung als Vollmitglied eine zusätzliche völkerrechtswidrige Diskriminierung dieser Staaten dar.

Falls aus welchen Gründen auch immer jetzt noch nicht die sofortige Mitgliedschaft aller Staaten herbeigeführt werden kann, so bietet sich als erster geeigneter und vorläufiger Schritt auf dem Wege zu einer vollständigen Verwirklichung des allgemeinen Teilnahmerechts aller Staaten die Zulassung als Beobachter an. Von dieser Möglichkeit sollten daher die Vereinten Nationen, die Sonderorganisationen und alle universalen Staatenkonferenzen baldigen Gebrauch machen — und sei es nur mit der Zielsetzung, den Nichtmitgliedstaaten durch die Einräumung eines Beobachterstatus eine gewisse Vorbereitung auf die Vollmitgliedschaft zu ermöglichen.

4.3 Schluß

Die Untersuchung der Frage eines Rechts auf Teilnahme an allgemeinen multilateralen Verträgen und Organisationen hat zu folgenden Ergebnissen geführt:

Eine spezielle Rechtsnorm, die ein allgemeines Teilnahmerecht aller Staaten konstituieren würde, existiert nicht. Dagegen bieten sich mehrere Prinzipien des Völkerrechts als Grundlage einer Teilnahmeberechtigung an. Von diesen gewährt jedoch nur das Prinzip der souveränen Gleichheit ein allgemeines Recht auf Teilnahme, das einen Aspekt der fundamentalen Gleichberechtigung aller Staaten bildet. — Eine deklaratorische Bestätigung des Teilnahmerechts erfolgt durch das Prinzip der Universalität. Es gründet sich auf das zeitlos gültige Gleichheitsprinzip und stellt gleichsam dessen modernes Gewand dar, indem es dem Trend zu einer *universalen* Ausgestaltung der zwischenstaatlichen Beziehungen Ausdruck verleiht.

(S. 26); *Houben* und *Gimer*, Press Release GA/L/1395 (25th GA, 6. C., 118th meeting, AM); *Virally* u. a., S. 840.

[34] *Yasseen*, SR 1045, par. 8 (S. 13); *Ustor*, SR 1047, par. 17 (S. 23/4). — Vgl. im übrigen die entsprechenden Überlegungen zur Universalität und deren formeller Einschränkbarkeit durch Teilnahmeklauseln, 3.2.4.

Diese rechtlich verbindlichen Prinzipien können durch das Institut der Anerkennung und das Prinzip der Vertragsfreiheit nicht beeinträchtigt werden. Insbesondere ist die Anerkennung eines Staates weder Voraussetzung noch Folge der Ausübung des Rechts auf Teilnahme. Denn durch die Anerkennung werden lediglich die Völkerrechtssubjektivität sowie die grundsätzliche Bereitschaft des anerkennenden Staates zur Aufnahme verstärkter bilateraler Beziehungen mit dem anerkannten Staat deklariert. Eine konstitutive Wirkung ist ihr somit in keinem Falle beizumessen. — Der Grund für die Nichteinwendbarkeit des Prinzips der Vertragsfreiheit liegt darin, daß dieses seine ursprünglich absolute Geltung eingebüßt hat. Während es früher an das Konzept der absoluten Souveränität angelehnt war, ist sein Inhalt heute den neuzeitlichen Formen des zwischenstaatlichen Verkehrs anzupassen, dessen universale Ausübung es darum nicht mehr behindern darf.

Aus diesen grundsätzlichen Erwägungen ergibt sich die völkerrechtliche Bewertung der heutzutage gebräuchlichen Regelungen der Teilnahmefrage.

Soweit universale Verträge oder Organisationen die unbeschränkte Teilnahme aller Staaten vorsehen (All-Staaten-Klausel), so bedeutet dies eine Konkretisierung des allgemeinen Rechts auf Teilnahme, aufgrund deren jeder Staat berechtigt wird, an dem Vertrag teilzunehmen. — Falls ein allgemeiner multilateraler Vertrag ausnahmsweise keine Teilnahmeregelung treffen sollte, so greift zugunsten eines allseitigen Teilnahmerechts eine entsprechende Vermutung ein.

Für die beschränkt-offenen Verträge gilt: Eine Klausel, die die Teilnahme von der Erfüllung bestimmter Voraussetzungen abhängig macht, ist dann zulässig, wenn sie die Möglichkeit der Beteiligung aller Staaten offenläßt. Das geschieht bei den internationalen Organisationen dadurch, daß die Zulassung eines neuen Bewerbers durch die vorhergehende positive Abstimmung in der Organisation bedingt wird. Hierbei muß sich jedoch die Stimmabgabe an der universalen Zielrichtung der Organisation orientieren. Diese Maßgabe gilt ebenso für die Anwendung der sogenannten Wiener Formel, die als Teilnahmeregelung der allgemeinen Konventionen benutzt wird.

Gleichwohl werden die DDR, Nordkorea und Nordvietnam auf Betreiben der Bundesrepublik Deutschland und ihrer westlichen Verbündeten von allen universalen Organisationen und zahlreichen Konventionen und Kodifikationskonferenzen ferngehalten. Diese diskriminatorische Praxis widerspricht den Prinzipien der Gleichheit und der Universalität und ist demzufolge völkerrechtswidrig.

Die Beendigung dieses unrechtmäßigen Zustandes ist infolge des Fehlens einer obligatorischen Gerichtsbarkeit im Völkerrecht nicht erzwingbar. Als Zwischenlösung bis zur Wiederherstellung des allgemeinen Rechts aller Staaten auf volle Mitgliedschaft bietet sich hinsichtlich der Organisationen und Kodifikationskonferenzen die Einräumung eines Beobachter-Status an. — Für den Bereich der universalen Konventionen verbleibt es hingegen bei der bislang schon bestehenden Möglichkeit für Nichtmitglieder, den Inhalt einer Konvention durch bilaterale Verträge mit anderen Staaten in Kraft zu setzen.

Eine Veränderung der hier geschilderten und im ganzen unbefriedigenden Situation scheint für die bisherigen Teilnahmebewerber in naher Zukunft bevorzustehen[35]. Ursächlich hierfür ist der Abbau der seit dem Ende des 2. Weltkrieges bestehenden Ost-West-Spannungen.

Neben diesen haben sich jedoch inzwischen neue Spannungen entwickelt, die sich auf die Teilnahme des neugegründeten Staates Bangla Desh in der UNO beziehen. Dessen Antrag auf Aufnahme in die Vereinten Nationen hat die Volksrepublik China am 25. August 1972 durch Einlegung eines Vetos im Sicherheitsrat verhindert[36]. Als Begründung dafür hat sie u. a. die Nichterfüllung der in der UN-Resolution vom 21. 12. 1971 festgelegten Verpflichtungen seitens Bangla Deshs angeführt, zu denen auch die Respektierung der Genfer Konventionen von 1949 und damit die schnellstmögliche Repatriierung der pakistanischen Kriegsgefangenen gehöre[37]. — Nur wenn Bangla Desh seinen diesbezüglichen Pflichten tatsächlich noch nicht nachgekommen ist, könnte darin evtl. ein Mangel an Friedensliebe im Sinne des Art. 4 UNCh erblickt und seine Zulassung zu den Vereinten Nationen verhindert werden. Indes geht aus der weiteren Begründung des chinesischen Vetos eindeutig hervor, daß es nicht primär gegen Bangla Desh selbst, sondern gegen dessen Hauptverbündete, die Sowjetunion und Indien, gerichtet war. Hierdurch wird der Verdacht eines etwaigen Mißbrauchs des Art. 4 der UN-Charta seitens der Volksrepublik China als Sanktionsmittel zugunsten des von ihm protegierten (West-) Pakistan nicht eben entkräftet.

Dieser Vorgang hat zugleich deutlich gemacht, daß die Frage nach der Geltung und Durchsetzbarkeit des Universalitätsprinzips nicht nur in der Ära des Kalten Krieges von Interesse war, sondern jederzeit wieder aktuell werden kann[38].

---

[35] Vgl. die entsprechende Stellungnahme des UN-Generalsekretärs *Waldheim* (AdG vom 7. 7. 1972, 17201 A).

[36] AdG vom 25. 8. 1972, 17294 A. Zur Vorgeschichte des Vetos s. AdG vom 18. 8. 1972, 17257 A.

[37] AdG vom 31. 12. 1971, 16781 B (16794).

[38] Das Universalitätsprinzip wird — von der Interessenlage her — auch bei jeder Bemühung in Frage gestellt, aufgrund vorgesehener Ausschlußmöglichkeiten einen Staat „strafweise“ aus der UNO oder einer ihrer Sonderorganisationen auszuschließen. s. aber S. 140.

Literaturverzeichnis

In den Anmerkungen werden die Aufsätze nach Verfasser, Titel und Fundstelle zitiert. Bei Monographien wird dagegen neben dem Autor nur dann der Titel genannt, wenn die Gefahr einer Verwechslung mit anderen Werken des Autors besteht.

Alexandrowicz, Charles: The doctrinal aspects of the universality of the law of nations, BYBIL 1961 (XXXVII), S. 506 - 515.

Alexy, Helmut: Die Beteiligung an multilateralen Konferenzen, Verträgen und internationalen Organisationen als Frage der individuellen Anerkennung von Staaten, ZaöRV 1966 (26), S. 495 - 601.

Alfaro, Ricardo J.: The rights and duties of states, RdC 1959 II (97), S. 91 - 202.

Amberg, Rudi und *Harhammer*, Ellen: Zur Wiederanwendung von Konventionen durch die Deutsche Demokratische Republik, DAP 1959, S. 764 - 769.

Andrassy, Georges: La souveraineté et la Societé des Nations, RdC 1937 III (1), S. 637 - 762.

Armbruster, Hubert: Selbstbestimmungsrecht, in: WVR Bd. III, S. 250 - 255.

Aufricht, Hans: Principles and practices of recognition by international organizations, AJIL 1969 (43), S. 679 - 704.

Balekjian, W. H.: Die Effektivität und die Stellung nichtanerkannter Staaten im Völkerrecht, Den Haag 1970, 222 S.

Basdevant, J.: Les Méthodes de la Codification du Droit international public (Diskussionsbeitrag), Ann IDI 1947, S. 227 - 239.

Bastid, Suzanne: Les conditions juridiques de la „coexistence“, PE 1955 (20), S. 9 - 18.

Bauer, Maria: Das Recht der internationalen Organisationen im System des gegenwärtigen Völkerrechts, WZ Humboldt 1969, S. 1017 - 1022.

Baxter, R. R.: Treaties and custom, RdC 1970 I (Bd. 129), S. 25 - 105.

Berber, Friedrich: Lehrbuch des Völkerrechts, 1. Band: Allgemeines Friedensrecht (Berber I), München u. a. 1960, 505 S.

— Völkerrecht — Dokumentensammlung, Band I — Friedensrecht (— S. 1657), Band II — Konfliktsrecht (— S. 2565) (Berber Dok. I, II), München, Berlin 1967.

Bettati/Bottini u. a.: La souveraineté au XXe siècle, Paris 1971, 288 S.

Marschall v. Bieberstein, Walther Freiherr: Zum Problem der völkerrechtlichen Anerkennung der beiden deutschen Regierungen. Ein Beitrag zur Diskussion über die Rechtslage Deutschlands, Berlin (West) 1959, 232 S.

Bierzanek, R.: Das Universalitätsprinzip und seine Verwirklichung in der Organisation der Vereinten Nationen, DAP 1970, Sonderheft 2 (25 Jahre Vereinte Nationen), S. 37 - 50.

Bindschedler, Rudolf: Illusion und Wirklichkeit; Gegenwart und Zukunft des Völkerrechts, JIR 1957/8 (8), S. 1 - 22.

— Die Anerkennung im Völkerrecht, AVR 1961/62, S. 377 - 397.

Bobrov, R. L.: Basic Principles of present-day international law, in: Contemporary international law, Hrsg.: Tunkin, S. 36 - 58.

Bogaert, E. van: Considérations sur la théorie de l'égalité des Etats, RGDIP 1958 (58), S. 85 - 98.

Bolz, Lothar: Die Universalität als Voraussetzung und Ziel der Vereinten Nationen, DAP 1964, S. 1133 - 1142.

Boris, Hans Dieter: Zur politischen Ökonomie der Beziehungen zwischen Entwicklungsländern und westlichen Industriegesellschaften, in: Krippendorf, Friedensforschung, S. 320 - 351.

Bornemann, Paul: Die Teilnahme politisch geteilter Staaten an der Arbeit internationaler Organisationen (iur. Diss.), Köln 1964, 153 S.

Bot, B. R.: Nonrecognition and treaty relations, Leyden 1968, 286 S.

Boutros-Ghali, Boutros: Le principe d'égalité des Etats et les Organisations internationales, RdC 1960 II (100), S. 1 - 73.

Bracht, Hans Werner: Der Umfang des Selbstbestimmungsrechts in der sowjetischen Völkerrechtslehre, in: Beiträge zu einem System des Selbstbestimmungsrechts, S. 57 - 61.

— Ideologische Grundlagen der sowjetischen Völkerrechtslehre, Köln 1964, 253 S.

Bretton, Philippe / *Chaudet*, Jean-Pierre: La coexistence pacifique, Paris 1971, 327 S.

Broms, Bengt: The doctrine of equality of states as applied in international organizations (iur. Diss.), Helsinki 1959, 348 S.

Brown, Philip Marshall: The legal effects of recognition, AJIL 1950 (44), S. 617 - 640.

Brunner, Georg: Die Quellen des Völkerrechts, in: Völkerrecht in Ost und West, Hrsg.: Maurach/Meissner, S. 39 - 70.

Bystrický, Rudolf: On the principle of obligatory co-operation of states, in: The legal principles governing friendly relations and co-operation among states in the spirit of the United Nations Charter (Lectures delivered during the Seminar organized by the WFUNA 1965). Leiden 1966, S. 99 - 114.

Caty, Gilbert: Le statut juridique des etats divisés, Paris 1969, 261 S.

Charpentier, Jean: La reconnaissance internationale et l'évolution du droit des gens, Paris 1956, 357 S.

— Pratique française du droit international public, „Reconnaissance", AFDI 1962, S. 1023 - 1024.

Charvin, Robert: La République Démocratique Allemande et le droit international général, RGDIP 1971, S. 1014 - 1059.

Chaumont, Charles: Cours Général de Droit International Public, RdC 1970 I (129), S. 333 - 527.

Chen, Ti-Chiang: The international law of recognition. — With special reference to practice in Great Britain and the United States, London 1951, 461 S.

Cheng, Bin: International law in the United Nations, YBWAff 1954, S. 170 - 195.

Claude, Inis L., Jr.: Implications and questions for the future, IO 1965 (19), S. 835 - 846.

Constantopoulos, Dimitri: Deux notions fondamentales de la souveraineté, in: Festschrift für Jean Spiropoulos, Grundprobleme des internationalen Rechts, Bonn 1957, S. 89 - 102.

Cornides, Wilhelm: Das Moskauer Moratorium und die Bundesrepublik, EA 1963 I (18), S. 583 - 592.

Czempiel, Ernst-Otto: Die Vereinten Nationen und die Nichtmitglieder (Über die Praxis und die Möglichkeiten der internationalen Organisationen), PVS 1968, S. 56 - 81.

— Macht und Kompromiß. — Die Beziehungen der Bundesrepublik Deutschland zu den Vereinten Nationen 1956 - 1970, Düsseldorf 1971, 189 S.

Dahm, Georg: Völkerrecht, Band 1 und 3, Stuttgart 1958 (1961), 730 und 393 S.

d'Amato, Anthony: The concept of custom in international law, London 1971, 286 S.

Daudet, Yves: Les Conférences des Nations Unies pour la Codification du Droit International, Paris 1968, 346 S.

— Note sur l'organisation et les méthodes de travail de la Conférence de Vienne sur le Droit des Traités, AFDI 1969, S. 54 - 69.

David, Vaclav: Für eine Kodifikation der Prinzipien der Koexistenz, DAP 1963, S. 161 - 164.

Decker, Günter: Das Selbstbestimmungsrecht der Nationen, Göttingen 1955, 435 S.

Dehaussy, Jacques: Le dépositaire de traités, RGDIP 1952, S. 489 - 523.

Dhokalia, R. P.: The codification of public international law, Manchester 1970, 367 S.

Dickinson, Edwin: The equality of states in international law, Cambridge 1920, 424 S.

Ehrhardt, Dieter: Der Begriff des Mikro-Staats im Völkerrecht und in der internationalen Ordnung, Aalen 1970, 115 S.

Emerson, Rupert: Self-determination, AJIL 1971 (65), S. 459 - 475.

— Self-determination, PASIL 1966, S. 135 - 141.

Erdmann, Ulrich: Nichtanerkannte Staaten und Regierungen. — Formen und Grenzen internationaler Beziehungen. Göttingen 1966, 217 S.

Falk, Richard A.: The Status of Law in International Society, Princeton, New Jersey, 1970, 678 S.

Feinberg, Nathan: L'admission de nouveaux membres à la Société des Nations et à l'organisation des Nations Unies, RdC 1952 I, S. 293 - 393.

Felder, Joseph F.: Das Problem der Staatengleichheit der Organisation der Völkergemeinschaft (jur. Diss. Freiburg, Schweiz) Schupfheim, 1950, 162 S.

Feldman, D. I.: The Recognition of States and Membership of International Organisations (Summary), SovYBIL 1961, S. 62 - 64.

— Recognition of states and governments in present-day international law, in: Tunkin, Contemporary Int. Law, S. 204 - 215.

Fischer, Peter / *Köck*, Heribert F.: Das Recht der völkerrechtlichen Verträge nach der Zweiten Session der Wiener Vertragsrechtskonferenz der Vereinten Nationen, ÖZA 1969 (9), S. 275 - 296.

Fleischhauer, Carl A.: Die Wiener Vertragsrechtskonferenz, JIR 1971 (15), S. 202 - 241.

Focsaneanu, Lazar: Les „Cinq Principes" de Coexistence et le droit international, AFDI 1956, S. 150 - 180.

Frey-Wouters, Ellen: The prospects for regionalism in world affairs, in: Falk/Black, The future of the international legal order, Vol. I: Trends and patterns, Princeton, 1969, S. 463 - 555.

Frowein, Jochen: Das de facto-Regime im Völkerrecht. Eine Untersuchung zur Rechtsstellung „nichtanerkannter Staaten" und ähnlicher Gebilde, Köln/Berlin 1968, 243 S.

— Some considerations regarding the function of the depositary — Comments on Art. 72 para. 1 (d) of the ILC's 1966 Draft Articles on the Law of Treaties, ZaöRV 1967 (27), S. 533 - 539.

Giraud, Emile: Modification et terminaison des traités collectifs, Ann IDI 1961 I, S. 5 - 156.

Goodrich, Leland M. / *Hambro*, Edward / *Simons*, Anne Patricia: Charter of the United Nations — Commentary and Documents, New York u. a. 1969, 3. überarb. Aufl., 732 S.

Görner, Gunter / *Süß*, Herbert: Universalität und Recht der Verträge, DAP 1969, S. 1028 - 1044.

Graefrath, Bernhard: Deklaration über die grundlegenden Völkerrechtsprinzipien, DAP 1971, S. 476 - 510.

— Stärkung und Weiterentwicklung des Völkerrechts im Rahmen der UNO, in: Sicherheit und Abrüstung — Lebensfrage der Völker/UNO-Bilanz 1969/70, Staatsverl. der DDR, Berlin, 1970, S. 164 - 184.

— Förderung der Menschenrechte. Eine universelle Aufgabenstellung der Vereinten Nationen, DAP 1970, Sonderheft 2: 25 Jahre Vereinte Nationen, S. 78 - 92.

— Zur Stellung der Prinzipien im gegenwärtigen Völkerrecht, Berlin (Ost) 1968, S. 28.

— Die universelle Kodifikation im gegenwärtigen Völkerrecht, WZ Humboldt 1969 (6), S. 983 - 992.

— Die Vereinten Nationen und die Menschenrechte, Berlin (Ost) 1956, 174 S.

— Das Recht der DDR auf Mitgliedschaft in den UN, DAP 1966, S. 664 - 672.

Graf, K. B.: Die Grundrechte der Staaten im Völkerrecht, Basel 1948, 208 S.

Green, L. C.: Membership in the United Nations, CLP 1949, S. 258 - 282.

Gross, Leo: Election of States to United Nations Membership, PASIL 1954, S. 37 - 59.

— Progress towards universality of membership in the United Nations, AJIL 1956 (50), S. 791 - 827.

Guggenheim, Paul: Traité de droit int. public, Bd. 1 (unter Mitarbeit v. Dieter Kappeler), Genf 1967, 2. verm. Aufl., 352 S.

— La pratique suisse (1962) — Obligations du gouvernement dépositaire d'une convention multilatérale, SchwJBIR 1963 (20), S. 76 - 83.

Haas, Ernst B.: International Integration — The European and the Universal Process, IO 1961 (15), S. 366 - 392.

Haas, E. B. / *Whiting*, Allen S.: Dynamics of international relations, New York u. a. 1956, 557 S.

Hacker, Jens: Zur Aufnahme Deutschlands in die Vereinten Nationen, VN 1970, S. 101 - 106, 121 - 124.

Han, Hyong-Kon: Die Aufnahme von Mitgliedern in die UNO, VN 1966, S. 121 - 128.

— Die Aufnahme von Staaten als Mitglieder in die Vereinten Nationen (jur. Diss. Bonn 1965), Frankfurt/Main 1967, 239 S.

Herder / *Wünsche:* Die Deutsche Demokratische Republik ist anerkannt!, StuR 1959 (8), S. 917 - 932.

Herzog, Ursula: Zum Inhalt des Instituts der Anerkennung im gegenwärtigen Völkerrecht, WZ Humboldt 1969, S. 973 - 982.

von der Heydte, F. A.: Der deutsche Staat im Jahre 1945 und seither, VVDStRL 1955 (13), S. 6 - 26.

— Zur jüngsten Entwicklung des Selbstbestimmungsrechts, in: Festschrift für Herbert Kraus, Recht im Dienste der Menschenwürde, Würzburg 1964, S. 137 - 152.

— Koexistenz, in: WVR Bd. II, S. 237/8.

— Einige Aspekte der Anerkennung im Völkerrecht, in: Marcic u. a. (Hrsg.), Internationale Festschrift für Alfred von Verdroß, München/Salzburg 1971, S. 129 - 151.

Higgins, Rosalyn: The development of international law through the political organs of the United Nations, London u. a. 1963, 402 S.

— The United Nations and lawmaking: the political organs, PASIL 1970, S. 37 - 48.

Hilckman, Anton: Die gespaltene Welt und das Völkerrecht, ARSP 1969 (55), S. 131 - 140.

Hollenweger, Peter: Die Assoziation von Staaten mit internationalen Organisationen, Zürich 1967, 238 S.

Holloway, Kaye: Modern trends in treaty law — Constitutional law, reservations and the three modes of legislation, London u. a. 1967, 737 S.

Hsueh, Shou-Sheng: L'organisation des Nations Unies et les états non-membres (pol. Diss.), Genf 1953, 189 S.

Hudson, Manley O.: Recognition and multipartite treaties, AJIL 1929 (23), S. 126 - 132.

Jaenicke, Günther: Die Aufnahme neuer Mitglieder in die UN, ZaöRV 1950/51 (13), S. 291 - 380.

Jellinek, Georg: System der subjektiven öffentlichen Rechte, Tübingen 1905, 2. Aufl., 366 S.

Jenks, Wilfred: Law in the world community, London u. a. 1968, 2. Aufl., 164 S.

Jüttner, Alfred: Die deutsche Frage, Köln u. a. 1971, 395 S.

Keilau, Horst: Die Vereinten Nationen und das Problem der int. Sicherheit, DAP 1970, Sonderheft 2: 25 Jahre Vereinte Nationen, S. 51 - 62.

Kelsen, Hans: Principles of international law (Hrsg. R. W. Tucker), New York u. a. 1966, 2. Aufl., 602 S.

Kelsen, Hans: The Draft Declaration on Rights and Duties of States — Critical Remarks, AJIL 1950 (44), S. 259 - 276.

— The law of the United Nations — A critical analysis of its fundamental problems, London 1950, 903 S.

— Recent trends in the law of the United Nations (A supplement to the law of the United Nations), London 1951, S. 909 - 994.

— Recognition in international law-theoretical observations, AJIL 1941 (35), S. 605 - 617.

Kiermeier, Hildegard: Der Beitrag der Deutschen Demokratischen Republik zur Arbeit der sozialen und humanitären Organisationen der Vereinten Nationen, DAP 1970, Sonderheft 2: 25 Jahre Vereinte Nationen, S. 158 - 166.

Kirsten, Johannes: Zum sozialistischen völkerrechtlichen Prinzip der staatlichen Souveränität, DAP 1970, S. 20 - 35.

Kirsten, Joh. / *Rose*, Harald / *Süß*: Das Prinzip der Universalität erfordert die gleichberechtigte Mitarbeit der Deutschen Demokratischen Republik in der ECE, StuR 1964, S. 126 - 141.

Klein, Friedrich: Die Mitgliedschaft in den Vereinten Nationen, 1948/49 (1) AVR, S. 147 - 187.

Klein, Peter: Die DDR und die Organisation der Vereinten Nationen, DAP 1963, S. 63 - 65.

Köck, Heribert F.: Die Wiener Suchtgiftkonferenz 1971 und ihre Ergebnisse, ÖZA 1971, S. 100 - 113.

— Der Beitritt zu völkerrechtlichen Verträgen, ÖZöR 1970 (20), S. 217 - 290.

Kohl, Michael: Zur Frage des Beitritts zu mehrseitigen offenen Verträgen in seiner aktuellen Problematik für die Deutsche Demokratische Republik, Časopis pro mezinárodní právo, 1959, S. 329 - 348.

Kooijmans, P. H.: The doctrine of the legal equality of states — An inquiry into the foundations of international law, Leyden 1964, 260 S.

Kordt, Theo: Völkerrechtsgemeinschaft, WVR Bd. III, S. 677 - 680.

Korowicz, Marek S.: Some present aspects of sovereignty in international law, RdC 1961 I (102), S. 1 - 120.

Krekeler, Heinz L.: Die Außenpolitik — Eine Einführung in die Grundlagen der internationalen Beziehungen, München/Wien 1967, 274 S.

Krippendorff, Ekkehart (Hrsg.): Friedensforschung, Köln/Berlin 1968, 596 S.

Krüger, Elfriede: Antrag der DDR auf Aufnahme in die Weltgesundheitsorganisation, VN 1968, S. 117 - 119.

Krülle, Siegrid: Die völkerrechtlichen Aspekte des Oder-Neiße-Problems, Berlin (West) 1970, 391 S.

Krylov, M. Serge: Les notions principales du droit des gens (La doctrine soviétique du droit international), RdC 1947 I (70), S. 407 - 476.

Kunz, Josef L.: Handbuch des Völkerrechts, 2. Bd. 3. Abt. Die Staatenverbindungen, Stuttgart 1929, 818 S.

Kußbach, Erich: Die Weiterbildung des Völkerrechts — eine friedenserhaltende Funktion der Vereinten Nationen, ÖZA 1971, S. 67 - 84.

Lachs, Manfred: Recognition and modern methods of international co-operation, BYBIL 1959 (XXXV), S. 252 - 259.

Lachs, Manfred: Le développement et les fonctions des traités multilateraux, RdC 1957 II (92), S. 229 - 241.

— La reconnaissance et les problèmes de la coopération internationale dans les traités, in: Mélanges en l'honneur de G. Gidel, Paris o. J., S. 411 - 421.

— The law in and of the United Nations, IndJIL 1960/1 (1), S. 429 - 442.

Lauterpacht, Hersch: Codification and development of international law, AJIL 1955 (49), S. 16 - 43.

— International Law — being the collected papers of Hersch Lauterpacht (Hrsg. E. Lauterpacht), Bd. 1 The general works, Cambridge 1970, 539 S.

— Recognition in international law, Cambridge 1948, 442 S.

Lee, Luke T.: The Mexico City Conference of the United Nations Special Committee on Principles of International Law Concerning Friendly Relations and Cooperation among States, ICLQ 1965 (14), S. 1296 - 1313.

Leibholz, Gerhard: Zur gegenwärtigen Lage des Völkerrechts, AVR 1948/49 (1), S. 415 - 423.

Leichter, Otto: Pankow beantragt die Mitgliedschaft in der UNO — Die Geschichte einer mißglückten Aktion, VN 1966, S. 80 - 91.

— Deutsche Belange in der UNO berührt, VN 1965, S. 12 - 15.

Lewin, D. B. / *Kaljushnaja*, G. P.: Völkerrecht, Lehrbuch, Moskau 1964 (Deutsche Übersetzung vom Staatsverlag der DDR, Berlin 1967, 461 S.).

Lewin, D. B.: Grundprobleme des modernen Völkerrechts (übers. Rossbacher/Frenzke), in: Tunkin/Lewin/Tunkin: Drei sowjetische Beiträge zur VR-Lehre, S. 59 - 306, Hamburg 1969.

Lissitzyn, Oliver J.: Le droit international dans un monde divisé, RGDIP 1965, S. 917 - 976.

v. Liszt, Franz: Das Völkerrecht, systematisch dargestellt, Berlin 1925, 12. Aufl., (bearb. v. Max Fleischmann), 764 S.

Loewenstein, Karl: Sovereignty and international cooperation, AJIL 1954 (48), S. 222 - 244.

Luard, Evan: China and the United Nations, IntAff 1971 (47), S. 729 - 744.

Lukashuk, Igor I.: Parties to treaties — the right of participation, RdC 1972 I (Band 135), S. 231 - 328.

Maresca, Adolfo: Il diritto dei trattati — La Convenzione Codificatrice di Vienna del 23 Maggio 1969, Mailand 1971, 895 S.

Martinez-Aguló: L'Etat divisé, JDI 1964 (91), S. 265 - 284.

Maurach/Meissner: Völkerrecht in Ost und West, Stuttgart 1967, 248 S.

McDougal, Myres S. / *Goodman*, Richard M.: Chinese participation in the United Nations: the legal imperatives of a negotiated solution, AJIL 1966 (60), S. 671 - 727.

McNair, Lord: The Law of Treaties, Oxford 1961, 789 S.

McWhinney, Edward: Friendly relations and cooperation among states (coexistence) and the principles of non-intervention, in: The legal principles governing friendly relations and co-operation among states in the spirit of the United Nations Charter (Lectures delivered during the Seminar organized by the WFUNA 1965), Leiden 1966, S. 69 - 88.

Meissner, Bettina Juliane: Formen stillschweigender Anerkennung im Völkerrecht, Köln 1966, 68 S.

Meissner, Boris: Das Wesen und der Geltungsbereich des Völkerrechts, in: Maurach/Meissner, Völkerrecht in Ost und West, S. 9 - 38.

— Sowjetunion und Selbstbestimmungsrecht, Köln 1962, 464 S.

Meissner, Wilhelm: Über die XII. Tagung der ECE, DAP 1957, S. 551 - 559.

Menzel, Eberhard: Die Ostverträge von 1970 und das Selbstbestimmungsrecht der Völker, ZRP 1972, S. 35 - 41.

— Anerkennung oder Nichtanerkennung der DDR — Zur Klärung der völkerrechtlichen und politischen Grundfragen, Politik 1969, H. 3/4, S. 70 - 98.

— Völkerrecht. Ein Studienbuch, München u. a. 1962, 463 S.

Moessner, Jörg Manfred: Die Völkerrechtspersönlichkeit und die Völkerrechtspraxis der Barbareskenstaaten (Algier, Tripolis, Tunis 1518 - 1830), Berlin 1968, 170 S.

— The Barbary Powers in international law — doctrinal and practical aspects, Grotian Society Papers 1972, S. 197 - 221.

Morosow, G. J.: Internationale Organisationen. Ihre Rolle im Prozeß der Veränderung des internationalen Klassenkräfteverhältnisses (Übers. aus dem Russ.: W. Eckstein), Berlin (Ost) 1971, 179 S.

Mosconi, Franco: La formazione dei trattati, Mailand 1968, 366 S.

Mosler, Hermann: Die Aufnahme in internationale Organisationen, ZaöRV 1958 (19), S. 275 - 317.

Mower, A. Glenn, Jr.: Observer countries: Quasi members of the United Nations, IO 1966 (20), S. 266 - 283.

Mugerwa, Nkambo: Subjects of international law, in: Sørensen, Max (Hrsg.), Manual of public international law, New York 1968, S. 247 - 310.

Müller, Manfred: Die UNO und der Kampf der Völker für Frieden und Sicherheit, DAP 1971, S. 1203 - 1208.

von Münch, Ingo: Zur Frage einer gleichzeitigen Aufnahme von Bundesrepublik und DDR in die UNO, ZRP 1970, S. 57 - 62.

Myrdal, Alva: Abrüstung — wohin? (Vortrag vor der österreichischen Gesellschaft für Außenpolitik am 21. 4. 1972), ÖZA 1972, S. 118 - 127.

Nagy, Karoly: Az állam elismerése a mai nemzet közi jogban (= La reconnaissance de l'Etat dans le droit international contemporain (Résumé S. 117 bis 122)), Szeged 1967, 128 S.

— The admission of non-recognized states into international organisations, in: Questions of international law 1970, Hungarian Branch of the International Law Association, Budapest 1971, S. 129 - 145.

Ninčić, Djura: The problem of sovereignty in the Charter and in the practice of the United Nations, Den Haag 1970, 358 S.

O'Connell, D. P.: International law, Bd. 1, London 1970, 2. Aufl., 595 S.

Oppenheim/Lauterpacht: International Law, A treatise, London u. a. 1955, 8. Aufl., 1072 S.

Padirac, Raoul: L'égalité des Etats et l'organisation internationale, Paris 1953, 246 S.

Patel, S. R.: Recognition in the law of nations, Bombay 1959, 122 S.

Pawelka, Peter: Die UNO und das Deutschlandproblem — Das Deutschlandproblem als Spannungsfeld zwischen der Bundesrepublik Deutschland und den Vereinten Nationen — unter besonderer Berücksichtigung der Außenpolitik der Bundesrepublik Deutschland — 1947 bis 1967, Tübingen 1971, 232 S.

Peck, Joachim: Die Völkerrechtssubjektivität der Deutschen Demokratischen Republik, Berlin (Ost) 1960, 231 S.

Perfall, Eberhard Frh.: Die völkerrechtliche Vertretung Chinas (jur. Diss.), Bonn 1967, 261 S.

Pinto, Roger: Le statut international de la République Démocratique Allemande (= The international status of the German Democratic Republic), JDI 1959 (86), S. 312 - 425.

Plano, Jack C. / *Riggs*, Robert E.: Forging world order. The politics of international organisation, New York 1967, 600 S.

Rabl, Kurt: Der Inhalt des Selbstbestimmungsrechts nach westlicher Auffassung, in: Klein u. a. (Hrsg.), Beiträge zu einem System des Selbstbestimmungsrechts, Wien 1970, S. 39 - 56.

— Das Selbstbestimmungsrecht der Völker. — Geschichtliche Grundlagen. Umriß der gegenwärtigen Bedeutung, München 1963, 276 S.

Ress, Georg: Einige völkerrechtliche und staatsrechtliche Konsequenzen der Mitgliedschaft von BRD und DDR in den Vereinten Nationen und ihren Sonderorganisationen, Der Staat 1972 (11), Heft 1, S. 27 - 49.

Robinson, Jacob: Metamorphosis of the United Nations, RdC 1958 II (94), S. 497 - 592.

Röling, B. V. A.: International law in an expanded world, Amsterdam 1960, 126 S.

Rose, Harald: Die Mitgliedschaft in den Vereinten Nationen als Rechtsproblem — unter besonderer Berücksichtigung der Stellung der beiden deutschen Staaten (jur. Diss.), Berlin (Ost) 1964, 225 S.

Rose, Harald / *Haschke*, Herbert: Die DDR ist Mitglied des Weltpostvereins, DAP 1959, S. 759 - 763.

— — Der Anspruch der DDR auf Mitgliedschaft in den Vereinten Nationen, DAP 1963, S. 355 - 365.

Rosenne, S.: Recognition of States by the United Nations, BYBIL 1949 (XXVI), S. 437 - 447.

— United Nations Treaty Practice, RdC 1954 II (86), S. 275 - 444.

— More on the depositary of international treaties, AJIL 1970 (64), S. 838 - 852.

Rosenstock, Robert: The declaration of principles of international law concerning friendly relations: A Survey, AJIL 1971 (65), S. 713 - 735.

Rudolph, Margarete: Für gleichberechtigte Mitarbeit der DDR in internationalen Organisationen, DAP 1958, S. 594 - 599.

Rumpf, Helmut: Wiener Konvention: Vertrag der Verträge, AußPol 1971, S. 581 - 592.

Scelle, Georges: L'admission des nouveaux membres de la Société des Nations par l'Assemblée de Genève, RGDIP 1921, S. 122 ff.

— La revision dans les conventions générales, Ann IDI 1948, S. 1 - 51, 175 - 187.

Scelle, Georges: Quelques réflexions sur le droit des peuples à disposer d'eux-mêmes, in: Festschrift für Jean Spiropoulos, Grundprobleme des internationalen Rechts, Bonn 1957, S. 385 - 391.

Schaumann, Wilfried: Die Gleichheit der Staaten — Ein Beitrag zu den Grundprinzipien des Völkerrechts, Wien 1957, 160 S.

Schermers. Henry G.: International institutional law, Bd. I (Structure), Leiden 1972, 303 S.

Schirmer, Gregor: Die Arbeit der Völkerrechtskommission der Vereinten Nationen im Jahre 1962, StuR 1963 (12), S. 846 - 858.

— Die Universalität allgemeiner Staatenkonferenzen, DAP 1964, S. 463 - 476.

— Universalität völkerrechtlicher Verträge und internationaler Organisationen, Berlin (Ost) 1966, 302 S.

Schücking, Walther / *Wehberg,* Hans: Die Satzung des Völkerbundes, I. Bd., Berlin 1931, 3. Aufl., 604 S.

Schuster, Rudolf: Deutschlands staatliche Existenz im Widerstreit politischer und rechtlicher Gesichtspunkte 1945 - 1963, München 1963, 308 S.

Schwarzenberger, Georg: A manual of international law, vol. I, London 1960, 4. Aufl., 382 S.

Schweisfurth, Theodor: BRD und DDR auf internationaler Ebene, AußPol 1970, S. 265 - 283.

— Der internationale Vertrag in der modernen sowjetischen Völkerrechtstheorie, Köln 1967, 350 S.

Schweizerische Gesellschaft für die Vereinten Nationen: Die Schweiz und die Vereinten Nationen, Bern 1970, 95 S.

Schwelb, Egon: The Nuclear Test Ban Treaty and international law, AJIL 1964 (58), S. 642 - 670.

Schwenk, Walter: Die Vertretung Chinas in den Vereinten Nationen (jur. Diss.), Köln 1959, 128 S.

Seidl-Hohenveldern, Ignaz: Rechtsbeziehungen zwischen internationalen Organisationen und den einzelnen Staaten, AVR 1953/54 (4), S. 30 - 58.

— Völkerrecht, Köln u. a. 1969, 2. Aufl., 349 S.

— Das Recht der Internationalen Organisationen einschließlich der Supranationalen Gemeinschaften, Köln u. a. 1971, 2. Aufl., 361 S.

— Der Barcelona-Traction-Fall, ÖZöR 1971 (22), S. 255 - 309.

Senghaas-Knobloch, Eva: Frieden durch Integration und Assoziation — Literaturbericht und Problemstudien, Stuttgart 1969, 199 S.

— Internationale Organisationen, Aus Politik und Zeitgeschichte (Beilage zur Wochenzeitung „Das Parlament") 1971 (B 1/71), S. 17 - 32.

Siegler, Heinrich: Wiedervereinigung und Sicherheit Deutschlands, Bd. 1 1944 - 1963, Bonn u. a. 1967, 405 S.

Soder, Josef: Die Vereinten Nationen und die Nichtmitglieder — Zum Problem der Weltstaatenorganisation, Bonn 1956, 283 S.

— Die Stellung der „ehemaligen Feindstaaten" in der UN-Satzung, VN 1965, S. 15 - 22.

Sommer, Theo: Konfrontation plus Dialog, Die Zeit vom 14. 7. 1972, Nr. 28, S. 3.

Steiger, Harald: Völkerbund, Vereinte Nationen und der Nahe Osten, Der Staat 1970, S. 433 - 474.

Steiniger, Peter Alfons: Die Perspektiven der Vereinten Nationen, DAP 1970, Sonderheft 2: 25 Jahre Vereinte Nationen, S. 167 - 180.

Steppuhn, Diether: Der Beobachter bei internationalen Gremien, AVR 1959/60 (8), S. 257 - 276.

Strupp/Schlochauer: Wörterbuch des Völkerrechts, Bände I - III (zit.: WVR plus Nummer des Bandes), Berlin 1960 - 62, 2. Aufl., 800, 815 und 901 S.

Thirlway, H. W. A.: International customary law and codification. An examination of the continuing role of custom in the present period of codification of international Law, Leiden 1972, 158 S.

Torres Bernárdez, Santiago: L'Espagne et les Organisations Internationales. — Le statut international de l'Espagne après la deuxième guerre mondiale et ses conséquences sur sa participation aux activités des Organisations Internationales (1945 - 1956), iur. Diss., in: Annales Universitatis Saraviensis — Jur. Fac. 1958, Saarbrücken 1960, S. 89 - 320.

Touscoz, Jean: Souveraineté et coopération internationale culturelle, scientifique et technique, in: Bettati/Bottini u. a., La souveraineté au XXe siècle, Paris 1971, S. 201 - 234.

Tunkin, G. J.: Der ideologische Kampf und das Völkerrecht (Übers. v. Rodingen), in: Tunkin/Lewin/Tunkin, Drei sowjetische Beiträge zur Völkerrechtslehre, Hamburg 1969, S. 307 - 461.

Tunkin u. a.: Gegenwartsprobleme des Völkerrechts, Berlin (Ost) 1962, 332 S.

— (Hrsg.): Contemporary international law (Collection of articles), Moskau 1969, 291 S.

— Peaceful coexistence and international law, in: Tunkin (Hrsg.), Contemporary international law, S. 5 - 35.

— Coexistence and international law, RdC 1948 II (95), S. 1 - 81.

— Völkerrechtstheorie (Übers. von Müller und Rathfelder), Moskau 1970, Hrsg. Th. Schweisfurth, Berlin (West) 1972, 492 S.

Uibopuu, Henn-Jüri: Die sowjetische Doktrin der friedlichen Koexistenz als Völkerrechtsproblem (iur. Diss.), Wien 1971, 237 S.

Ulyanova, N. N.: Recognition of states and governments and participation in multilateral treaties (Summary), SovYBIL 1961, S. 320 - 322.

Ushakov, N. A.: International law and sovereignty, in: Tunkin, Contemporary international law, S. 97 - 117.

Verdroß, Alfred von: Völkerrecht, 5. Aufl., unter Mitarbeit von Verosta und Zemanek, Wien 1964, 690 S.

— Die Wertgrundlagen des Völkerrechts, AVR 1953/54 (4), S. 129 - 139.

— Discours inaugural de M. Alfred von Verdroß, Président de l'Institut, AnnIDI 1961 II (49), S. 56 - 64.

Verzijl, J. H. W.: International law in historical perspective, Bd. I (General subjects), Bd. II (International persons), Leiden 1968/9, 575 und 608 S.

Virally, M. / *Gerbet*, P. / *Salmon*, J. / *Ghébali*, V.-Y.: Les missions permanentes au-près des organisationes internationales, Bd. 1, Brüssel 1971, 918 S.

Visscher, Charles de: Théories et réalités en droit international public, Paris 1970, 450 S.

Vonlanthen, Albert: Die völkerrechtliche Selbstbehauptung des Staates (Diss. 1938), Freiburg (Schweiz) 1944, 255 S.

Wannow, Marianne: Das Selbstbestimmungsrecht im sowjetischen Völkerrechtsdenken, Göttingen 1965, 287 S.

Wehberg, Hans: Die Völkerbundsatzung, Berlin 1929, 208 S., 3. Aufl.

Wengler, Wilhelm: Der Moskauer Vertrag und das Völkerrecht, JZ 1970, S. 632 - 637.

— Völkerrecht, Bd. II, Berlin (West) u. a. 1964, S. 933 - 1530.

Whiteman, Marjorie M.: Digest of international law, Bd. 2, Washington 1963, 1330 S.

Wilk, Kurt: International law and global ideological conflict: reflections on the universality of international law, AJIL 1951 (45), S. 648 - 670.

Winzer, Otto: Deutsche Außenpolitik des Friedens und des Sozialismus, Berlin (Ost) 1969, 504 S.

Wolff, Eckart: Die völkerrechtlichen Folgen einer Anerkennung der DDR durch dritte Staaten und durch die Bundesrepublik Deutschland (jur. Diss.), Köln 1969, 212 S.

Wright, Quincy: Some thoughts about recognition, AJIL 1950 (44), S. 548 - 559.

— Recognition, Intervention and Ideologies, IndYBIAff 1958 (7), S. 89 - 118.

— The strengthening of international law, RdC 1959 II (98), S. 1 - 295.

Wünsche, Harry: Die Vereinten Nationen, Berlin (Ost) 1966, 112 S.

Wurdak, Wilhelm: Die XXVI. UN-Vollversammlung — Erfolg für die Kräfte des Friedens und des Fortschritts, DAP 1972, Heft 3, S. 465 - 485.

Yalem, Ronald J.: Regionalism and world order, Washington 1965, 160 S.

Zachmann, Siegfried / *Haschke*, E.: Die Stellung der DDR im Weltpostverein, DAP 1958, S. 578 - 582.

Zachmann, S.: Licht und Schatten über der XIII. Plenartagung der Europäischen Wirtschaftskommission, DAP 1958, S. 667 ff.

Zellweger, Eduard: Anerkennung und Nichtanerkennung neuer Staaten (Nachkriegsaspekte), SchwJBIR 1967 (24), S. 9 - 24.

Zemanek, Karl: Die Bedeutung der Kodifizierung des Völkerrechts für seine Anwendung, in: Festschrift Verdroß, München/Salzburg 1971, S. 565 - 596.

Zivier, Ernst R.: Die Nichtanerkennung im modernen Völkerrecht, Berlin (West) 1967, 311 S.

Kolibri 360 GmbH
Ferdinand-Jühlke-Straße 7
99095 Erfurt, Deutschland
produktsicherheit@kolibri360.de

Druck:
CPI Druckdienstleistungen GmbH
im Auftrag der
Kolibri 360 GmbH
Ferdinand-Jühlke-Str. 7
99095 Erfurt